통일교를
선택한
사람들

세계 최고의 석학,
지성인들이 말하는 통일교

통일교를
선택한
사람들

마틴 메이어 지음 군인성 옮김

글로세움

차 례

PEOPLE WHO CHOOSE THE UNIFICATION CHURCH

당신은 평소 통일교회의 모든 것을 알고 싶어했지만 두려워했기 때문에 어쩌면 이 책을 구입했을지도 모른다. 아니면 당신이 이런 종교에 대해 들어본 적도 없고, 통일교 신자가 된 적도 없지만 이 책에서 강조하는 영원한 사랑과 절대 성性이 당신의 관심을 끌었을 수도 있다.

그렇다. 이 세상은 부도덕하고 질 낮고 불만족스런 '인스턴트식 일회용 사랑과 나쁜 섹스'로 가득 차 있어 참사랑을 목말라하고 있다. 그렇기 때문에 특히 교회에서 이에 대한 좋은 대안을 제시하는 것은 당연하다고 생각한다. 교회란 결국 사랑을 말하는 곳이 아닌가?

문선명 목사님은 '인스턴트식 사랑과 나쁜 섹스'에 대한 대안으로 '영원한 사랑과 절대 성絶對性'을 주창하셨다. 절대 성에 대해서는 나중에 2부에서 자세히 언급하기로 하겠다.

어느 날, 내 사무실로 초대받은 영국의 한 영화제작자가 650미터 높이의 산자락에 미국의 백악관을 연상케 하는 문선명 목사의 천정궁 박물관을 발견하고 나서는 숨을 몰아치며 "초현실적으로 보인다"라고 했다. 맞다. 바로 그 문선명 목사를 말한다.

이 책을 펼치고 있는 여러분들은 아마 친구로부터 이 책을 선물받고 어쩔지 몰라 할 수도 있다. 나는 당신이 이 책을 마음으로 읽어줄 것을 진심으로 바라며 마지막 페이지에 이르렀을 때 후회하지 않을 것을 확신한다.

우선 저자인 나를 소개하고자 한다. 나는 풍차와 튤립의 나라로 유명한 유럽의 북서쪽 모서리에 자리 잡고 있는 작고 평평한 나라, 네덜란드에서 태어났다. 대학 시절에 나는 니체와 까뮈에 심취한 무신론자로 뭔가 더 나은 것에 목말라했다. 진리에 대한 갈증을 해소하고자 친구들과 함께 요트를 타고 대서양을 건너 카리브 해로 향했다. 알프스에서 만난 몰몬교인, 뉴욕 타임스 스퀘어에서 만난 기독교 근본주의자, 그리고 플로리다에서 만났던 하레 크리슈나교(힌두교의 크리슈나신을 믿는 종파)도 진리에 갈급한 나에게 확신을 심어주지 못했다.

그러고 나서 22세가 되던 해, 미국에서 문선명 목사님의 통일 원리를 접하게 되었다. 한마디로 내 인생이 변하는 순간이었다. 나는 통일교회의 식구가 되었고 2년 후 화창한 6월, 문 목사님의 중매로 나의 아내가 될 아름다운 라틴아메리카계 미국인 여성을 만나게 되었다. 어떻게 자신의 배우자 선택을 문 목사님께 전적으로 일임할 수 있을까 의아해할지도 모르지만 그에 대한 궁금증은 이 책을 읽다보면 곧 해소가 될 것이다.

중매로 만난지 며칠 후 우리는 문선명 한학자 총재 양위분의 주례로 뉴욕의 매디슨 스퀘어 가든에서 다른 2,074쌍 부부와 함께 평생의 언약을 맺었다. 벌써 30년 전 일인데 우리 부부는 그것이 우리 인생 최고의 선택이었다고 생각한다.

나는 꽤나 가방끈이 긴 편이다. 나는 3개국의 대학에서 공부했고, 모스크바 국립대학에서 최우수 성적으로 러시아 문학박사 학위를 받았다. 뉴욕의 UTSUnification Theological Seminary(통일신학대학원)에서는 우등생으로 목회학 석사 학위를 수여했다. 나는 4개 국어를 유창하게 구사할 수 있고, 그외 2개 국어는 어느 정도 구사할 수 있다. 3개 대륙에서 몇 개국 언어로 여러 권의 책을 출판하기도 했다.

이렇게 저자가 서문에 자기 자랑부터 늘어 놓는 것이 결례인 줄 알면서도 그 금기를 깨는 이유는 무엇일까? 그것은 기성 제도권 종교가 아닌 비주류 종교로 치부되는 통일교회 신앙을 선택한 것을 두고 혹시라도 좀 모자란 사람은 아닌지, 아니면 통일교회에 속고 있는 것은 아닐까 하는 의문을 가질 수도 있기에 불가피하게 나의 고등교육 수준을 언급한 것이다. 한마디로 종교를 믿으려면 유서깊은 기독교, 불교, 또는 유대교 등을 믿으면 될 텐데 어떻게 외국인으로서 한국인이 만든 신흥종교를 믿게 되었는지 의아해 할 수도 있을 것이다.

여러분에게 말하고 싶은 것은 나 자신이나 다른 통일교인이 종교를 선택한 조건에는 어떤 종교가 가진 역사의 깊이와는 아무런 관계가 없다는 점이다. 전 세계 많은 나라의 양심적인 사람들이 신중하고 사려깊게 선택한 종교가 이 통일교이다. 왜냐하면 그들은 하나님을 사랑하고, 사람을 사랑하고, 평화롭고 선한 세계 건설이 가능하리라 믿기 때문이다. 그 통일교회 신자들은 하늘로부터 받은 문선명 목사님의 가르침인 통일원리를 종교적으로 체계화한《원리강론》이야말로 그들의 질문에 대한 해답을 준다고 보고 있고, 통일교회 공동체가 그들의 이상을 구현하는데 도움을 준다고 본다.

통일교회의 성격은 너무나 광범위해서 종교사회학자들조차 신자들의 성격이나 유형을 식별하는데 어려움을 호소하며 어떤 것이 통일교회 스타일인지 규명하지 못하고 있다. 왜냐하면 통일교회 신자는 전 세계 모든 인종, 문화, 사회 계층, 국가, 종교를 초월하여 구성되어 있기 때문이다.

몇천 년의 역사를 자랑하는 기독교나 불교와 같은 세계 4대 종교에서는 이러한 다양성이 당연시 되겠다. 이에 비해 아직 100년도 채 되지 않은 역사를 가지고 있고, 몇억 몇십억의 신도를 자랑하는 4대 종교에 비해 신도 수에서도 훨씬 적은 교인을 가진 통일교회에서 그런 다양성을 발견한다는 것은 경이로운 일인 동시에 통일교회가 가지는 놀라운 장점과 효율성을 입증하는 일이기도 하다.

따라서 통일교회에 존재하는 그런 다양성의 결과로 이 책을 쓰는 저자가 통일교회의 대표적인 신자라고 생각하지 않는다. 이 책의 집필을 위해 많은 연구를 거듭했지만, 이 내용은 통일교회에 대한 나의 사적인 의견이기에 모든 신자들이 나의 의견에 동의하리라 보지는 않는다.

아울러 이 책의 내용이 어떤 학술적인 심사에도 통과될 만하다고 자부하지만 학술적 논문은 아님을 밝혀둔다. 이 책은 모든 벽을 넘어 열린 마음과 사려깊은 통찰력을 가진 분들을 위한 책이다. 이 글을 쓰기 위해 나의 모든 지성과 정성을 쏟아부었다. 이 글의 집필의도는 통일교회에 대해 정확하게 알리는 것뿐만 아니라 읽는 이에게 즐거움과 감동을 함께 선사하고 싶었다. 내가 이 책을 집필할 때 가졌던 그 즐거움을 여러분도 만끽하시길 바란다.

이 책이 세상에 나오기까지는 지구촌 곳곳 많은 사람들의 땀방울이 녹아 있다. 그 분들 개개인에게 일일이 감사의 말씀을 전할 수 없기에 지면을 빌어 감사드리고, 그 분들의 이름을 일일이 언급하지 못하는 점을 사과드린다.

먼저 이 책의 편역을 맡아주신 문인성 선생님께 진심으로 감사의 마음을 전하는 바이다. 특히 작업을 마감한 상황에서 다시 처음부터 원고를 집필한 상황도 발생했고, 그 후에도 여러 차례 원고가 바뀌었는데도 불구하고 오랜 기간 인내하며 편역 작업에 성실히 임해 주었다. 보다 중요한 점은 제 원고의 번역에 그치지 않고 작가의 의도를 충분히 살린 편역을 해 주신 점이다.

두 번째로 이 책의 원고를 위해 자료를 제공해주신 전 세계 통일교회 식구들과 통일교회와의 직간접적인 인연을 계기로 개인적인 경험담을 공유해 주신 모든 분들에게도 깊은 감사를 드린다. 통일교회 식구로서 걸어온 길, 통일교회 축복결혼을 통한 삶, 또는 문선명 한학자 총재님과의 만남 등이 녹아있는 그 분들의 생생한 경험담은 너무도 흥미롭다.

세 번째로 이 책을 위해 아름다운 삽화를 제공해 주신 동료들에게도 깊은 감사를 표하는 마음으로 이 자리를 빌어 다음과 같이 그 분들의 노고를 기억하고자 한다. 1장과 2장의 삽화를 그려준 타냐Tanya Kuznetsova와 3장, 4장, 9장, 10장의 그래픽을 디자인해 준 루드밀라Ludmila Pristupova, 5장과 6장에 사진을 제공해 준 통일교회의 영어 대내잡지인 〈투데이즈 월드Today's World〉의 전 편집장인 줄리안Julian Gray, 7장, 8장, 11장의 그래픽 디자인을 맡아준 알렉산더Alexander Kosarev, 12장의 삽화를 그려준 니카Nika Tchaikovskaya에게도 고마움을 전한다.

마지막으로 이 책의 집필을 함께 기획하고 성원해 주신 출판사 여러분께 감사드린다. 처음에는 이 작업이 얼마나 엄청난 일이고 복잡한 프로젝트라는 것을 전혀 짐작하지 못한 채 출항을 한 것 같다. 이 책을 쓰는 일이 제가 박사학위를 받을 때보다 더 어려우리라고는 꿈에도 생각하지 못했지만 여러 난관에 봉착하면서도 포기하지 않고 끝까지 원고를 마감할 수 있도록 배려를 아끼지 않음에 감사드린다.

무엇보다도 이 책의 토대를 제공해 주었을 뿐만 아니라 집필에도 영감을 준 동시에 이 책에 직간접으로 인용된 지혜의 말씀을 주신 문선명 한학자 목사님 양위분에게도 진심어린 사의 謝意를 표하는 바이다.

　이제 같이 탐험을 시작하도록 하겠다. 혹시라도 질문이 있거나 보다 나은 아이디어가 있다면 이메일로 연락주시면 감사하겠다.

maarten.uc@gmail.com

2015년 6월 서울에서 마틴 메이어 드림

2011년 여름이었던 것으로 기억한다. UTS 선배님인 마틴선생님이 통일교회 관련 책을 집필하고 있는데 번역을 해달라고 부탁했다. 몇 번을 사양했지만 간곡한 부탁도 있고 박사논문으로 문선명 총재님을 주제로 준비하고 있던 차라 겸사겸사 가벼운 마음으로 동참하게 되었다. 결론적으로 이처럼 부담스러운 프로젝트는 아마 없었던 것 같다.

이 프로젝트를 수행하는 과정에서 가장 힘들었던 점은 그렇게 20대 청년 같은 열정과 체력으로 하루 24시간을 25시간처럼 사생결단 전력투구 실천궁행의 정신으로 하나님 나라 창건을 위해 사시던 문선명 총재님의 성화 소식이었다. 죽음은 하늘나라에서 다시 태어나는 것이기에 축제를 열어주며 축복해야 한다는 그분의 가르침도 막상 그분의 천상길 앞에는 무용지물로 변하며 눈물만 나왔다. 원래 예정대로 1년 만에 집필작업이 끝났더라면 그분이 이 지상에 계셨을 때 이 책이 세상에 빛을 보았을 텐데 4년 가까이 걸리면서 번역도 출판도 늦춰지게 된 점이 너무 아쉽다.

통번역을 하다 보면 의도나 의미의 전달보다는 외국어 자체를 한국어로 치환하는데 바빠서 원래의 의도나 의미를 왜곡하여 전달하는 실수를 범하는 경우가 종종 있다. 그런 의미에서 나는 번역자라기 보다는 편역자 입장에서, 어떤 면에서는 저자 입장에서 책을 쓴다는 마음으로 이 프로젝트에 임하게 되어 나를 편역자라고 부르게 되었다.

물론 마틴 선생님의 원고에 충실하려 최선을 다했고, 문선명 선생님의 말씀이 인용되거나 《원리강론》이 인용된 부분은 한국어 원문을 찾아 편역에 참조했다. 아울러 한국 문화에 부합되지 않는 부분이나 부연설명이 필요하다고 생각되는 부분은 따로 설명을 달았다. 보다 중요한 것은 내가 이 책을 편역하는 것이 아니라, 하늘나라에 계시는 문선명 총재님의 머리와 가슴과 손이 되어 그분이 하시고 싶은 말씀을 대필해 드린다는 마음으로 기도와 정성을 드렸다.

또한 편역 시 대외 공식호칭이 문선명 총재, 한학자 총재인 점을 존중했고, 원문에서 통일교회 식구가 아닌 분들은 문선명 목사님, 한학자 여사님이란 호칭도 사용했기에 그대로 참조했다. 아울러 통일교회 식구들은 보통 문선명 총재와 한학자 총재에 대해 아버님, 어머님, 참아버님, 참어머님, 참부모님이라고 부르기에 이 전통도 중시했다.

마지막으로 이 책의 출판을 위해 지난 4년간 물심양면으로 애써 주신 출판사 관계자 분께 심심한 감사를 드린다. 아울러 하늘나라에서 성원해 주신 아버님과 기도정성을 들여주신 양가 부모님과 편역원고 교정을 맡아준 박상윤 선생님과 아내에게 무한한 감사와 영광을 돌린다.

2015년 7월 천성산 본향원 아래에서 편역자 문인성 드림 미국 건국의 아버지들은 그들의 믿음에 대해 독립선언문에서 다음과 같이 밝히고 있다. "우리는 다음과 같은 사실을 자명한 진리로 여긴다. 모든 사람은 평등하게 태어났고, 창조주에 의해 양도할 수 없는 권리를 부여 받았다. 그것은 다름 아닌 생명과 자유와 행복을 추구할 권리이다." 그들은 이 양도할 수 없는 권리가 너무도 명확했기에 이를 뒷받침할 만한 부연설명이나 증거가 필요없다고 생각했다.

통일교회의 기본서인 《원리강론》의 서문에는 모든 사람들은 평화를 얻고 불행을 피하고자 몸부림치고 있다고 언급되어 있다. 기쁨, 평화, 사랑, 자유를 갈망하는 욕망은 인종, 문화, 종교, 국적, 성별, 연령, 살고 있는 시간대를 초월해 공통적으로 가지고 있다. 문제는 모두가 보다 행복하기 위해 정말 열심히 노력하고 있는데도 불구하고, 왜 세상은 억압과 전쟁, 테러와 대량학살, 부정과 폭력, 빈곤과 기아, 질병과 불의의 죽음, 간통과 이혼, 아동학대와 가족 붕괴, 근친상간과 강간, 인신매매와 성노예, 살인과 총기난사, 경제적 착취와 정치적 부패, 오염과 생태계 파괴, 알코올 및 약물 중독, 외로움과 소외감, 분노, 증오, 절망과 자살 등으로 가득할까이다. 즉 왜 행복보다 불행이 가득한 이 세계에 살고 있는가가 문제이다. 우리가 뭔가 잘못하고 있는 것은 아닌가?

현실주의자들은 그런 것을 걱정할 필요가 없다고 말한다. 왜냐하면 지루한 인생이 되지 않기 위해 선善 옆에 악惡이 양념처럼 존재한다는 것이다. 그들은 선과 선한 의지 사이의 선택만으로 가득 찬 세상은 미치도록 지루할 것이라고 생각한다. 다르게 설명하면, 아이스크림 맛을 내는 31가지의 재료 중에 약간의 비소와 석면이 가미된 것과 같다는 것이다.

일반적으로 삽화나 만화에서 보면 악마는 사람들의 관심을 끌기 위해 일단 뿔이 달려있고, 삼지창을 한 손에 들고 파란색 또는 흰색 나이트 가운을 입고 있는 좀 우스꽝스럽고 좀 덜 떨어진 천사의 모습으로 묘사하고 있다. 악마의 유혹은 종종 선善의 매력보다 더 강한 것이 사실이기도 하다. 셰익스피어의 어둠에 찬 비극이 그의 희극보다 훨씬 더 독자에게 설득력 있게 다가간다. 헐리우드 영화들은 역사적인 위인보다 악당을 보다 독창적이고 창조적 인물로 묘사하곤 한다.

어떤 종교는 사람들이 유혹을 이길 의지와 힘을 계발할 수 있도록 하나님께서 의도적으로 악을 만들어 인간을 시험한다고 믿기도 한다. 하지만 우리의 아버지라고 하는 하나님이 악을 만들 수 있을까?

통일교회의 기본서인 《원리강론》에서는 어떤 부모가 그 자녀에게 악을 행할 것을 가르치고, 어떤 스승이 제자에게 불의를 따르도록 지도하냐고 반문한다. 악을 미워하고 선을 추구하고 찬양하는 것은 원래 인간이 가진 심성의 본질이다. 현실에서 악이 추악한 진면목을 드러낼 때 즐거움을 느끼거나 그런 악을 권장할 리는 만무하다. 르완다의 대량 학살, 나치의 가스실 학살, 북한의 세습적 전체주의를 통해 악이 어떤 것인지 보여준다. 그 악은 매일매일 중독, 가정 폭력, 이혼 등을 통해 가정을 파괴한다. 악은 선과 평화롭게 공존할 수 없기에 영구적으로 이 지구상에서 추방해야 한다. 그렇기에 선과 악의 대결구조를 가진 이야기에서 대부분의 사람들은 악당을 물리칠 때까지 만족하지 않는다. 도덕적 상대론자들의 주장은 섬뜩하기도 하지만, 대부분이 직관적으로 선이 승리한다는 것을 안다. 배트맨과 로빈은 반드시 악당 조커를 물리치고, 백설 공주는 사악한 여왕의 마수에서 벗어나 백마를 탄 왕자와 해피엔딩한다. 어쩌면 우리는 정말 뭔가를 잘못하고 있는지도 모른다. 적어도 이상주의자는 그렇게 생각한다. 우리의 양심과 본성은 기본적으로 모두 이상주의자이다. 아니 적어도 그렇게 되길 원한다. 문제는 우리의 나쁜 경험이 그것을 가로막고 있을 뿐이다.

대부분 성인이 되면 환멸, 타협, 무관심 또는 냉소주의와 맞닥뜨리게 된다. 하지만 어린 아이에게 자신의 미래에 대해 그려보라고 하면 해맑은 웃음을 머금은 얼굴을 먼저 그린다. 그리고 햇살 가득한 곳에서 모험을 즐기고, 행복한 가족과 함께 영원히 함께하고, 아름다움과 선함과 기쁨이 넘치는 삶을 살고 싶다고 한다. 심지어 깨달음의 순간을 경험한 어른들은 현 상태의 세계가 원래의 모습이 아니라는 것을 인식한다. 힌두교와 시크교에서 현세는 진리의 세계를 조잡하게 모방한 마야Maya라는 허상의 세계라고 한다. 기독교와 이슬람교에서는 악마가 이 세상의 주인이라고 가르친다. 헐리우드의 영화 〈매트릭스〉에서도 비슷한 맥락을 그린다. 모피스가 네오에게 "매트릭스는 진실에서부터 당신의 눈을 가리는 세계다"라고 설파한다.

내가 할 수 있는 것은 무엇이고, 무엇을 해야 하며, 무엇을 희망해야 하나? 이 세 가지 화두는 독일의 철학자 칸트가 미국 건국의 아버지들이 독립선언문을 통해 그들의 가치관을 공고히 설정한 후 내린 질문이다. 그 질문은 아주 간단하지만 삶의 딜레마에 대해 종교와 철학이 제시한 해결책은 너무 단순하거나 복잡하고, 어떤 경우에는 아무런 대안도 제공하지 못하고 있다. 철학자는 유토피아를 막연하게 꿈꾸었고, 불교는 열반을, 기독교는 지난 2,000년 동안 하나님 나라의 도래에 대해 이야기했다.

하지만 평화, 사랑, 행복은 아직도 손에 잡히지 않고, 오히려 테러와 기아와 외설물로 판치는 인터넷만 우리 주위를 감싸고 있다. 종교적인 토양에서 자란 많은 어린이들은 사춘기에 도달하면서 그들의 신앙을 의심하거나 그들 종교에 대한 믿음을 잃기도 한다. 이에 반해 무신론자는 과학적 우위에 입각한 자신의 공고한 믿음을 자랑스럽게 생각한다. 칼 마르크스는 "종교는 인민의 아편이다"고 주장했고, 프리드리히 니체는 "하나님은 죽었다"고 선언했다. 리차드 도킨스는 《만들어진 신God Delusion》을 저술하여 전 세계적 센세이션을 일으키며, 수백만 권의 판매고를 과시했다. 지하드에 의해 미국 쌍둥이 빌딩이 붕괴된 후 냉소주의자는 다음과 같이 결론지었다. "과학은 당신을 로케트에 태워 달로 인도해준 반면, 종교는 당신을 비행기에 태워 쌍둥이 빌딩으로 뛰어들게 했다."

그렇다면 무엇 때문에 하나님을 믿는단 말인가? 노벨상 수상자 알렉산더 솔제니친은 자신의 작품 《수용소 근도》에서 선과 악을 구분하는 경계가 국가나 사회계급이나 정당을 통해서가 아니라 바로 인간의 마음을 통해 갈라진다고 했다. 악에 사로잡힌 마음에서조차 실낱같은 선함을 유지하고 있고, 가장 선한 것처럼 보이는 것에서도 악은 한구석을 차지하고 있다고 했다. 즉, 선의 욕망을 성취하려는 본심의 지향성과 악의 욕망을 달성하려는 사심邪心의 지향성이 동일한 개체 속에서 각기 상반된 목적을 앞세우고 치열하게 싸우고 있는 인간의 고순성을 발견하게 되었다.

존재하는 모든 것은 그 내부에 모순성을 갖게 될 때에는 파멸한다. 인간의 이러한 파멸상태를 일러 기독교에서는 타락이라고 한다. 인간은 과연 성서가 말하는 문자 그대로 선악과善惡果라는 과실을 따먹고 타락하였는가? 그렇지 않다면 타락의 원인은 어디에 있는가? 또 완전완미完全完美하신 하나님이 어찌하여 타락할 가능성이 있는 인간을 창조하셨고, 전지전능하신 하나님께서 그들이 타락하는 것을 아시면서도 그것을 막을 수 없었던 이유는 어디에 있었으며, 더 나아가서 하나님은 왜 그 창조의 권능을 가지고 일시에 죄악인간을 구원하지 못하시는가? _원리강론 서문 중에서

통일교회는 하나님을 모든 인류의 절대, 유일, 영원, 불변의 하늘부모님으로 생각한다. 하나님은 쉽게 성내는 분도, 어떤 종교에서 말하는 것처럼 원한 깊은 심판주도 아니다. 참사랑의 하나님 아버지는 그 사랑하는 자녀를 위해서라면 아무리 오래 걸릴지라도 평화와 행복과 번영의 영원한 세계를 건설하실 것이다. 문선명 목사님은 수없이 많은 그의 설교와 대중강연에서 보편적 구원의 개념을 강조한다.

통일교회의 사명은 무엇인가? 통일교회는 과거의 종교와는 달리 개인적인 구원만을 원하는 종교가 아니다. 타락하지 않은 본연의 이상세계를 원하는 종교이다. 본연의 이상세계는 완성한 인간이 하나님의 사랑 가운데 부부의 인연을 맺어 그 아들딸을 낳고 천국에 가는 것을 말한다. 아버지는 지옥 가고 어머니는 천국 간다면, 그것이 무슨 천국이겠는가? 부모는 천국에 가고 자식이 지옥에 간다면, 그것이 무슨 천국이냐는 것이다. 천국은 부모와 자녀, 종족, 민족, 국가가 다 함께 들어가는 하늘나라이다.

오늘날까지 종교단체, 특히 기독교에서 목표로 하여 신앙해온 개인의 구원은 완성이 아니라 시작에 불과한 원초적인 구원인 것이다. 구원의 목표는 가정 구원을 단위로 하는데, 그 가정 구원의 기반이라는 것은 세계를 지도할 수 있고, 세계의 구원까지 책임질 수 있는 가정을 말한다.

이것이 바로 문선명 목사님이 합동결혼을 고집한 이유이다. 통일교회는 상상을 초월하는 합동 축복결혼식으로 잘 알려져 있다. 실질적으로 문 목사님은 합동결혼식에 관한 세계기록을 보유하고 있고, 합동결혼식에 대한 선발주자로서의 역할을 충실히 해왔다. 그 덕분에 지금은 합동결혼식이 보편

화되어 새로운 유행으로 자리잡고 있다. 〈북경 청화대학교에서 400쌍 합동결혼식이 거행되다〉, 〈볼리비아의 라파즈에서 350쌍 합동결혼식이 열리다〉, 〈하마스의 축복 속에 가자지구어서 450쌍이 합동결혼을 올리다〉 등등의 기사를 종종 접하게 된다. 어찌보면 이런 의식들은 세계에 만연되고 있는 냉소주의, 가정붕괴, 폭력, 전쟁 등에 신선한 충격을 주고 있다.

그러나 통일교회의 합동결혼식은 특별하다. 세속적인 합동결혼과는 달리 통일교회의 합동 축복결혼식에는 심오한 영적인 의미가 담겨있다. 문 목사님은 하나님 중심의 결혼을 주선해 주신다. 하나님의 축복을 받은 결혼을 하는 것이 통일교회의 핵심적인 전통이다. 이 결혼은 세속적인 결혼이 아니라 하나님을 중심으로 한 성스러운 행사이다. 이것은 영원한 사랑을 이루기 위해 한 남성과 한 여성이 상호 간에 외도하지 않고, 절대적으로 순결한 결혼생활을 이어갈 것을 서약하는 장이다.

삼성의 TV가 유럽의 안방에 자리잡기 훨씬 전에, 현대자동차가 미국의 고속도로를 누비고 다니기 훨씬 전에, 박지성 선수가 맨체스터 유나이티드에 영입되기 훨씬 전에, 세계 각국의 통일교회 식구들은 칠레에서 노르웨이까지, 캐나다에서 나이지리아를 가로지르는 세계각지에 교육프로그램을 제공해왔고 사회사업을 해왔다. 이런 세계적인 활동의 원동력이 된 것은 통일교회를 창설하신 문선명 도사님이 있었기 때문이다. 1960년대와 1970년대를 걸쳐 대한민국이 박정희 대통령의 지도로 경제개발에 몸부림치고 있을 때, 북한의 작은 마을에서 태어난 한 사람이 문화적으로 인종적으로 언어적으로 전혀 다른 다양한 그룹의 사람들을 감동시켜 이끌어 온다는 것이 어떻게 가능한 일이었을까?

오늘날 문 목사님에게는 정치, 경제, 사회, 문화, 예술, 종교를 망라해서 세계 거의 모든 나라에 헤아릴 수 없이 많은 열정적인 팬이 있다. 어떤 것이 동기가 되어 세계의 석학, 하버드 졸업생, 미래를 보장받은 일본의 청년, 스웨덴의 제헌위원, 이란의 대학생, 아프리카 르완다의 고아에 이르기까지 60년 전에는 이 세상에 존재하지도 않았던 통일교에 그들의 삶과 열정을 바칠 수 있었을까?

　문 목사님은 과연 한국과 세계를 위해 실질적으로 어떤 공헌을 했는가? 대부분의 사람들은 세계 언론의 지대한 관심을 끌고 있는 반기문 UN사무총장을 알고 있다. 2010년의 인물은 단연 김연아 선수였다. 동계 올림픽에서 김연아는 뛰어난 기량과 출중한 외모로 금메달을 거머쥐며 온 세계 팬들의 우레와 같은 갈채를 받았다. 2012년에 전 세계적으로 일어난 싸이의 강남스타일 신드롬을 멈출 수 있는 것은 아무것도 없었다. 아울러 북한 세습체제의 주인공들도 특별히 세계여론의 지대한 관심을 끌고 있다. 하지만 역대 대한민국 국민 중에서 문선명 목사님과 같이 몇십 년에 걸쳐 광범위하고 지속적으로 세계적인 주목을 받은 한국인은 없었다.

　불행하게도 1970년대와 80년대의 세계는 여러가지로 심각한 국면에 직면했다. 1971년 미국으로 간 문선명 목사님은 프리섹스와 부도덕에 빠진 미국의 젊은 세대를 강력하게 비판하기 시작했다. 아울러 그는 맑스-레닌주의의 무신론적 사상을 비판하며 공산권과 맞서 싸울 것을 외쳤다. 당시 미국을 장악하고 있던 진보주의 성향에 강한 언론단체가 이것을 좋아할 리 만무했다. 미국 언론인의 81퍼센트가 민주당 대통령 후보에게 표를 던지고, 나머지 19퍼센트가 공화당 후보에게 표를 던지던 1976년의 상황에서 문선명 목사님이 워싱턴 기념탑 광장에 모인 30만 이상의 군중에게 행한 연설은 혁명적이었다. 그로부터 30여 년이 지나 미국에서 흑인계의 버락 오바마 대통령이 당선되었지만 아직도 유색인종에 대한 차별이 사라진 것이 아니다. 하물며 1970년대에 미국에서 이름도 들어보지 못한 동양의 한국에서 온 한 명의 종교지도자가 미국역사에 획을 긋는 그런 대중집회를 가지며 신학과 미국의 가치회복을 주장할 때, 백인 우월주의에 빠진 미국인은 과연 찬사만 보내고 있었을까 아니면 인종차별에 근거한 비난을 일삼았을까? 문선명 목사님의 새로운 가르침이 미국의 기성종단에 의해 환영받았을 리는 만무했다. 그럼에도 그는 항상 직격탄을 날렸다. "나는 미국의 불을 끄러 온 소방수다. 내가 미국에 온 것은 당신들이 이미 아는 것을 공유하려는 것이 아니다. 미국인들에게 하나님으로 받은 계시인 새 진리를 밝히러 왔다"라고 당당히 선포했다. 불행히도 많은 비평가들은 그의 가르침에 대해 객관적으로 연구할 시간을 갖지 않았다. 어떤 사람들은 통일교회를 단지 문 목사님이 카리스마 넘치는 강력한 지도자이기 때문에 그 창시자를 '개인숭배'하는 집단이라는 인상을 받고 있었고, 머지않아 다른 사교들처럼 쇠퇴기를 맞을 것이라고 보았다. 더군다나 문선명 목사의 사후를 맞이한 통일교회는 조만간에 붕괴되리라 보고 있는 비평가들도 있다.

하지만 문 목사님이나 통일교회 목회자의 강연과 설교를 들어보면 문선명이란 개인보다는 통일원리의 가르침에 보다 초점이 맞춰져 있다는 것을 알게 된다. 통일원리는 축복받은 가정의 이상적인 삶에 대한 가르침을 제공하고, 세계평화 건설을 위한 비법을 전수해 준다. 물론 통일교회 식구에게 '참부모님'이라고 불리우는 문선명 한학자 총재님 양위분은 일생동안 '참된 부모의 길'이 무엇이라는 것을 온몸으로 보여 주시며, 그 제자들에게도 참부모가 되라고 하신다. 그러기에 그분들은 통일교회 식구에게 매우 중요한 비중을 차지한다.

이 책은 문선명 한학자 총재님이 어떤 분인지, 그분들의 가르침은 무엇인지에 대해 직설화법으로 설명하려고 한다. 이분들의 가르침은 이탤릭 글씨체로 구분하여 강조하였다. 또 이 책에는 통일교회 식구의 개인적인 이야기와 통일교회에서 주관하는 UN의 NGO 활동이라든가, 기타 평화운동, 봉사활동 등에 관여한 사람들의 이야기도 포함되어 있다. 이분들의 이야기들은 행간을 달리하였고 감동을 담아 여러분에게 다가갈 것이다. 그들의 이야기를 통해 왜 통일교회 교인들은 서로 식구라고 부르고, 대가족의 형태를 띠고 있으며, 무엇을 믿고 있고, 무슨 일을 하는지를 이해하는데 도움이 되는 생생한 경험담을 들려주리라 믿는다.

문선명 목사님을 생각하다

코랄레스 다그마 : 독일출신으로 아르헨티나에서 영어교사와 번역가로 활동하고 있다.

문 목사님은 어떤 분일까? 글로 표현하기에 참으로 어렵다. 영화라면 초대형 아이맥스 영화라 할 수 있고, 책이라면《전쟁과 평화》에 비견된다고 할 수 있으며, 건물이라면 루이 14세의 베르사유 궁전일 것이고, 배라면 호화유람선이라 할 수 있을 것이다. 어떤 경우로 보나 그는 일반적 인생보다 큰 사람이다. 그를 사랑하거나 증오해야지 거기에 중간입장을 표명할 수는 없다.

엄청 화가 났더라도 이 사람과는 오랫동안 화를 낼 수 없다. 그건 도저히 불가능하다. 전 세계적으로 반공운동을 넘어 승공운동의 지도자로 활동하며 북한의 김일성과 목숨을 건 대립을 하던 문 목사님이 1999년대 초반, 북한을 참사랑으로 품고 용서하려고 방문했을 때 그는 목숨을 걸어야만 했다. 김일성 주석과 그 휘하 북한의 최고지도자들과 함께하는 만찬장에서 문 목사님은 무모하게도 김일성 주체사상의 오류를 지적하며 북한이 바뀌어야 한다는 내용의 대중연설을 시작했다. 반평생 동안 문 총재님의 통역을 담당했던 박보희 박사의 증언을 빌리면, 연설을 듣고 있던 한 간부가 그에게 다가와 "문 목사를 입닥치게 하고, 자리에 앉도록 하지 않으면 살아서 북한을 나가지 못할 것이다"고 위협했다. 하지만 문 목사님은 그에 굴하지 않고 무모하게도 그의 대중연설을 이어갔다. 어떻게 이런 사람을 존경하지 않을 수 있겠는가?

그는 엘리자베스 테일러가 주연했던 〈뜨거운 양철지붕 위의 고양이〉라는 영화에 나오는 왕아빠다. 아니 우주를 감싸고도 남을 사랑을 가진 우주적 아빠라 해야 옳을 것이다. 이것이 통일교회 식구들로 하여금 문 목사님 부부를 자연스럽게 참부모님이라고 호칭하게 만드는 것이고, 자녀들을 참자녀라고 부를 수 있게 한다. 더욱더 중요한 것은 그분은 평생 참부모의 표본적인 삶을 몸소 보여주시며 우리에게도 역시 참부모가 되라고 하신다.

문선명 목사님이 93세의 일기로 성화(죽음의 통일교회식 표현)했을 때 그분이 얼마나 존경받고 사랑받는 삶을 살았는가를 알 수 있었다. 2012년 9월 15일, 아시아에서 2번째로 큰 돔경기장이고, 통일교회 소유인 가평의 청심평화월드센터에서 거행된 문선명 목사님의 성화식(장례식)에는 국내외 유명인사를 포함 신도 5만여 명이 운집하였고, 국내외 유수언론이 주목하는 가운데 전 세계에 인터넷으로 생중계되었다. 어떻게 그렇게 많은 사람들에게 그토록 깊은 영향을 끼쳤을까?

이 책은 다음과 같은 질문에 대한 답을 줄 것이다. 문 목사님의 유산이 앞으로도 통일교인을 넘어 비통일교인에게까지 지속적으로 영향을 미칠 수 있는 근거는 무엇인가? 통일교회의 전통인 축복결혼이 기혼가정과 신혼부부에게 희망된 미래를 약속해주는 이유는 무엇인가? 왜 축복결혼을 통해 일구어 나가는 참사랑과 부부간의 아름다운 절대 성性은 이상적인가? 그리고 축복결혼을 통해 맺어진 부부는 왜 자녀를 낳고, 어떻게 탁월한 인성과 능력을 갖춘 자녀로 양육하는가? 이 책을 통해 지금까지 축복결혼을 통해 전 세계 모든 대륙과 나라에서 뿌리 내리고 있는 가정들 중 일부 사람을 만나게 될 것이다.

축복결혼은 내 인생 최고의 감동

한나 예버니 : 캠브리지 대학교에 재학 중인 영국인으로 부모님이 축복결혼식을 통해 만났고, 그녀 역시 축복결혼식을 통해 영원한 생의 반쪽을 만났다.

나는 캠브리지 대학교에 다닌다. 캠브리지에서 일주일 이상 학교수업을 땡땡이친다는 것은 엄청난 모험이 아닐 수 없다. 그런데 우리 지도교수는 내가 캠브리지 역사상 아마 최초로 일주일간 학교수업을 빼먹고 결혼한 사람이 될 것이라고 했다. 친한 친구에게 무슨 일이 있었는지 설명을 해야 했고, 무모해 보이는 나의 결정에 대해 스스로 많은 질문을 던지기도 했다. "너 정말 결혼할꺼야?", "결혼하기에는 너무 어리지 않니?", "정말 그 남자를 사랑하니?" 등등의 심각한 질문이 이어졌다.

한국에 도착해서 축복결혼식이 있기 바로 전날, 호텔 앞 산책로를 거닐며 형언할 수 없는 평온을 맛보았다. 하나님과 우리 부모님이 이 축복결혼식과 함께 하신다는 느낌을 받고 엄청난 힘을 얻었다. 무엇보다도 나의 결정이 정말 옳다고 느꼈다. 축복결혼식 당일은 믿을 수 없을 만큼 아름답고 흥에 겨웠다. 축복결혼식 자체는 아주 특별했다. 27년 전 우리 부모님도 참부모님에 의해 인연을 맺게 되어 나와 비슷한 축복결혼식을 하셨다는 것을 생각하니 감회가 새로웠다. 이 느낌은 단순히 부모님을 믿고, 부모님과 같은 신앙을 갖고 있다는 차원이 아니라 나도 이제는 이 가정과 이 혈통의 일원이 되고, 가정을 꾸리고 매우 소중한 유산을 계승해 나가는 것을 의미했다.

축복결혼식 다음날 일일수련회 중 명상시간에 영원을 상징하는 듯한 배우자의 눈을 응시하는 시간을 가졌다. 나는 정말 그 '영원함'을 느꼈다. 그것은 육감적인 끌림이나 감정이 아니라 내 남편이 된 패트릭으로부터 깊은 존경과 진실함을 느꼈고, 아울러 정말 나를 위해 준다는 것을 느꼈다. 이 진실함과 순결함은 소중하고, 이것이 바로 이 축복결혼식의 독특한 진면목이다.

캠브리지 대학의 내 친구들도 느끼고 가치를 둘 수 있는 것이 있다. 축복결혼식을 마치고 캠브리지로 돌아갔을 때 친구들이 결혼축하 파티를 열어주었다. 친구들은 함께 커피를 마시고 저녁을 먹으며, 나의 깜짝 결혼스토리를 듣고 싶어했다. 내 이야기를 들은 친구들은 축복결혼식의 모든 행사에 대해 감동하였고 지지해주었다. 그리고 그렇게 깊은 의미를 가진 결혼식을 할 수 있다는 것에 신선한 충격을 받았다고 했다. 4명의 이슬람 친구를 포함한 모두가 내 이야기를 듣고 감동한 나머지 친구들의 눈가에 이슬이 맺히기 시작하더니 결국 울기 시작했다. 그것은 나로 하여금 내가 선택한 이 축복결혼식에 대한 확신을 더욱더 공고히 하는 계기가 되었다.

마지막으로 이 책에서 쓰는 문법적 표현에 대해 잠깐 언급한다. 문선명 목사님은 이미 하늘나라에 가셨다. 작가가 타계한 어떤 사람에 대해 연대기적 삶과 활동을 기술할 때는 보통 "그는 이런 사람이었다"라고 과거형을 쓴다. 하지만 나는 문선명 목사님의 삶과 말씀과 행적을 보다 사실감 있게 전달하기 위해 현재 시제를 사용했다. 다른 종교와 마찬가지로 통일교인도 육신을 벗고 난 사후의 세계에서도 인간의 영적인 삶은 지속된다고 믿는다. 다른 종교와는 달리 이 영적 존재의 실존은 통일교인들에게는 추상적 개념이 아닌 매우 생생한 현실이다. 통일교회의 공동체를 통해 지상에서 맺은 부부의 연은 죽음과 동시에 종료되는 것이 아니라 천상에서도 영원히 지속된다. 따라서 천상에 올라간 문선명 목사님도 사랑과 존경

받는 참된 아버지의 모습으로 통일교인의 가슴속에 영원히 자리잡고 있기에 과거 시제가 아닌 현재 시제를 사용하는 것이 더 자연스럽다고 본다.

1954년, 문선명 목사님은 일반적으로 통일교회로 알려진 세계기독교통일신령협회를 설립했다. 1997년에 문선명 한학자 총재 양위분은 건강한 공동체, 안정된 사회, 평화로운 세계의 근간인 하나님 중심의 가정을 구축할 비전을 공유한 사람과 연계하여 통일교회의 사명을 보다 보편적으로 확장하기 위해 세계평화통일가정연합을 설립했다.

이 책은 통일교회가 세계평화통일가정연합으로 개편된 1997년을 전후해서 일어난 여러 역사적 사건과 관련 구성원의 개인적인 이야기가 소개된다. 비록 현재 통일교회의 공식적인 명칭은 세계평화통일가정연합으로 바뀌었지만 본 책에서는 통일교회, 통일교인으로 그 명칭을 단일화하여 읽는 이들의 혼돈을 막고자 한다.

나중에 자세히 설명하겠지만, 통일교회에서는 하나님이 남성격의 존재만은 아니라고 가르친다. 성경에서는 하나님이 자신의 형상대로 남성과 여성을 창조하셨다고 했다. 동양 철학에서는 모든 피조물에 대해 음과 양의 보편적 조화를 가르친다. 이것은 하나님이 남성과 여성의 영적인 모습을 내재한 분이라는 것을 말한다. 달리 말하자면, 하나님은 아버지뿐만 아니라 어머니의 모습도 내재하고 있기에 하나님 아버지보다는 하나님 부모님, 하늘 부모님이라고 하는 것이 더 자연스럽다는 것이다. 아울러 여성독자분들에게는 좀 미안한 일이지만, 이 책에서는 하나님에 대한 남성격 여성격 인칭대명사를 같이 사용함으로써 발생하는 혼란을 예방하기 위해《성경》이나《코란》과 같은 다른 종교경전의 경우처럼 남성격 대명사를 사용하고자한다. 따라서 '하나님 아버지'로 통일한다.

1부
천상의
사랑

1장

최고 걸작품은
사랑이다

사랑은 기술일까? 그렇다면 그것을 위해 지식과 노력이 요구된다.

에리히 프롬, 사랑의 기술

영국의 교육자 켄 로빈슨 경이 "너의 열정을 발굴하면 모든 것을 변화시킬 수 있다"라고 했을 때 그의 말은 진심이었다. 뭔가에 빠질 수 있는 것을 발견할 때 그 사람의 삶에는 생기가 돌기 시작한다.

문선명 목사님도 사람은 취해서 살아야 한다고 설파한다. 취해서 사는 사람이 행복한 사람이다. 예술가들은 예술에 취해서 살고, 문학가는 자기가 구상하는 책을 쓴다든가, 어떤 명작에 취해 산다. 그런 사람들이 행복한 사람이다. 그렇기 때문에 인간의 사지백체는 입체적인 하나님의 이상적인 사랑에 취해 살아야 하고, 그분만 따라다녀야 한다.

어떤 사람은 음악에 미쳐 산다. 음악이 없는 세상에서의 행복이란 존재하지 않는다. 그들은 아이팟을 끼고 살며 샤워를 하면서도 노래를 부르고, 인터넷에서 자신이 원하는 음악을 찾을 때까지 키보드를 두드린다. 어린이는 우주 비행사가 되는 꿈을 꾸고, 십대에는 싸이와 같은 월드 스타를 꿈꾸며, 어른이 되면 종종 비밀리에 자신의 책을 출판하고 싶어한다. 보험 설계사나 자동차 세일즈맨을 꿈꾸며 열정을 불태우고자 하는 사람이 있을까? 물론 그런 직업을 폄하하는 것은 결코 아니다. 하지만 어떤 남성이나 여성도 영수증을 정리하기 위해 태어나지는 않았다. 우리는 뭔가를 창조하기 위해 이 땅에 태어났다.

가장 위대한 예술 작품을 '관계'라고 한다면 놀랄 수도 있을 것이다. 많은 사람들이 아내와 남편, 아들과 어머니, 친구나 동료와의 관계가 특별한 관심을 둘 만큼 가치있다고 생각하지 않는다. 모든 경우에는 불가피하게 예외적인 사람들도 있다. 다른 부정적인 측면은 대부분의 관계가 관리부족을 호소하고 있다는 점이다. 중력에 의해 돌이 아래로 떨어지는 것처럼 사랑에 빠지는 것은 자연스러운 현상이다. 그 사랑이 지속될 때는 매우 행복하다. 하지만 대부분 첫눈에 홀딱 반해 이뤄지는 풋사랑의 경우 해피엔딩으로 막을 내리기보다는 그 반대의 경우로 치닫게 된다.

　그렇다면 그런 억제할 수 없는 감정이 생길 때 브레이크를 밟아 속도를 조절하는 것이 왜 그토록 힘이 든 것일까? 어떤 관계는 다른 것보다 좀 더 통제 가능할지 모르겠지만, 그것도 역시 원하지 않는 방향으로 흘러가버릴 때가 많다. 존 레논이 그의 아들 숀을 위해 만든 발라드곡, 〈뷰티풀 보이Beautiful Boy〉에서 인생계획을 세우느라 바빠도 결국 인생이란 내 마음대로 되지 않고, 살다 보면 뜻밖의 일이 일어난다고 했다. 결혼을 앞둔 연인이 이혼을 계획하고 결혼식장에 들어가지 않지만, 이혼이라는 파국을 맞이하는 경우도 많다. 부모가 그 자녀를 알코올이나 약물 중독자, 범죄자로 만들기 위해 키우지는 않지만 결국 그런 비극적인 종말을 경험하는 경우를 목격하게 된다.

　비록 가족이 극적인 모습으로 붕괴되지 않더라도, 어쩔 수 없이 형식적인 관계를 유지하며 많은 고통을 받고 있는 가정도 있다. 많은 결혼생활에서 배우자에게 싫증을 느껴 외도로 빠지곤 한다. 아이들은 이해심이 깊고 영감을 주는 부모를 기대하고, 자녀에 대해 부모는 엄친아를 기대한다. 형제 자매나 친구도 시간이 지남에 따라 관계가 소원해지곤 한다.

　셀 수도 없이 많은 자기계발서가 쏟아지고, 끌어당김의 법칙을 재설파한 《씨크릿The Secret》이 세계적인 베스트셀러가 되었음에도 불구하고, 이런 책들이 출판되기 전에 살던 사람보다 현세대는 아름답고 견실한 관계를 쌓는데 더 나아진 것은 없어 보인다. 아마도 더 악화되었다고 표현하는 것이 오히려 더 사실적일 것이다. 가수는 어느 때보다 더 크게 사랑을 노래하고, 할리우드에서는 로맨틱한 코미디 영화를 쏟아내지만, 대부분의 사람들은 사랑의 힘을 잃어가고 있다.

참으로 놀라운 일은 중장년층의 남성들이 바가지를 긁는 자신의 아내와 함께 있는 것보다 공원벤치에 자신과 같은 연배의 중장년층과 함께 있는 것을 더 편안해 한다는 것이다. 그들의 아내도 자기 도취에 빠진 남편과 시간을 낭비하는 것보다 친구와 함께 쇼핑하는 것을 더 선호한다.

이십 년 이상 한지붕 아래 살았던 가족구성원이 첫 번째로 떠올리는 단어로 '그동안 황홀할 만큼 행복했다'가 결코 될 수 없는 것이 현실이다. 만약 행복한 결혼이나 멋진 부모 선발대회가 열린다면 당신은 그 대회에 참가신청서를 제출하겠는가? 당신의 결혼은 '최고의 걸작품'인가? 노벨 사랑상이 새롭게 만들어진다면 나의 가족은 이 상을 받을 만한 자격이 있다고 당당히 말할 수 있는가? 그렇지 않다면 왜일까?

웰즐리 대학 졸업식에서 바바라 부시 영부인은 다음과 같은 의미심장한 내용으로 축사를 했다.

"앞으로 여러분은 의사로서 변호사로서 사업가로서 의무를 다하는 것도, 성공을 위해 열정을 쏟는 것도 중요합니다. 하지만 여러분은 먼저 인간이 되어야 합니다. 당신이 가장 우선적으로 쏟아부어야 할 투자대상은 당신과 관계를 맺고 있는 배우자, 자녀, 친구입니다. 임종을 맞이할 때 후회하게 되는 것은 시험에 낙방하고, 재판을 멋지게 이기지 못하고, 계약을 한 건 더 체결하지 못한 것이 아니라, 자신의 아내나 남편, 부모님과 아이들을 위해

보다 많은 시간을 투자하지 못한 점이라는 것입니다."

부시 여사와 맥락을 같이 하는 내용을 문선명 목사는 보다 더 직설적으로 표현했다. 1970년대 초반 미국에서 문 목사님은 대중과 함께하는 강연스타일로 선교를 시작했다. 한 강연장에서 문 목사님은 청중을 향해 한 가지 질문을 던졌다.

"만약 누군가가 당신의 인생에서 가장 소중한 것이 무언지 묻는다면 뭐라고 대답할 것입니까? 혹자는 권력이라고 할 것이고, 혹자는 주저함 없이 돈이라고 할 것이고, 어떤 사람들은 지혜나 지식이라고 할 것입니다. 그렇다면 그런 권력, 돈, 지식이 여러분 인생에 있어 가장 중요한 요소란 말이 되겠네요. 여러분이 제 질문에 대해 깊이 성찰을 하고 나면 아마 뭔가 다른 생각이 떠오를 것입니다. 즉 가장 소중한 것은 사랑이라는 결론에 도달하게 됩니다. 사랑이 인생에서 가장 소중한 것입니다."

남자가 또한 여자가 찾고 있는 가장 귀한 것은 무엇일까? 결국 사랑이다. 사랑은 사람도 하나님도 영원히 좋아하는 것이다. 사랑이란 온 우주가 영원히 제일 좋아하는 것이다. 사랑이 토이지는 않지만 가장 귀한 보물인 이유는 불변성을 갖고 있기 때문이다. 황금은 불변의 빛깔, 다이아몬드는 불변의 강도, 진주는 불변하는 빛깔이 있기 때문에 귀한 것이다. 그러나 보물은 생명이 없지만 참사랑은 생명이 있는 보물이기 때문에 더욱 귀한 것이다. 참사랑이란 상대를 만나서 백 년 천 년 같이 있고 싶고, 영원히 함께하고 싶은 사랑이다.

세상에는 여러 가지 인간관계가 있지만 많은 사람들이 대부분의 시간을 투자하는 것이 남녀관계이다. 이렇게 자신의 배우자를 찾고자 하는 근본적인 이유는·무엇인가? 남자는 여자 없이, 여자는 남자 없이 살 수 없는 이유는 무엇인가? 진화론에 빠진 생물학자들은 종족유지를 위해 유전적으로 결정된 성적 충동에 그 책임을 전가할지도 모르겠다. 그러나 참된 인간의 사랑은 동물적 성충동과는 비교할 수 없는 것이다. 정말 신실한 부부라면 배우자 중 한 명의 건강상태가 허락지 않으면 금욕생활을 기꺼이 받아들인다. 모든 인간관계 중 남녀관계가 가장 복잡 미묘하다.《원리강론》에서는 다음과 같이 기술되어 있다.

"인간은 오랜 역사를 두고 인생과 우주에 관한 근본문제를 해결하기 위해 고민해왔다. 그러나 아직까지 아무도 이 문제에 대하여 석연하게 대답해준 사람이 없었으니, 그것은 본래 인간이나 우주가 어떻게 창조되었는가 하는 구극究極의 원리를 알지 못했기 때문이다. 나아가 우리에게는 보다 더 근본된 선결문제가 남아 있다. 그것은 결과적 존재에 관한 것이 아니라, 원인적 존재에 관한 문제인 것이다. 그러므로 인생과 우주에 관한 문제는 결국 그것을 창조하신 하나님이 어떠한 분으로 계시는가 하는 것을 모르고서는 풀리지 않는 것이다."

《원리강론》에서는 존재하는 것은 무엇이든지 그 자체 내에서뿐만 아니라 다른 존재들과의 사이에서 양성과 음성의 두 개체가 상대적 관계를 맺음으로써 비로소 존재한다고 말한다.

이에 대한 실례를 들어 보면, 모든 물질의 궁극적 구성요소인 소립자들은 모두 양성 음성 또는 양성과 음성의 중화에 의한 중성 등을 띠고 있는데, 이것이 상대적 관계를 맺음으로써 원자를 형성한다. 그리고 이러한 원자들도 양성 또는 음성을 띠게 되는데, 이것이 상대적 관계를 맺음으로써 물질의 분자를 형성하는 것이다. 이와 같이 형성된 물질들이 또한 서로 상대적 관계에 의하여 식물 또는 동물에 흡수됨으로써 그들의 영양이 되는 것이다. 그리고 모든 식물은 각각 수술과 암술에 의하여 존속하고, 또 모든 동물은 각각 수컷과 암컷에 의하여 번식 생존한다. 남성과 여성도 조화롭게 하나가 되어 공존하도록 되어 있다.

한국인이라면 주역에 나오는 음과 양이 조화를 이룬 태극문양을 잘 알고 있을 것이다. 태극은 우주 만물의 근원이 되는 실체를 말한다. 붉은색과 푸른색으로 서로 조화롭게 엇갈려 있는 태극기에는 이 음양의 이치가 잘 그려져 있다.

이 음양 이원론은 종종 오해를 불러 일으킨다. 즉 밤과 낮, 남자와 여자, 길고 짧고, 동쪽과 서쪽이 있는 것처럼, 선과 악도 당연히 공존한다는 것이다. 하지만 일부 주자학파들이 주장하는 것처럼 음과 양은 어느 쪽이 선이거나 악이 아니고, 어느 쪽이 더 우수하거나 열등한 것이 아니다. 동아시아의 젊은 여성 중에 그런 주장을 듣고 발끈해 하지 않을 사람은 없을 것이다. 그렇다고 그들이 페미니스트도 아니다. 어떤 여성이라도 이런 말도 안 되는 철학에 억눌려 지내서는 안 된다. 밤과 낮, 동쪽과 서쪽은 상호 보완되어 통합을 이루듯이, 남성과 여성도 완벽하게 균형잡힌 관계 속에서 서로를 강화시켜 준다. 음과 양의 하나됨은 조화와 아름다움과 다양성과 새로운 인생을 만든다. 그와 대조적으로 선과 악은 서로 투쟁하고, 결국 서로를 파괴한다.

성경은 서두부터 이런 동양철학과 맥을 같이 한다. 창세기 1장을 보면 하나님이 하나님의 모습대로 사람을 창조하시되 남자와 여자를 창조하셨다라고 되어 있다. 이것은 바로 하나님이 양과 음 즉, 남성과 여성이 완벽한 조화를 이룬 상태로 계시는 분이라는 것을 말해 준다. 우주에 있는 모든 음과 양은 태초 하나님의 양과 음으로부터 왔다. 따라서 하나님은 하나님 아버지일 뿐만 아니라 하나님 어머니이다. 즉 근엄한 아버지의 모습과 자애롭고 이해심 많은 어머니의 모습을 동시에 갖춘 하나님 부모님 즉, 자연스럽게 하늘 부모님이신 것이다.

하나님은 절대적 남성과 절대적 여성의 모습을 구현하신 분이다. 남자와 여자를 창조함으로써, 하나님은 자신의 형상을 음양의 두 형상으로 나누어 표현했다. 그래서 남자가 여자를 그리워할 때, 그는 단지 애인이나 생식 본능을 충족시킬 파트너를 찾는 것이 아니다. 무의식적으로 인간은 자신의 나머지 반쪽을 찾아 완벽하고 영원한 일체를 이루어 우주적 사랑의 충만함과 우주적 삶을 갈구하고, 사랑 속에서 완벽한 하나님의 모습을 재현하고자 하는 것이다.

사람들은 왜 영원한 사랑을 그리는 노래로부터 헤어나올 수 없을까? 그것은 영원한 하나님의 본성을 공유하고 있기 때문이다. 왜 남자는 별이 빛나는 밤에 여성 앞에서 '하늘이 무너져 버리고 땅이 꺼져버린다 해도 영원토록 그대만을 사랑하리…'라고 맹세하며 사랑가를 바칠까? 사랑은 죽음조차 초월할 수 있는 유일한 것이기 때문이다. 서로를 위하면 위할수록 더욱 더 같이 하고 싶어진다. '1초라도 안 보이면 이렇게 초조한데 3초는 어떻게 기다려'라는 노랫말처럼 사랑이 깊어지면 질수록 같이 하고픈 마음이 더 간절해지는 것이다. 참사랑만이 영원히 남는 것이다. 그렇기 때문에 참사랑 안에서만이 영원한 삶을 찾을 수 있다.

세계의 모든 주요 종교들은 사후에도 어떤 형태로든 생이 유지된다고 한다. 통일교회에서도 기본적인 맥락은 같이 하지만 타 종교에서 명확한 언급을 하지 않는 것과는 달리 이 땅에서 참사랑을 나눈 부부가 영원히 함께 하는 곳이 하늘나라라는 좀 더 구체적인 가르침을 준다. 예를 들어, 성경에 따르면 천사는 싱글인데 기독교에서는 부활에 이르면 결혼도 하지 않고 하늘의 천사처럼 지낼 것이다라고 한다. 당신이 진정으로 당신의 배우자나 약혼자를 사랑하고 영원히 함께 하고자 할 경우 좋은 소식이 될 수 있을 만큼 통일교인이 다른 옵션을 믿을 단한 충분한 이유가 있다.

사람의 인생은 삼三 세계를 살게 되어 있다. 1단계로 우리는 10개월 동안 수중세계인 어머니의 자궁 안에서 살면서 2단계 삶인 지상에서의 공기를 호흡하기 위해 폐를 발달시켜야 한다. 그리고 2단계인 이 세상에서 80년 또는 90년 동안 마지막 단계인 하늘나라에서의 삶을 위해 사랑의 능력 즉, 사랑의 폐를 발달시켜야 한다. 왜냐하면 마지막 단계인 하늘나라에서는 존재를 위한 필수요소인 사랑으로 호흡해야 하기 때문이다. 그렇기 때문에 우리는 이 지상에서 사는 동안 참사랑을 최대한 주고받을 수 있는 준비를 해야 한다. 이것이 바로 육체적 수명기간 동안 진정한 사랑을 주고 받을 수 있는 능력을 극대화해야 하는 필수적인 이유이다.

원래 죽음은 태중의 애기가 엄마의 자궁을 빌어 이 세상에 태어나는 것처럼 영원한 세상으로 가기 위한 행복한 여정이다. 일반적으로 생각하는 죽음이란 영원한 이별, 소멸을 의미하는 것이기에 애도하고 슬퍼한다. 하지만 통일교회에서는 사랑하는 사람이 선이 충만한 지상의 삶을 마무리하고, 하늘나라인 영계에서 영원한 생명으로 다시 태어나는 탄생일이 바로 일반적으로 말하는 죽음이다. 따라서 이를 성화聖和라고 표현하고 애도하는 대신, 화려한 꽃장식과 흰 넥타이와 흰 드레스를 입고 축복해주는 것이다.

문 목사님은 영계의 실상을 가장 잘 아는 전문가로 영계에 가게 되면 우리의 얼굴은 가장 아름다웠던 20대 청춘 즉, 사랑을 꽃피울 수 있고 향기를 풍길 수 있는 시절로 돌아간다고 한다.

"영계에 가서 이 땅 위에서 사이좋게 살던 사람들을 흘긋 보면 남자로 보이는데, 가만히 들여다 보면 여자가 웃는 얼굴을 하고 그 속에 있습니다. 그게 사랑하던 아내라는 거지요. 그것이 최고의 사랑입니다. 영계에 가서는 자기 남편과 지상에서 나누었던 사랑을 보다 확대하고 싶다, 보다 자극하고 싶다 하게끔 되는 것입니다. 영계에 가면 사랑하는 사람은, 여자가 있으면 그 안에 떡 남자가 있는 것입니다. 절대적인 부부의 이상을 그려서 예술적인 부부를 땅에 이루어 가지고 지상에 없는 사랑의 그림을 그리는 것입니다. 그 그림을 가지고 천상세계, 영원한 세계에 여행하러 나서기 위한 것이 영계에 가는 것입니다."

이러한 강력한 관계를 만드는 것은 일상생활에서 부부가 참사랑을 통해 정신적으로 육체적으로도 하나 되는 것을 통해서이다. 종교지도자로서 문선명 목사님은 부부관계의 즐거움을 놀라울 정도의 솔직함과 통찰력과 유머를 동원하여 설명한다.

"사랑하는 부부간의 대화를 볼 것 같으면, 세상의 어떤 시나 그림보다 아름다운 것입니다. 부부가 잠자리에 들어 속삭이는 밀어는 세상의 모든 피로와 미움을 녹이는 청량제가 되는 것입니다. 사랑은 신경과 같습니다. 우리가 머리카락 하나를 당기면 몸 전체가 끌려오는 것과 마찬가지로 사랑만 당기면 우주가 끌려오고, 사랑만 움직이면 우주가 다 화해하여 돌아가게 됩니다. 진짜 사랑은 온몸이 하나 되고, 심장과 핏줄이 전부 다 하나 되어 사랑하는 것입니다. 부부가 사랑을 하는데 시아버지가 옆에서 자건 시어머니가 옆에서 자건, 클라이맥스가 될 때는 솔직하게 소리 질러도 괜찮다는 것입니다. '저 집은 얼마나 부부의 금슬이 좋은지 밤에 요지경 소리가 나면 동네 쥐들이 깜짝 놀라고 울던 닭들도 뚝 그치더라' 할 정도로 동네방네 사랑의 소문을 내야 합니다. '쥐들이 놀라고 닭들이 울다가 그치게끔 소리가 나는 변이 왜 일어나느냐'고 물으면 '왜 그러긴 왜 그래? 천지가 진동하는 사랑의 함성이 울려 나오니까 그렇지' 해도 된다는 것입니다."

남자와 여자가 하나 되는 것은 하늘과 땅이 하나가 되는 것이고, 남녀가 사랑으로 껴안는 것은 전 우주가 하나 되는 것을 상징한다. 사랑하는 남편이나 아내는 그의 반쪽이 없이는 행복할 수 없다. 즉, 쪼갤래야 쪼갤 수 없는 한 쌍인 것이다. 진정한 부부관계의 축복은 심오해서 현대 심리학에서 말하는 정서적 편익을 초월한다. 부부가 가지는 최고의 장점은 서로의 단점을 보완해 준다는 것이다. 부부의 운명은 마치 계곡을 메우고, 산을 깎아 평지로 만드는 것과 같다. 부부는 그 비옥한 땅에 부부 공통의 이상을 심을 수 있다.

통일교회의 가르침은 하늘이 이상하는 본연의 남편과 아내가 하나님을 중심한 사랑 가운데서 하나님의 이미지를 형상화한 자식을 갖는 것이다. 즉, 하나님이 태초에 의도하셨던 이상가정의 실현은 바로 하나님을 중심 삼고 아버지, 어머니, 자녀가 함께 가정을 이루는데 있다.

버클리 대학교 캠퍼스에서

시모야마 발레리 : UC 버클리 졸업 시모야마 히로미치의 아내, 도쿠히로, 카린, 머리나의 어머니이다.

UC 버클리의 대학생이었을 때, 나는 공산주의자, 급진적인 페미니스트, 극단적인 반종교주의자 특히 반기독교인이었다. 나는 종종 대학캠퍼스에서 전도를 하고 있는 통일교인들과 논쟁을 벌이기도 했다.

그러던 어느 날, 통일교인 일행이 학교에 그들의 교주인 문선명 목사의 사진이 실린 플래카드를 들고와서 그날 밤에 있을 문 목사의 강연회 티켓을 나누어 주고 있었다. 이 통일교회 신도들과 그렇게도 싸웠는데 내가 하교하기 직전 한 일본 통일교회 남자 신도가 나에게 다가와 강연회 티켓을 들이밀면서 "꼭 와야해"라고 말했다. 나는 그와 논쟁이라도 벌이고 싶었지만 영어를 못하는 그 일본인과는 어찌해볼 도리가 없었다.

하지만 어찌된 영문인지 내 마음 속에서 '너는 꼭 가야해'라는 소리가 들리면서 강연회에 참석하고 싶어졌다. 그러나 나는 가고 싶은 마음을 숨기고 싶었다. '강연회에 참석해 방해해야지' 하는 이유를 만들어 자발적인 강연회 참석을 정당화시켰다.

강연회에 참석한 나는 일단 약간의 야유를 서슴지 않았다. 공교롭게도 많은 버클리 학생들도 나처럼 야유를 보내기 위해 강연회에 참석하기로 결정했다는 것을 알게 되었다. 강연회가 반쯤 지나자 분위기가 숙연해지고, 나는 문 목사님께 질문할 기회를 가졌다. 하나님에 대한 내 분노의 근원이자 핵심이라고 할 수 있는 질문을 던졌다. "하나님은 왜 아버지여야만 하나요?" 이 짧은 질문에는 나의 다른 질문들이 함축되어 있었다. 예를 들어, 왜 이 세상은 남자들이 통치하고 있는가? 왜 여성들은 강간을 당하는가? 왜 여성들은 남편을 위해서 대학을 포기하고 희생하면서도 결국에는 이혼당하는가? 왜 남자는 여자보다 돈을 더 많이 벌고, 로케트를 만들고, 역사적으로 보다 많은 교육을 받고, 모든 종교를 창시하고, 새로운 철학사조를 주창했나? 기타 등등이었다.

내 질문 직후부터 문 목사님의 통역가인 박보희 박사님은 하나님에 대한 대명사를 He나 She로 혼용해서 쓰기 시작했다. 그런데 하나님 아버지대신 하나님 어머니라고 연단에서 통역되는 것을 들었을 때 참으로 어색하고 뭔가

쑥스러운 감정이 들었다. 그리고 나는 겸손해지기 시작했다. 내가 기대하지 않고, 상상조차 하지 못했던 심오한 강연회라는 것을 알았다. 그때까지만 해도 서서 곧 떠날 사람처럼 들었는데 깨달음을 얻고 나서 그분의 말씀을 경청하기 시작했다. 내 질문 후 전체 청중은 정숙을 유지했다.

사랑과 겸손이 나를 달래주었고, 경청할수록 나는 형언하지 못할 놀라움과 즐거움, 경악을 느끼며 내 심경에 변화가 일기 시작했다. 강연회를 끝까지 듣고 나서 문 목사님이 하시는 말씀이 다 옳다는 것을 깨닫게 되었다. 즉, 가정이 없이는 인생에 즐거움이 있을 수 없고, 참사랑이 모든 행복의 근원이라는 것 등등….

나는 급진적인 페미니스트주의자와 공산주의자로 3년, 무신론자로 8년간을 지내왔다. 문 목사님의 말씀이 진리이고, 그분은 참된 남성이라는 것을 깨달았다. 하나님을 믿지 않았지만 문 목사님이 말씀하시는 참사랑은 진실되다는 것을 알게 되었고, 그는 그 참사랑이 몸에 배어 실천하는 사람이라는 것을 깨닫게 되었다.

문 목사님에 대한 환상을 봤는데, 그것은 예수님이 갈릴리 호숫가에서 제자들에게 말씀하시는 것 같은 모습이었다. 나도 거기에 가서 그 제자들과 같이 문 목사님 바로 옆에 앉아 말씀을 듣고 싶었다. 나는 문 목사님의 첫 번째로 진실한 제자가 되고 싶었다. 강연회에 참석했을 때는 사실 하나님이 없다고 문 목사님을 설득해서 나와 같이 이 세상을 바꾸지 않겠냐고 하고 싶었다. 그런데 강연회 후에 깨달은 것은 참사랑을 통해 세상을 바꿀 수 있다는 것이었다.

강연회는 쏜살같이 지나갔고, 흥분과 행복이 충만해졌다. 강연회 직후 24시간 열람실에서 밤을 샜다. 마치 위대한 한 남자가 이 세상을 구하는 계획을 세우고 있는 에너지 덩어리 같은 모습이었다. 그날 밤의 흥분과 감동은 평생 잊지 못할 것이다. 새로운 우주의 가능성이 나로부터 전개되어 나가는 것 같았다. 오랫동안 나는 세상을 바꾸고 싶었는데, 참사랑으로 가능하다는 것을 알게 되었다.

　나는 구세주를 만났고, 내가 이때까지 경험한 것 중 최고로 가치있는 일을 맡게 되었다. 즉, 나 자신을 변화시키고, 세계를 멸망시키려고 했던 내 성향을 세계를 재건하는 쪽으로 선회할 수 있었다. 갈 길을 잃고 방황하며 목청만 높이는 미국의 젊은이들에게 문 목사님은 새로운 희망을 주셨다. 나는 문 목사님 강연회날 UC 버클리에서 그에게 잡힌 작고 못생기고 말 많은 한 마리의 물고기였다. 그것이 문 목사님과 인연을 맺게 된 계기가 되었다. 그 후로 문 목사님은 나와 같이 동행하며 대화하고 계시다는 것을 알게 되었다. 내 가슴 깊은 곳에서 깊은 감사를 드리고, 그 감사는 영원할 것이다.

하늘과 땅이 하나이듯이 여성과 남성도 하나가 되는 것이다. 남성은 단지 하나님의 반쪽에 불과하고, 여성은 그 나머지 반쪽이다. 그러므로 어느 한쪽이 다른 한쪽보다 우월하지 않다. 끊을 수 없는 참사랑으로 남성과 여성이 묶일 때, 하나님의 온전한 이미지가 구현된다. 그래서 남성이 가슴으로 여성과 완벽히 하나가 될 때, 그녀의 인생은 영원한 동반자와 함께 가슴과 마음과 몸으로 하나가 된다. 그래서 마치 부모를 쏙 빼닮은 아이들이 나오는 것처럼, 그 남성과 여성은 하나님의 완벽한 새로운 형상을 이루는 것이다. 세상의 모든 부모들처럼 하나님도 그 자녀와 가슴과 영혼으로 하나가 되어 기쁨을 누리고자 하신다.

　하나님과 한 남성과 한 여성이 사랑으로 하나가 될 때, 이것을 본연의 성性 삼위일체라고 한다. 이런 연유로 남성과 여성의 영적, 감성적, 육체적인 참사랑의 경험은 그토록 강렬할 수 밖에 없는 것이다. 이것은 실험대상이나 놀이대상이 아니다. 하나님이 영원한 것처럼 이것도 절대 깨지면 안 되므로 왜 하나님은 인간을 창조하셨을까라는 화두에 봉착하게 된다. 문 목사님은 하나님의 창조동기에 대해 아주 실감나게 설명한다.

"하나님이 아무리 절대자라고 하지만 당신 혼자서는 행복할 수 없습니다. '좋다'는 말, '행복하다'는 말은 혼자서는 성립되지 않는 말입니다. 반드시 상대적 관계를 갖춘 자리에서라야 성립되는 것입니다. 평생을 성악가로 살아온 사람이라도 무인도에 버려져 혼자서 목이 터지라고 노래를 부른다고 해서 행복하겠습니까? 자존하시는 하나님께서도 기쁘고 행복하기 위해서는 반드시 주고 받을 수 있는 사랑의 상대가 필요하다는 것입니다.

아무리 유명한 화가가 있다 하더라도 장난으로 아무렇게나 그린 그림이라면 사람들이 중요하게 여기지 않을 것입니다. 밥 먹는 것도 잊고 정신을 집중하여 모든 정력을 투입해서 하나하나 정성을 기울여 자기 전체의 이상을 투입시킬 때 걸작품이 나오게 됩니다. 그런 걸작품은 내가 갖고, 내가 보관하고, 내가 사랑하고 싶은 것이 아닙니까?

그렇기 때문에 하나님은 상대를 만드는데 있어서 완전투입하시는 것입니다. 또 그렇게 함으로 말미암아 보다 가치롭고 보다 이상적인 완전한 대상의 전개를 이루고자 하시는 것입니다. 하나님도 아담과 해와(하와 또는 이브)를 지어 놓고는 그들을 위해서 있겠다는 것입니다. 자기를 위하던 때로부터 상대를 위하는 때로 넘어간다는 것입니다. 그렇기 때문에 이상적 존재라는 것은 자기를 위주하는 데서는 바랄 수 없습니다. 이상적 존재는 남을 위하고, 대상을 위하는 데서부터 가능하다는 것을 알아야 되겠습니다. 그들이 좋아하는 것은 하나님도 좋아합니다. 그리고 내가 나를 보고 좋아하는 것보다 대상을 보면 더 좋습니다. 하나님에게 있어서 인간 창조는 완전한 자기 투입이요, 최고의 걸작품입니다.

그렇지만 대상이 생겨나게 될 때는 자기를 버리고 상대를 위하는 때로 넘어가야 됩니다. 인간은 남자나 여자나 자기를 위하여 살도록 창조된 것이 아니라 상대를 위하여 존재하도록 창조되었습니다. 그렇기 때문에 남자가 남자로 태어난 것은 남자 자신을 위해서 태어난 것이 아닙니다. 여자가 아무리 미인이고, 남자를 싫어하는 여자라 하더라도 그 생긴 모양을 보십시오. 자기를 위해서 그렇게 태어난 것이 아닙니다. 우리는 나를 위해서 태어난 것이 아니라 상대를 위하여 태어났다는 것입니다. 모름지기 태어나기를 그렇게 태어난 것입니다."

이 세상에는 여러 종류의 사랑이 있다. 친구 간의 사랑, 부부간의 사랑, 부모와 자식 간의 사랑 때문에 가정에서 말다툼이 나기도 한다. 아내의 입장에서는 남편이 예전만큼 자신을 사랑하지 않는다고 생각하면서 싸움의 불씨가 된다. 남편의 입장에서는 아내의 헌신이 예전만 못하다고 느끼며 너무 욕심을 부려 아내로부터 무제한적인 헌신을 요구한다.

왜 이런 일이 생길까? 그것은 부부간의 사랑이 충족되지 않았기 때문이다. 남편과 아내가 서로 상대방에게 늘 나만을 위해 달라, 나만을 사랑해 달라고 하기때문이다. 이기적이든지, 조금이라도 '자기'라는 관념이 들어가면 그 사랑은 완벽하다고 하지 못한다. 아내나 남편을 사랑함에 있어 자기라는 관념을 통채로 비워야 한다. 조금이라도 마음 속에 '자기'라는 것이 남아 있으면 안 된다. 사랑은 바로 그런 것이다. 그래서 만약 당신이 이기적이라는 것을 발견하게 된다면 바로 털어내 버려야 한다.

그러나 현실에서는 일단 허니문 기간만 지나면 '내가 공평한 지분을 갖고 있는 걸까?', '나한테 남는 게 뭔데?'라고 쉽게 생각하는 경향이 있다. 그러면서 부부일심동체의 구호는 퇴색되어 간다. 연인 또는 부부의 관계가 서로에게 사랑과 기쁨과 희망의 원천이 아닌 불행, 절망, 상심, 고통의 씨앗으로 작용하는 것을 많이 본다. 왜 그럴까?

성경에서는 남자와 여자 사이는 '증오'라고 말한다. 그것은 결혼에 대한 핑크빛 전망은 아니다. 악은 이기심의 출현으로 세상에 나타났다. 악은 어떤 것이냐 하면, '네 것도 내 것이요, 내 것도 내 것'이라고 하는 것이다. 하나님의 무조건적 베풂의 원리는 세속적 착취의 원리로 왜곡되었다. 인류의 역사와 더불어 이기심은 태동되어 현 세계는 살인, 거짓말, 절도가 판을 치고 있다. 이 세상에서 발생하는 이 모든 악한 행위들은 이기심에서 비롯된다. 예수님은 이 땅에 구주로 왔지만 "내가 섬김을 받으러 온 것이 아니라 섬기러 왔다"고 했다. 예수님은 말씀하기를 "친구를 위하여 생명을 바치는 자는 이에서 더 큰 사랑이 없다"고도 했다. 이것은 자신을 완전히 투입하는 것을 말하는 것이다.

2장

이브의 사과와
나타샤의 뱀

누가 사랑이 부드럽다고 했던가? 사랑은 너무나 거칠고 우악스럽고
야단스럽구나. 게다가 사랑은 가시처럼 나를 찌르는구나.

셰익스피어, 로미오와 줄리엣

《원리강론》에서는 왜 행복을 향한 인간의 여정이 줄곧 좌절되어 왔는가를 설명하고 있다. 인간은 누구나 불행을 물리치고 행복을 찾아 이루려고 몸부림치고 있다. 개인의 사소한 일로부터 역사를 좌우하는 큰 일에 이르기까지 그것은 결국 하나같이 보다 행복해지려는 삶의 표현인 것이다.

그러면 행복은 어떻게 될 때 오게 되는 것인가? 인간은 누구나 자기의 욕망이 이루어질 때 행복을 느끼게 된다. 욕망이라고 하면 우리는 흔히 그 본의本意를 흐려서 생각하기 쉽다. 그것은 그 욕망이 선보다도 악으로 나아가기 쉬운 생활환경 가운데 우리가 살고 있기 때문이다.

그러나 불의不義를 맺는 욕망은 어디까지나 인간의 본심本心에서 나오는 것은 아니다. 인간의 본심은 이러한 욕망이 자신을 불행으로 이끌어 간다는 것을 잘 알고 있기 때문에 악을 지향하는 욕망을 물리치고, 선을 추구하는 욕망을 따라 본심이 기뻐하는 행복을 찾으려 필사적으로 노력하고 있는 것이다.

이러한 인간의 모순성은 당초 태어날 때부터 있었을 리 만무하다. 왜냐하면 어떠한 존재도 모순성을 내포하고서는 생성할 수 없기 때문이다. 그러므로 인간이 생겨나기 전부터 이러한 모순성을 내포한 운명적인 존재였다면 애당초 생겨날 수도 없었을 것이다. 따라서 인간이 가지고 있는 그러한 모순성은 후천적인 것이라고 볼 수밖에 없는 것이다. 인간의 이러한 파멸 상태를 일러 기독교에서는 타락이라고 한다.

에덴동산 이야기에 익숙하지 않은 사람은 별로 없을 것이다. 아담과 해와는 이라크의 티그리스–유프라테스 강 지역의 멋진 자연 속에서 살았다. 에덴은 기쁨의 의미이고, 동산은 순진무구한 기쁨과 행복이 넘치는 영역의 상징이었다. 아담과 해와는 하나님의 엄중한 경고를 무시하고 선악과를 따먹는 끔찍한 실수를 저질렀다. 다 다수 세속적인 생각을 가진 사람들은 이 일화를 역사적 사실과 무관한 하나의 원시종교의 신화 정도로 치부한다. 그런 반면 많은 기독교인들은 그 이야기를 문자 그대로 믿어, 하나님에 의해 태초에 창조된 그 인류조상이 실제로 어떤 과실을 먹어 이 세상에 악을 불러왔다고 믿고 있다.

현대 유전학자들은 성경에서 말하는 것처럼 모든 사람들이 같은 인간 조상으로부터 출발했다는 것에는 동의하지만, 성경에서 말하는 6천 년의 인류역사에 대해서는 최소한 50만 년 전이라고 반박한다. 아담의 의미는 사람 또는 인류라는 뜻이고, 해와는 모든 만물의 어머니라는 뜻이다. 세세한 역사적 사실은 모호하고 심지어 기독교인조차 에덴동산에 대한 그들의 믿음을 상식적으로 소화하기 힘들어 한다.

전 인류의 사랑의 부모이신 하나님께서 인간을 유혹시켜 타락하게 하는 그런 과실을 만드셨을까? 만약 만들었더라도 그 자녀들의 손이 쉽게 미치는 곳에 두었을까? 또한 기독교에서는 인간의 원죄가 인간의 시조로부터 유전되어 나오고 있는 것이라고 하는데, 먹는 물건이 어떻게 원죄를 유전하는 요인이 될 수 있을 것인가?

유전은 오직 혈통을 타고 내려오는 것이기 때문에, 어느 한 사람이 그 무엇을 먹었다고 하여 그 결과가 후손에게까지 유전될 수는 없는 것이다.

게다가 하나님은 그것을 먹는 날에는 정녕 죽으리라고 말씀하셨는데, 아담 해와는 그 계명을 어겨 타락한 후에도 믿을 수 없을 만큼 긴 세월을 장수하 며 자녀도 낳았다.

하나님은 그의 말씀에 대한 인간의 순종 여부를 시험하기 위하여 선악 과를 창조하시고, 그것을 따먹지 말라고 명령하셨다고 믿고 있는 신도들도 있다. 그러나 사랑의 하나님께서 그와 같이 인간에게 사망에 이르는 방법으 로써 그렇게 무자비한 시험을 하셨으리라고는 볼 수 없는 것이다.

만약 어떤 아버지가 자식이 얼마나 자신의 명령에 순종하는지 확인하기 위하여 청산가리를 바른 맛있는 초콜렛 쿠키를 접시에 담아 식탁 위에 올 려 놓았다면 병적인 범죄자로 간주되어 양육권을 박탈당하고, 정신병동이 나 감옥에 갇히는 신세가 될 것이다. 그러나 신학자들은 하나님은 미스터리 한 방법으로 역사하신다고 하며 하나님이 하시는 모든 행위를 정당화한다. 그런 하나님의 과업에 대해 불완전한 인간이 의문을 가진다는 자체를 주제 넘은 행위로 치부해 버린다. 이런 비합리적 믿음은 하나님이 어떤 분인지, 선악의 기원은 무엇인지를 심각하게 이해하려고 하는 사려 깊은 사람들을 만족시키지 못한다.

아담과 해와는 그들이 선악과善惡果를 따먹으면 정녕코 죽으리라 하신 하나님의 말씀대로 따먹으면 죽을 것이라 알고 있었다. 그럼에도 불구하고 그들은 따먹었다. 기아에 허덕였을 리도 없는 아담과 해와가 먹을 것을 위 하여 죽음을 무릅쓰면서까지 그렇게 엄중한 하나님의 말씀을 어겼으리라 고는 생각되지 않는다. 그러므로 선악과는 어떠한 물질이 아니고, 생명에 대한 애착까지도 문제되지 않을 만큼 강력한 자극을 주는 다른 무엇이었음 에 틀림없다.

아무리 어떤 음식이 맛있더라도 목숨을 걸고 그것을 먹으려고 하는 사람은 없다. 아무리 점심밥이 먹고 싶어 죽겠다고 독이 든 점심밥을 먹지는 않는다. 죽음을 초월하게 만드는 것은 오직 사랑뿐이다. 사랑에 인생을 걸 수도 죽음을 초월할 수도 있다.

전 세계 문학은 금지된 사랑, 비극적인 사랑, 절망적인 사랑의 이야기로 가득 차 있다. 로미오와 줄리엣은 빗나간 사랑 때문에 목숨을 내놓았다. 최신 음악가사의 90퍼센트 이상이 불행하거나 비극적 운명을 맞는 사랑을 노래한다. 사랑하는 님의 배신으로 가슴은 갈기갈기 찢어진다. 사람들은 사랑을 노래하고, 사랑을 꿈꾸고, 음식이 아닌 사랑을 위해 죽는다. 에덴동산 이야기는 사과나무 이야기가 아닌 바로 사랑 즉 인간의 사랑 이야기이다.

에덴동산에 등장하는 두 그루의 나무는 바로 인간의 조상인 아담과 해와를 상징하는 것이다. 그 두 그루의 나무 중 생명나무는 아담을, 선악을 알게 하는 나무는 해와를 나타낸다. 그 해와가 따 먹고 타락했다는 선악과는 무엇을 상징할까? 그것은 바로 해와의 사랑을 나타낸다. 그 열매에 의해 나무가 번식하듯이 해와는 그녀의 하나님을 중심한 사랑을 통해 선한 자식을 낳아야만 했다. 하지만 해와는 불륜한 사랑을 통해 악의 자식을 낳았다.

1100쪽에 달하는 《세계경전》에는 문 목사님의 가르침이 기독교, 이슬람교, 유대교, 불교, 흰두교, 기타 종교의 가르침과 함께 잘 녹아 있다. 영적 성장의 측면에서 자연은 성장과정을 거치게 되어 있다. 마찬가지로 인간의 육신도 인간의 영혼도 같은 원리가 적용된다. 성장의 단계는 사계절, 씨를 뿌려 추수하는 것, 학교의 학년 등 여러 가지로 비유하여 설명할 수 있다. 인간이 완성될 때 하나님의 사랑에 동참할 수 있다.

모든 것은 완성하기 위해 성장한다. 씨앗이 자라 나무가 되고, 태아는 성인이 된다. 문 목사님은 말씀하신다.

"아담과 해와를 장성한 사람으로 지었다고 생각할 수 없다는 거예요. 애기로부터 지은 거예요. 하나님이 애기를 밴 어머니가 품어 키우는 것과 마찬가지의 그런 과정을 거쳐 지었다는 논리를 세우지 않고는 이 모든 3단계의 질서를 통한 존재의 형성이라는 것을 설명할 도리가 없어요. 그래서 유아기가 있었다는 거예요. 그 다음 장성기가 있었다 이거예요. 이건 천리 도리입니다. 그 다음에 완성기가 있었다 이겁니다."

해와는 미성숙한 상태로 창조되어 일정한 성장과정을 통해 성숙하게 되어있었다. 따라서 그녀의 사랑에 의해 선한 과일도, 악한 과일도 만들어질 수 있었다. 생명나무의 과실은 바로 남성의 생식기를 상징하고, 선악과는 바로 여성의 생식기를 상징한다. 인간의 타락은 바로 미성숙한 성관계에서 비롯된 것이다. 성경에서 전해지는 에덴동산 이야기에는 타락 후 인간의 눈이 밝아져 그들이 나체로 있음을 깨닫고 부끄러워하여 무화과 잎으로 가렸다고 기록되어 있다. 만약 아담과 해와가 선악과를 따먹었다면, 왜 그들은 입을 가리는 대신 생식기를 가렸을까? 문 목사님이 설명하길,

"만약 기독교인들이 좀 더 지적으로 성경을 해석할 마음이 있다면, 그들은 타락의 원인에 대해 즉시 알 수 있을 것입니다. 왜 인간 조상인 아담과 해와는 그들의 생식기를 부끄러워했을까요? 왜 그들은 그곳을 가렸을까요? 그들이 선악과를 따먹었다면 그들의 입과 손을 가렸어야 했을 일이지 생식기가 무슨 상관이란 말입니까? 생식기가 뭐가 잘못됐단 말입니까?
인간의 조상이 그 생식기를 천상의 사랑을 이루는데 쓰지 않고 잘못 사

용하여 타락했기 때문에 인간의 그곳은 바로 부끄러운 곳이 된 것입니다. 참사랑의 샘이 거기서 솟아야 했는데 대신 악마의 사랑, 거짓 사랑이 생겨 난 것입니다. 따라서 그곳이 최악의 사랑의 본거지가 된 것입니다.”

{ 솔로몬의 사랑가, 아가 }

이스라엘의 솔로몬 왕은 아마 역사적 자료에서 말하는 것처럼 그렇게 현명한 사람은 아니었던 것 같다. 그의 만족할 수 없는 성욕을 위해 700명 이상의 아내와 300명 이상의 첩을 거느렸던 것을 보면 그들 사이에서 어떤 암투와 음모가 벌어졌을지 상상이 갈 것이다. 그로 인해 솔로몬 사후 이스라엘이 쪼개진 것은 당연한 결과였다. 솔로몬의 사랑노래로 알려진 아가雅歌는《구약성경》에 실린 공식적인 성경의 일부이다. 그토록 에로틱한 사랑노래가 어떻게 성스러운 성경에 실릴 수 있었는지 일부 신학자들도 의심할 정도로 지극히 관능적이다. 보수적인 기독교 신자가 이 아가서에 실린 남녀의 노골적인 성애를 다룬 부분을 읽는다면 아마 바로 얼굴이 화끈거릴 것이다.

솔로몬의 사랑가에는 나무, 과일, 사과, 건포도가 차고 넘치는 '동산(정원)'의 은유로 가득할 뿐만 아니라, 전설적인 최음제催淫劑로 알려진 포도주와 맨드레이크(지중해와 레반트 지방이 원산지인 허브)도 성적으로 흥분된 애인들을 위해 준비되어 있다. 그 솔로몬의 사랑가를 잠깐 들어보자.

(여자가 남자에게 바치는 사랑가)
나는 사론에 핀 수선화, 산골짜기에 핀 나리꽃이랍니다.

나의 임은 잡목 속에 솟은 능금나무,

그 그늘 아래 뒹굴며 달디단 열매 맛보고 싶어라.

사랑의 눈짓에 끌려 연회석에 들어 와

사랑에 지친 이 몸, 힘을 내라고, 기운을 내라고,

건포도와 사과를 입에 넣어 주시네.

왼팔을 베게 하시고, 오른팔로 이 몸 안아주시네.

들판을 뛰노는 노루 사슴 같은 예루살렘의 아가씨들아,

이 사랑이 잦아들기까지 제발 방해하지 말아다오.

흔들어 깨우지 말아다오.

(그 여자에게 바치는 남자의 답가)

지체 높은 댁 아가씨라,

신 신고 사뿐사뿐 옮기시는 발, 여간 곱지 않구려.

두 허벅지가 엇갈리는 곳은 영락없이 공들여 만든 패물이요,

배꼽은 향긋한 술이 찰랑이는 동그란 술잔,

허리는 백합꽃을 두른 밀단이요,

너무나 아리땁고 귀여운 그대, 내 사랑, 내 즐거움이여.

야자나무처럼 늘씬한 키에 네 앞가슴은 그 열매송이 같구나.

나는 야자나무에 올라가 그 가지를 휘어잡으리라.

야자나무 열매 같은 앞가슴을 만지게 해주오.

사과 향내 같은 입김 맡게 해주오.

당신의 키스는 최상의 와인이구려,

잇몸과 입술을 넘어 나오는 포도주 같은 단맛을

그대 입속에서 맛보게 해주오.

이 몸은 임의 것, 임께서 나를 그토록 그리시니,

거기에서 나의 사랑을 임에게 바치리다.

임이여, 어서 들로 나갑시다. 이 밤을 시골에서 보냅시다.

이른 아침 포도원에 나가 포도나무 꽃이 피었는지

석류나무 꽃이 망울졌는지 보고,

맨드레이크가 향기를 뿜어내고, 우리의 문 앞에 쌓아둔

여러 가지 귀한 열매는 내 임을 위해 준비해 둔 것이로다.

《세계경전》에서는 '악마와 그의 활동'이란 제목 아래 악의 뿌리에 대해 소개한다. 모든 종교의 경전은 사탄과 그의 힘에 대해 언급한다. 그 우두머리는 사탄, 루시퍼, 이블리스, 마라, 사마엘, 바알세불, 앙그라 마이뉴 등 여러 가지 이름으로 알려져 있다. 악마는 지속적으로 활동하고 있고, 사람의 마음속에 자리 잡아 악에 빠져들게 한다. 이성주의자가 악마의 존재를 수용하기는 쉽지 않을 것이지만, 21세기에 벌어진 참혹한 역사를 보면 이야기는 달라진다.

교황 바오로 6세는 악마에 대해 다음과 같이 말했다. "우리는 이 어둡고 불온한 악마가 존재한다는 것을 알고 있다. 그는 여전히 교활하게 활동하고 있고, 인류 역사에서 불행의 뿌리는 보이지 않는 적이다. 그는 상상력, 정욕, 유토피아 논리 또는 무질서 등을 통해 인간에게 영향력을 행사한다."

해와를 꼬여 범죄케 한 것은 뱀이었다고 성서에 기록되어 있다.(창세기 3장 4절~5절) 그러면 또 이 뱀은 무엇을 말한 것인가? 우리는 창세기 3장에 기록되어 있는 그 내용에 의하여 뱀의 정체를 알아보기로 하자.

성경에 기록된 뱀은 인간과 담화를 할 수 있었다. 그리고 영적인 인간을 타락시킨 것을 보면 그것도 영적인 존재가 아닐 수 없다. 더구나 그 뱀이 인간으로 하여금 선악과를 따먹지 못하도록 하려는 하나님의 뜻을 알았던 사실로 미루어 보아, 그것은 더욱 영물靈物이 아니어서는 안 된다.

또 요한계시록 12장 9절을 보면, 하늘에서 큰 용龍이 땅으로 내어 쫓기니 옛 뱀 곧, 마귀라고도 하고 사탄이라고도 한다고 기록되어 있다. 이 옛 뱀이 바로 에덴동산에서 해와를 꼬인 그 뱀이라는 것은 두말할 필요도 없다. 뱀으로 비유한 이 영물은 원래 선을 목적으로 창조되었던 어떠한 존재인데, 타락하여 사탄이 되었다고 보지 않을 수 없는 것이다.

그러면 하나님이 창조하신 영적인 존재로서 인간과 담화를 할 수 있고, 하나님의 뜻을 알 수 있으며, 또 그 소재가 하늘이었고, 한편 또 그것이 만일 타락하여 악한 존재로 전락하게 되는 경우, 시간과 공간을 초월하여 인간의 심령을 지배할 수 있는 능력을 갖춘 존재는 과연 무엇일 것인가? 천사 이외에는 이러한 조건을 구비한 존재가 없으므로 우선 그 뱀은 천사를 비유한 것이라고 보지 않을 수 없는 것이다.

아브라함을 뿌리로 하는 종교인 유대교, 기독교, 이슬람교는 하나님이 피조세계被造世界의 창조와 그의 경륜을 위하여 종으로 천사를 창조했다고 믿는다. 이슬람교에서는 천사장 가브리엘이 예언자 모하메드에게 코란을 전해주었다고 믿는다. 하나님의 뜻을 위하여 천사가 활동한 예는 성서에서 무수히 찾아볼 수 있다.

천사는 아브라함에게 하나님의 중대한 축복의 말씀을 전하였고, 그리스도의 잉태에 관한 소식을 전하였다. 그러므로 요한계시록 22장 9절에는 천사가 자기 자신을 '종'이라 하였고, 또 히브리서 1장 14절에는 천사를 '부리는 영靈'이라고 기록하여 놓았다.

성경 유다서 1장 6절에서 7절에 보면 "자기 지위를 지키지 아니하고 자기 처소를 떠난 천사들을 큰 날의 심판까지 영원한 결박으로 흑암에 가두셨고…"라고 인간을 유혹해서 범죄한 것이 천사라는 결론을 뒷받침한다. 문 목사님의 설명이다.

"우주의 근본에는 타락이 있을 수 없는 것이다. 그런데 15, 16세의 미성년자인 해와가 천사장 누시엘(루시퍼)을 가만히 보니 말하는 것이 천지 이치를 다 아는 것이었다. 게다가 하나님의 심부름을 해서 천지 창조에 대해서도 얘기할 줄 아는 천사장을 본 젊고 감수성이 예민한 그녀는 천사의 경험, 권위에 압도당했고, 천사의 남자다운 박력에 쉽게 넘어갔다.

원래 사탄은 어떤 존재냐 하면 하나님의 종이다. 그런데 이 종 녀석이 주인의 딸을 겁탈한 것이고, 그것이 타락이다. 앞으로 대를 이을 아들과 딸을 낳아 길러가지고 하나님의 이상을 이루려고 하였는데, 종으로 지었던 천사장이라는 녀석이 주인의 딸을 겁탈한 것이 인류 타락의 기원이 되었다."

그리스 신화에는 '판도라 상자' 이야기가 있다. 신들이 보낸 판도라는 눈부시도록 아름다울 뿐만 아니라, 이름의 의미대로 모든 재능을 갖춘 엄친아였다. 제우스는 판도라에게 상자를 하나 주면서 절대로 열어보지 말라고 경고했다. 그 판도라의 상자는 말할 것도 없이 여성의 생식기를 상징한다. 한동안은 잘 참다가 결국 호기심에 경고를 무시한 채 뚜껑을 열어보게 되었는데, 그때부터 인간의 슬픔이 시작되었다. 판도라는 다시 뚜껑을 닫으려고 시도했지만 이미 늦어버렸고, 결국 인간의 황금기인 행복한 시절도 사라지게 되었다.

피조세계는 하나님의 사랑을 주관 받도록 창조되었다. 따라서 사랑은 피조물의 생명의 근본이요, 행복과 이상理想의 요소가 된다. 그러므로 이 사랑을 많이 받는 존재일수록 더 아름답게 보이는 것이다. 따라서 하나님의 종으로 창조된 천사가 하나님의 자녀로 창조된 해와(해와)를 대할 때, 그가 아름답게 보였던 것은 당연한 일이었다. 더구나 해와가 누시엘(루시퍼)의 유혹에 끌려오는 빛을 보였을 때, 그는 해와로부터 말할 수 없는 사랑의 자극을 받게 되었던 것이다. 이렇게 되자 누시엘은 죽음을 무릅쓰고 더욱 해와를 유인하게 되었다. 이와 같이 사랑에 대한 과분한 욕망으로 인하여 자기의 위치를 떠난 누시엘과, 하나님과 같이 눈이 밝아지려고 때 아닌 때에 때의 것을 바란 해와가 이에 부응하였다. 그로 인한 비원리적인 사랑의 힘은 그들로 하여금 불륜한 영적(靈的)인 성적관계를 맺게 하였던 것이라고 《원리강론》에서는 밝히고 있다.

문 목사님은 다음과 같이 설명한다.

"사춘기라는 것이 뭐냐 하면, 구형球形을 이룰 때라는 거예요. 그때는 총각은 총각대로, 여자는 여자대로 전부 다 마음이 부풀 때라구요. 둥둥둥~부풀 때라구요. 바람에 굴러가는 낙엽만 봐도 '히히히히…' 그렇다구요. 담 위에 얹어 놓았던 돌멩이가 굴러 떨어지는 것을 보고도 '호호호호…' 이러는 거예요. 이건 뭐냐 하면, 완전히 모든 것에 언제나 화동할 수 있다 하는 그런 성격이 되는 거예요. 그렇기 때문에 그때는 전부 다 시인이 되는 거예요. 세상 천지에 안 하고 싶은 노래가 없다는 거예요. 그러니 꽃피는 때예요. 꽃이 피면 어떻게 되느냐, 꽃이 피면 향기가 풍기고, 향기가 풍기면 나비가 날아드는 거와 마찬가지로… 사춘기라는 것이 그런 때라구요. 이상실현 단계를 향해서 준비하는 기간이 사춘기예요. 여자의 이상실현이 뭐예요? 남자한테 끌려가는 것이 이상실현이예요. 또 남자의 이상실현이 뭐예요? 여자한테 홀려가는 거예요.

첫사랑은 몽땅 점령하는 것입니다. 사랑의 주체가 누구냐? 하나님입니다. 사랑의 주체가 하나님이기 때문에 사랑할 수 있는 것도 하나님 한 분 밖에 없다는 거예요. 원래 첫사랑은 하나님과 하게 되어 있습니다. 그런데 그렇게 하지 못한 것이 타락입니다. 해와가 누구하고 사랑했습니까? '천사장하고 했습니다.' 그런데 좋아하면서 사랑해야 되는데, 상을 찡그리고 울면서 사랑했다는 겁니다. 여러분, 타락할 때 해와가 '아이구 좋아라! 선악과를 따먹으니 참 맛있다. 맛있어' 했겠습니까? 해와가 천사장한테 겁탈을 당할 때, 그 마음이 어떠했겠습니까? 양심의 가책을 받고 싫어하면서 천사장의 유혹에 끌려들어 갔다는 겁니다. 모든 세포가 기뻐 하여 꽃이 상춘을 바라듯 사랑해야 했는데도 불구하고, 세포가 사그라지고 심정이 사그라진 자리에서 찡그리고 사랑했다는 것입니다."

하나님의 창조목적을 두고 볼 때, 사랑은 가장 귀하고 가장 거룩한 것이 아닐 수 없었던 것이다. 그럼에도 불구하고 인간이 역사적으로 사랑의 행동을 천시하여 온 것은 그것이 바로 타락에 원인이 있었기 때문이다. 여기에서 우리는 인간도 또한 음란으로 말미암아 타락했다는 사실을 알 수 있다고《원리강론》에서는 설명한다.

그러면 천사와 인간과의 사이에 어떻게 성적인 관계가 성립할 수 있을 것인가? 영적 세계에 문외한인 사람에게는 엉뚱하게 들릴 수 있겠지만 영적인 교감이 가능한 사람에게는 그렇지 않다. 인간과 영물과의 사이에서 느끼는 모든 감성은 어떠한 점에서나 실체적인 존재 사이에서 느끼는 그 감성과 조금도 다름이 없다. 그러므로 인간과 천사와의 성적 타락은 사실상 가능한 것이다.

즉 인간사회에 있어서 지상인간들이 영인靈人들과 결혼생활을 하는 예가 왕왕 있다는 것, 또 롯의 집에 찾아온 두 천사가 그가 대접한 무교병無酵餅을 먹었을 뿐 아니라, 그 성의 백성들이 그 천사를 보고 색정色情을 일으켜 롯의 집을 둘러싸고 그를 불러 "오늘 저녁에 네게 온 사람이 어디 있느냐? 우리가 그들과 성관계를 맺게 이리 데리고 와라"(창세기 19장. 한국어 성경은 완곡한 표현이라 영어성경 NIV 번역)하고 외친 사실 등은 모두 이에 속한 예인 것이다.

하나님은 영적인 부분과 육적인 부분으로써 인간을 창조하셨기 때문에, 타락에 있어서도 영육靈肉 양면의 타락이 성립된 것이다. 천사와 해와와의 성관계에 의한 타락이 영적 타락이고, 해와와 아담과의 성관계에 의한 타락이 육적 타락이라고《원리강론》은 밝힌다.

동아시아의 여러 지역에서는 생식능력이 왕성한 뱀을 숭상하기도 하고, 뱀은 12간지에서 한 자리를 차지하고 있기도 하다. 하지만 전통적으로 서양의 기독교 문화권에서 뱀에 대한 이미지는 지극히 부정적이이다. 뱀은 나쁜 징조, 파괴를 불러오는 자, 속임수의 상징으로 여겨지고 있다.

뱀은 혀끝이 둘로 갈라져 있다. 따라서 그것은 한 혀로 두 말을 하고, 한 마음으로 이중 생활을 하는 자의 표상이 되는 것이다. 또 뱀은 자기의 먹을 것을 몸으로 꼬아서 먹기 때문에, 이것은 자기 이익을 위하여 남을 유혹하는 자의 표상이 된다. 그러므로 성서는 인간을 꼬인 천사를 뱀으로 비유하였던 것이라고《원리강론》에서는 말한다.

1980년대를 거쳐온 7080세대들은 아베든 리처드의 악평으로 유명했던 리처드 에버던의 사진 '나스타샤 킨스키와 뱀'을 알고 있을 것으로 안다. 나스타샤 킨스키는 성 혁명 당시의 섹스 심벌이었다. 그녀는 폴란스키 영화감독과 밀월관계를 시작했던 것으로 아직도 기억되고 있을 정도이다. 당시 그녀는 16살, 폴란스키 감독은 44살이었다. 순수한 그녀가 경험 많은 감독에게 넘어가는 순간이었다.

사진을 보면 거대한 버마 왕뱀이 벌거벗은 나타샤의 다리 사이를 지나 음부를 걸쳐 온몸을 휘감는 모습이 보인다. 그것도 모자라 뱀의 혓바닥이 나스타샤의 귀에 매혹적인 거짓말을 속삭이는 듯한 모습이 연출된다. 그 이미지가 극도로 자극적이었고, 여러 누드모델에 의해서도 여러 차례 재현되었다.

뱀의 여러 속성 가운데 뱀의 머리와 상체는 남성의 성기와 참 비슷하게 생겼다. 이상하게도 기독교인과 몇몇 종교인들만이 '이브의 사과'가 내포하고 있는 성적인 의미에 대해 잘 인식하지 못하는 것 같다. 적어도 종교가 없는 사람이 이것에 대해 더 빨리 인식하게 되는 것은 무엇 때문일까? 그 악명높은 이브의 사과는 락음악과 패션 업계에서 일반적으로 다루어지는 주제이고, 붉은빛으로 물든 홍등가에서는 매춘부가 자신의 금단의 열매를 팔고 있다. 문 목사님은 말씀하신다.

"성서의 내용을 관찰해 보면 인류 시조가 불륜한 사랑을 함으로 말미암아 사탄마귀를 중심 삼고 부자의 관계를 맺었다는 사실을 부정할 수 없습니다. 하나님의 핏줄을 받아 하나님의 절대적인 사랑 가운데 하나님의 직계 아들딸로 태어나야 할 가치 있는 인간이 사탄 마귀의 혈통을 받아 사탄의 아들딸로 태어났다는 것입니다.

《신약성경》로마서 8장에 '성령의 처음 익은 열매를 받은 우리들도 마음으로 아바 아버지라 불러 양자 되기를 기다린다'고 기록되어 있습니다. 양자는 핏줄이 다른 것입니다. 이것이 우리 인간의 실정인 것입니다. 통일교회의 통일원리에서 말하는 사탄은 관념적 존재나 가상의 존재가 아니라 영적 실체입니다. 하나님의 사랑 이상을 파괴하고 하나님의 혈통을 사탄 중심의 혈통으로 바꾼 원흉입니다. 예수님께서도 요한복음 8장에서 인류의 아비가 마귀임을 분명히 말씀하셨습니다."

역사상 최초로 삼각관계에 빠진 사람은 누구일까? 아담, 해와, 그리고 해와를 유혹해서 금단의 열매를 먹게 한 천사장 누시엘(루시퍼)이다. 문학, 영화, 노래에서 약방의 감초처럼 등장하는 주제가 바로 삼각관계이다. 아더왕의 궁궐이 있던 카멜롯에서 벌어진 아더왕과 그의 부인인 귀네비어에게 빠진 당대 최고의 기사인 란슬롯 이야기는 너무 유명하다.

2009년 개봉되어 화제가 되었던 영화 〈트와이라잇Twilight〉은 에드워드, 제이콥, 이사벨라(벨라)를 통해 현대판 삼각관계를 보여준다. 브리트니 스피어스는 삼각관계에 대해 노래한다. 이렇게 예술작품을 통해 나타난 삼각관계는 사람들을 매료시키지만, 실제로 그런 외도를 겪는 당사자의 영혼은 갈기갈기 찢어진다. 그래서 문 목사님은 "남자와 여자의 사랑 완성이 우주의 완성입니다. 이 사랑이 깨어지는 날에는 우주의 질서가 파괴되고 종적인 세계가 다 결딴나게 됩니다"라고 강조한다.

톨스토이만큼 마음과 몸의 갈등을 잘 아는 작가도 없을 것이다. 그는 성적 굶주림과 하나님을 갈망하는 영혼의 갈등을 그의 작품《신부 세르게이》를 통해 잘 묘사했다. 신실한 삶과 불륜은 공존할 수 없다.

하나님은 음란을 미워한다. 왜냐하면 인간이 불법으로 사랑해서 천지를 뒤엎어버렸기 때문이다. 이 악의 피는 어떻게 할 수 없는 것이다. 그래서 도道의 세계에서는 독신생활을 주장하는 것이다. 만일 남자가 신령한 기도의 경지에 들어가게 되면 반드시 여자가 나타나서 시험을 한다. 도의 길을 막고 나선다는 것이다. 왜냐하면 불륜에 의한 사랑으로 인류역사가 시작되었기 때문이다.

"선악과를 따먹고 타락했다는 교리를 가지고 기독교가 2천 년까지 살아

남았다는 것이 용하다. 여기서 말하는 이 사람의 말이 틀리거든 목을 매어 가지라. 하지만 한 40일 동안 기도해 보면 우리 인간이 정상적인 핏줄을 타고 나온 게 아니라는 응답을 받을 것이다"고 문 목사님은 말씀하신다.

아프리카로부터 온 편지

오키이 필립 : 나이지리아의 동부에서 태어났다. 1987년에 통일교회 식구가 되었고, 3만 쌍 국제 축복결혼을 통해 필리핀에서 온 아름다운 아내를 맞아 3명의 아들을 두었다.

나는 기독교인으로 태어나서 전통적 기독교의 믿음에 지대한 영향을 받고 자랐다. 그 믿음 중에 하나는 인류의 조상인 아담과 해와가 금단의 열매인 '사과'를 먹고 죄를 지었다는 것이다.

그래서 나는 청소년기 동안에 맹세하기를 아담과 해와의 잘못을 반복하지 않으려고 사과 근처에는 가지도 않겠다고 다짐했다. 나는 죄와는 상관없고 싶었고, 사과를 절대 먹지 않는 모범적인 기독교인이 되고 싶었다. "입에 들어가는 것이 사람을 더럽게 하는 것이 아니라, 입에서 나오는 그것이 사람을 더럽게 하는 것이니라. 입에서 나오는 것들은 마음에서 나오나니 이것이 야말로 사람을 더럽게 하느니라"는 마태복음 15장 11절~18절에 나와 있는 예수님의 말씀을 깊이 이해할 때까지 이 맹세를 지켰다. 아담, 해와의 원죄와 사과와는 아무런 관계가 없다는 것을 알고 나서 20살 이후로는 아주 맛있게 사과를 먹을 수 있었다.

가장 인상적인 경험은 아버님(문선명 목사)이 꿈에 나타나서 "아담과 해와가 에덴동산에서 무엇을 했는지 네가 봤으면 좋겠다"라고 말씀하신 것이다. 내 인생에서 처음으로 7일 《원리강론》 세미나를 막 마치고 나서 인간시조의 원죄라는 것이 금단의 열매를 먹어서 생긴 것이 아니라 성적 범죄라는 것을 알게 되었다. 그것을 알게 되는 순간 하나님이 내 마음속에 의문을 품고 있던 것을 없애 주신 것이라는 것을 알게 되었다.

아담과 해와가 불륜한 성관계를 맺는 것이 마치 영화를 보는 것처럼 보였다. 그들은 아무도 상관하지 않고 아무런 부끄러움도 두려움도 없이 범죄를 저질렀다. 물론 그들은 그 행동의 결과가 어떻게 되는지는 상상조차 할 수 없었을 것이다.

이 장면에 이르자 아버님은 내가 본적이 없던 분노와 노기를 띤 목소리로 "필립아, 필립아! 아담과 해와가 무슨 짓을 했는지 봤느냐? 지금 네가 보고 알게 된 것이 진실이다. 너도 그런 실수를 따라 할래?" 하고 다그치셨다. 나는 아버님을 쳐다볼 수도 질문에 대답할 수도 없었다. 아버님이 이 정도로 분노한다면 아담과 해와가 타락하던 상황을 지켜 보셨던 하나님은 어떠하셨을까 하고 생각해 보았다.

17년 전 꿈속에서 아버님을 만나게 되었건만 그것이 아직도 어젯밤의 일처럼 느껴진다. 그 후에도 아버님은 여러 차례 내 꿈에 나타나 여러 가지 지도를 해주셨지만 가장 깊고 잊을 수 없는 것은 에덴동산에서 아담과 해와의 진짜 범죄가 뭔지 보여주신 것이다.

성경에서 말하기를 진리를 찾아야 하고, 그 진리가 나를 자유롭게 한다고 했다. 구세주는 한 나라나 한 종교로 오는 것이 아니다. 그 메시아는 모든 인류와 종교를 품어야 하는데 그것이 바로 참부모님께서 하고 계신 일이다. 성경은 그 열매를 보고, 그 사람이 어떤 사람인지 알게 된다고 가르치고 있다. 마지막으로 진리를 발견하는 당신의 여정에 하나님의 축복이 가득하기를 기원한다.

우리는 이같은 사실로 미루어 인간의 죄의 뿌리가 음란에 있었다는 것을 더욱 명백히 알 수 있게 되는 것이다. 죄의 뿌리가 혈연적인 관계로 이루어졌기 때문에 이 원죄는 자자손손 유전되어 왔다. 그리고 죄를 벗으려고 하는 종교마다 간음을 가장 큰 죄로 규정하여 왔으며, 이것을 막기 위하여 금욕생활을 강조하여 온 것이니, 이것도 죄의 뿌리가 음란에 있음을 의미하는 것이다. 또 이스라엘 민족이 하나님의 선민選民이 되기 위한 속죄의 조건으로써 생후 8일된 사내아이의 생식기 표피를 자르는 할례割禮를 행하였던 것은 죄의 뿌리가 음란에 의하여 악의 피를 받아들인 데 있었기 때문에 타락한 인간의 몸으로부터 그 악의 피를 뽑는다는 조건을 내세워 성별聖別하기 위함이었다.

수많은 영웅열사英雄烈士와 국가들이 멸망하게 된 주요한 원인이 음란에 있었던 것은, 음란이라는 죄의 뿌리가 항상 인간의 마음 가운데서 자기도 모르게 발동하였기 때문이다. 이러한 사실은 죄의 뿌리가 어디까지나 음란에 있다는 것을 여실히 입증하고 있는 것이라고《원리강론》에서는 밝힌다.

시대나 문화를 넘어 섹스에 대한 문제는 변하지 않는다. 고고학자가 화산재 아래에서 깊이 잠들어 있던 폼페이 유적을 발굴했을 때 외설물로 가득 찬 엄청난 양의 모자이크와 조각물을 발견했다. 러시아 대문호 도스토예프스키의 대표작《카라마조프의 형제들》에는 다음과 같이 쓰여 있다.

"남자는 여자의 육체, 여체의 특정 부위와 사랑에 빠진다… 남자는 그녀를 위해 자신의 아이도 포기하고, 부모와 나라도 판다. 정직한 남자라면 훔칠 것이고, 그가 사람이라면 살인을 저지를 것이고, 부부간의 정절을 지키는 남자라면 바람을 피울 것이다."

20세기에 존경받는 미국의 심리학자 펙 스캇이 말하길, "섹스는 모두에게 문제다. 섹스는 아이들에게도, 청소년에게도, 청춘남녀에게도, 중년 성인에게도, 노인에게도 문제다. 섹스는 금욕주의자에게도, 결혼한 사람에게도, 싱글에게도, 이성애자에게도, 동성애자에게도 모두 문제이다. 섹스는 벽돌공, 배관공, 치과의사, 변호사, 외과 의사, 정신과 의사를 막론하고 모두에게 문제이다. 그리고 글을 쓰는 저자인 나의 문제이기도 하다." 섹스 문제는 시대를 넘어 모든 남성과 여성의 가슴과 마음과 몸에 깊이 배어 있다.

역사상 그 어느 때보다도 오늘날은 개인의 성격이나 마음씨 같은 내적 성품보다는 개인의 몸매나 성적매력 같은 외모에 의해 평가를 받는다. 한마디로 섹스가 차고 넘치는 세상에 살고 있는 셈이다. 마음보다는 몸뚱이를 우선시하는 거짓된 현실에서 쉽게 섹스와 사랑을 혼동한다. 보통 미남 미녀가 평범한 외모를 가진 사람보다 더 사랑을 잘 안다고 생각한다. 매력적인 여성이 다른 여성보다 훨씬 참된 사랑의 파트너를 잘 찾는다는 거짓말과 다름이 없다. 강력하고 부유한 사람이 사회적 명성이나 경제적 능력이 없는 사람보다 참사랑의 삶을 영위할 것이라 착각한다.

그러나 사람의 외모, 지위, 능력은 사랑과는 전혀 관계가 없다. 매춘부는 육체적으로 아주 매력적이고, 고도의 섹스테크닉을 가지고 있을 수도 있다. 하지만 불행하게도 그들은 종종 어린 시절이나 청소년 시절에 정신적, 정서적, 육체적 성폭행을 당한 경우가 많다. 그들은 외적으로 보면 세계에서 가장 오래된 직업이기도 한 매춘에 종사하는 섹스 전문가처럼 보이지만 가장 사랑에 굶주린 사람이다.

진정한 사랑은 섹스 없이도 가능하다. 더 이상 육체적 부부생활을 지속할 수 없는 노인 부부의 경우를 보더라도 자신의 반쪽을 위한 보다 깊은 사랑, 따뜻함, 배려가 있는 것을 볼 수 있다. 정말 멋진 섹스란 사랑 없이는 불가능하다. 사실 사랑이 없는 섹스만큼 엄청난 상처와 파괴를 초래하는 것도 없다. 부부간에도 정절을 전제로 한 것이 아닌 육체적 탐닉 만을 위한 사랑은 결국 비극적 종말을 맞게 된다. 나의 반쪽에 대한 완전한 헌신이 없는 거짓섹스는 차갑고 추하게 변한다.

하나님 본연의 창조이상에서 결혼한 부부에서의 성性은 아름답고 자연스러운 절정의 경지를 경험하게 해주는 것이다. 하지만 타락한 현실은 전혀 다르다. 전 세계적으로 성 노예로 팔리는 아이와 인신 매매에 희생되는 여성을 통해 이뤄지는 수십억 달러의 섹스산업은 범죄의 극치라 말할 필요도 없다. 그 부산물인 음란물로부터 파생되는 섹스는 근본적으로 정상적인 남녀 관계를 왜곡시킨다. 남자는 포식자로 여자는 그 먹이로, 남자는 그 사용자로 여자는 섹스 장난감으로 전락한다. 여자는 최대한 남자를 성적으로 흥분하게 만들고, 남자는 애간장만 태우는 피해자가 된다. 여자는 유혹꾼이 되고, 남자는 그 여자에 쉽게 속아넘어가는 노리개가 된다.

많은 사람들이 사랑과 섹스를 구분하지 못한다. 성性이라는 한자는 마음 심心변에 날 생生으로 이루어져 있다. 즉, 성이란 단순히 육체가 하나가 되는 것이 아니라 그것을 통해 감정의 교감, 마음을 낳는 것이다. 정신적으로 교감하는 것이다. 그래서 영어에서도 단순한 육체적 결합을 'Having Sex'와 정말 사랑하는 사람과 정서적 교감이 있는 'Making Love'로 구분해서 사용하고 있다. 따라서 사랑하는 사람과 섹스Having Sex를 하는 것이 아니라 사랑Making Love을 해야 한다.

광고에서는 잠재적인 구매자의 관심을 끌기 위해 대부분 야한 옷을 입은 여성 즉, 섹스 어필을 많이 이용한다. 섹스와 상품과 아무런 상관관계가 없는 것 같은데 매출액과 밀접한 관계를 맺고 있다.

인터넷에서도 성적인 혹은 성을 연상시키는 것들이 홍수를 이루며 남자를 유혹한다. 도축장의 고기처럼 여성 영화 배우와 팝스타의 육체는 비교되고 평가된다. 공공장소에도 반라의 모습으로 등장하는 섹시한 여성을 받아들인다. 이에 그치지 않고 그릴 위에 지글지글 타는 뜨거운 생고기를 연상하는 형용사를 동원해 그런 섹시한 여성을 띄운다. 통계에 의하면 인터넷 검색의 25퍼센트가 포르노와 연관이 있다고 한다.

여성은 어릴 때부터 그녀의 부모, 친구, 미디어, 영화 그리고 개인적인 경험 등을 통해 어떻게 하면 주위를 끌어 고개를 내쪽으로 돌리게 하는지, 어떻게 하면 섹시해지는가를 전수받는다. 외모지상주의와 자기도취에 빠진 이 세상에서 여성은 본인의 능력보다는 외모에 의해 고용되는 경우가 많다. 그리고 셀 수 없이 많은 성폭력 예방교육과 법적 제재에도 불구하고 마치 업무의 일부분인양 직장에서 성희롱은 반복된다.

태초 인간 조상의 타락을 이끈 것이 바로 10대들의 성적 문란이다. 10대 청소년들은 태초의 인간조상인 아담과 해와가 금단의 열매를 취해 타락한 행위를 무의식적으로 반복하고 있다. 하나님이 그들에게 주신 잠재력인 영적 인식, 정서적 성숙, 도덕적 판단, 지적 능력, 창의력과 예술성을 개발해야 할 시기에 섹스의 포로가 되어 산다.

연구결과에 따르면, 순결을 유지하고 있는 청춘남녀가 그렇지 않는 사람보다 훨씬 더 큰 역량을 발휘한다고 한다. 하지만 부모, 교사, 상담가 등 많은 사람들이 10대에게 전염병처럼 퍼지는 잘못된 성문화를 어떻게 저지해야 할지 몰라 속수무책 당하고 있다. 많은 사람들은 이미 패한 게임이라고 생각하며 어쩔 수 없는 일이라고 자위한다. 그 피해는 고스란히 10대가 떠안게 되어 낙태와 성병뿐만 아니라 정신적, 정서적 인간관계에 있어서도, 추후 결혼생활에 있어서도, 두고두고 엄청난 후유증에 시달리게 된다. 깨진 접시 조각을 본드로 다시 붙여 놓아 언제 깨질지 모를 상태가 되는 것처럼, 장래 배우자와의 결속력도 갈수록 약해진다.

비록 성경에서는 모두 결혼을 귀하게 여겨야 하고, 부부의 침소를 더럽히지 말도록 가르치고 있지만 현실은 전혀 다르다. 통계에 따르면, 미국 남성의 60퍼센트와 미국 여성의 40퍼센트가 충실한 부부관계를 벗어나 외도를 한다고 한다. 헐리우드의 40대, 50대 배우가 20년 넘게 살아온 그의 아내를 차버리고 그의 딸이나 다름없을 나이의 애인과 결혼하는 것을 자주 본다. 아시아의 산업화된 나라이서는 세컨드를 몇명 거느리고 있느냐가 CEO나 회사의 관리자로서 성공의 척도가 되고, 명성의 잣대가 된다. 5명의 세컨드를 거느리고 사는 남성은 주변 남성동료의 부러움을 사기도 한다.

비록 결혼생활에서 외도를 하지 않더라도 부부생활은 그리 간단하지 않아서 갈등의 뿌리로 작용하곤 한다. 부부생활에서 아내는 한번이라도 덜 하길 원하고, 남편은 한번이라도 더 하길 원한다. 남자는 방출을 해야 하는 반면, 여자는 두통을 일으킨다. 그래서 결국 아내는 침실에서, 남편은 소파에서 자는 각방 생활의 길로 들어선다.

{ 모든 남자의 전쟁 }

기독교 역사상 가장 위대한 사도 중 한 명인 성자 바울은 로마의 기독교인들에게 보낸 편지에서 "내 속사람으로는 하나님의 법을 즐거워하되, 내 몸속에서 또 다른 법이 내 마음의 법과 싸워 내 몸속에 있는 죄의 법으로 나를 사로잡는 것을 본다. 얼마나 나는 형편없는 사람인가? 누가 나를 이 사망의 몸에서 구해줄까?" 이것이 과연 성에 관한 문제를 초월했을 것 같은 성자 바울이 쓴 편지일까 의문이 들 정도이다. 하나님을 아무리 신실하게 믿겠다고 맹세해도 쉽지 않은 유혹 전쟁임을 말해 준다.

《남자의 전쟁Every Man's Battle》이란 책에서 아터번 목사와 스토커 목사는 성적 유혹에 대처하는 조언을 하면서 용감한 시도를 한다. 그 일환으로 아터반 목사는 다음과 같은 고백을 한다.

"1983년, 어느 햇살이 내려쬐는 남부캘리포니아에서 나와 내 아내 샌디는 우리의 첫 기념일을 축하했다. 우리의 인생과 우리의 미래에 대한 장밋빛 그림을 그리며 내 드림카였던 흰색 벤츠 450SL에 올랐다.

그날 의도적으로 구경하려 한 것은 아니었다. 우연히 200미터 정도 좌측 전방에 있는 한 여자를 발견했다. 그녀는 해안 도로를 조깅하며 내 쪽으로 달려오고 있던 중이었다. 양털가죽으로 덮인 내 벤츠에서 바라보았을 때, 캘리포니아 어디에서도 빠지지 않을 만한 여성이었다. 내 시선은 여신같은 황금색 머리카락과 일정한 속도를 유지하며 달려오는 그녀의 몸을 타고 흘러내리는 땀에 고정되었다.

그녀의 조깅복은 사실 손바닥만한 비키니가 전부였다. 그녀가 내 왼쪽으로 다가오면서 작고 빈약한 비키니가 그녀의 두 가슴을 가리기 위해 애쓰고 있는 것이 적나라하게 보였다. 그녀의 얼굴은 고사하고, 목선 위로는 전혀 기억창고에 저장되지 않았다. 그녀가 내 왼쪽을 지나침에 따라 내 눈은 그녀가 제공하는 육체의 향연을 만끽하며 그녀가 조깅해 나아가는 왼쪽으로 계속 따라갔다. 마치 그녀의 걸음걸이에 최면이라도 걸린 양, 단순히 음탕한 본능에 이끌려 그녀가 달려가는 쪽으로 내 머리를 점점 돌렸다. 최대한 목을 뺄 수 있을 만큼 빼서 그녀의 모든 움직임을 가능한 많이 내 마음의 카메라에 담아두려고 했다.

그때 갑자기 '쿵!' 소리가 났다. 내 벤츠가 쉐보레 세빌레에 가서 박지 않았더라면 나는 여전히 그 여인에게 푹 빠져 있었을 것이다. 나는 창피하고 자존심이 구겨진 상태로 그 황당한 상황을 맞이했다. 죄책감 가득한 상태로 차에서 내렸지만 '당신도 내가 본 광경을 목격했다면 나를 이해할 수 있을 것이다'고 변명할 수도 없었고, 물론 아내에게도 진실을 말할 수 없었다.

그날 저녁 나는 말리부에서 그날 아침의 불운한 사건을 날려보낼 요량으로 스피드를 올렸다. "여보, 정지선에서 라디오 채널을 바꾸려다 정신을 차려보니 이미 쉐보레로 내 차는 돌진하고 있었어. 다행히 아무도 다치진 않았어."

더 나아가 저자는 그 책에서 다음과 같이 말한다.

"야, 너무 심하게 자책하지마. 남자가 여자에게 눈길이 가는 것은 자연스러운 일이야. 이게 바로 우리 본성의 일부분이야"라고.

하지만 당신이 자연스럽다고 인식하는 그 행위는 바로 절도이다. 불순한 생각으로 가득 찬 인생은 도둑의 삶과 다름없다. 당신의 소유가 아닌 모습을 훔치고 있는 중인 것이다. 당신이 혼전섹스를 했을 때, 당신에게 속하지 않은 누군가를 만진 것이다. 당신의 아내가 아닌 어떤 여인의 블라우스 속을 들여다 보았다면 당신이 취하면 안되는 것을 훔치고 있는 중인 것과 다를 바 없다. 대로를 걸어가다 앞서 걸어가는 사람의 호주머니에서 백 불이 떨어졌는데 당신이 그것을 주워 들었다. 비록 그 사람이 그 돈을 잃어버렸다는 것조차 몰랐다고 하더라도 그 돈은 당신 것이 아니다. 만약 "아저씨가 흘린 돈이 여기 있어요!"라고 하며 돌려주는 대신 당신이 그 돈을 가진다면 당신은 뭐가 되는가? 마찬가지로 만약 어떤 여인의 블라우스 단추가 풀어졌다고 '내 시야에 들어왔으니까 내 마음대로 해도 돼!'라고 말할 수는 없다. 당신은 즉시 시선을 돌려야만 한다. 그렇지 않으면 당신은 도둑이다. 당신은 하나님의 손에 의해 창조된 그 가치 있는 피조물을 그녀의 남편이나 미래의 남편을 위해 남겨 놓아야 한다.

일부 방탕한 사람들은 "그냥 재미로 즐기는 것뿐이야!"라고 생각할지 모르겠다. 만약 당신이 만나게 될 그 배우자도 당신과 같은 생각을 하고 그냥 재미로 사귄다면 어떨까? 당신의 아버지나 어머니가 결혼하기 전에 다른 사람과 수차례 잠자리를 했었다는 것을 알게 되면 당신은 그것을 행복해하고 자랑스럽게 여길까? 쇼핑센터에서 당신의 여자친구나 당신의 아내에게 외간 남자가 추파를 던진다면 좋아할까? 당신의 여동생이 자신보다 이쁜 여자를 만나면 언제라도 자기를 차버릴 그런 남자와 결혼하길 원하는가? 당신의 딸이 혼전경험을 하기를 원하는가? 이런 말도 안 되는 질문에 대한 답은 "아니올씨다"이다.

우리는 직계 가족을 깊이 돌보고 그들에게 최고만을 선사하고 싶어한다. 우리는 우리의 아버지가 최고의 명예와 존경을 받을 만한 분이 되길 원하고, 우리의 누이가 꿈꾸던 낭군을 만날 때까지 순백의 순결을 유지하길 바란다. 그리고 우리는 우리의 아들 딸이 결혼식 때까지 그들의 순결을 지키기를 바란다.

우리는 현실과 타협을 핑계로 종종 기대를 수준 이하로 낮게 잡는다. 타락한 남성과 여성은 그들의 욕구충족을 위해 자기가 취하는 사람이 누군가의 엄마, 아내, 형제, 자매, 아들, 딸이라는 것에 양심의 가책을 받지 않는다. 이것이 바로 타락의 부산물인 이중적 마음을 가진 남성과 여성이 이중적 잣대를 들이대는 것이다.

수많은 영웅열사와 국가가 멸망하게 된 주요한 원인이 음란에 있었던 것은 음란이라는 죄의 뿌리가 항상 인간의 마음 가운데서 자기도 모르게 발동하였기 때문이다. 우리가 종교로써 인류도덕을 세우고, 제반 교육을 철저히 하며, 범죄를 양성하는 사회제도를 개선함으로써 다른 모든 죄악들을 이 사회로부터 불식할 수 있을 것이다. 그러나 문명이 발달하면서 날로 안일한 생활을 하게 됨에 따라 증대되어 가고 있는 음란이란 범죄만은 그 누구도 막을 길이 없다고 보는 것이 현실이다. 그러므로 이 범죄를 발본색원拔本塞源할 수 없는 한 결코 이상세계는 기약할 수 없는 것이다. 따라서 재림하시는 메시아는 이 문제를 근본적으로 해결할 수 있어야 한다. 이러한 사실은 죄의 뿌리가 어디까지나 음란에 있다는 것을 여실히 입증하고 있는 것이라고 《원리강론》에서는 설명한다.

3장

하나님의
고통

나는 하나님의 생각을 알고 싶다.
나머지는 세부적인 것에 지나지 않는다.

아인슈타인

●
●
●

서양에서는 정말 친한 사이가 아닌 한 상대방의 나이, 소득, 결혼, 또는 종교에 대해 물어보는 것은 결례라고 생각한다. 그런 상식을 지킨다면 서로 불쾌할 일은 없겠지만, 그로 인해 멋진 대화로 진행될 기회를 잃어버리기도 한다. 사랑과 하나님은 인생에서 가장 중요하고 흥미로운 주제이기 때문에 의외로 좋은 대화의 주제가 될 수도 있다.

오늘날 많은 사람들이 하나님에 대해 이야기하는 것은 마치 외계인이나 도깨비방망이와 같은 비과학적 주제를 다루는 것처럼 반응한다. 하지만 소위 과학이라고 하는 것도 지나고 보면 미신에 지나지 않을 때가 많다. 그 대표적인 과학적 미신 중 하나가 15세기에 지구가 둥글다고 믿는 것이었다. 평평하던 지구가 어떻게 500년 만에 둥글어진단 말인가? 지동설만 해도 그렇다. 초기 과학자들은 태양을 비롯한 온 우주가 지구를 중심으로 돈다고 주장했다. 하지만 코페르니쿠스가 태양을 중심으로 지구가 돈다고 주장하였고, 지구가 우주의 중심이라는 지동설이 생명력을 잃게 되었다. 최근에는 명왕성이 태양계에서 퇴출되어 난장이행성 즉, 왜행성으로 분류되었다. 뉴턴의 물리학은 양자 역학의 시대를 열었다. 심지어 보어는 신의 입자로 알려진 힉스 입자를 예측해서 지금처럼 유명세를 탈 줄은 몰랐다. 한 세대의 과학적 확실성은 새로운 가설과 새로운 패러다임을 창출한다.

하나님은 당연히 인간이 자유롭고 행복하기를 바란다고 생각했던 미국 건국의 아버지들처럼, 기독교 신학자 토마스 아퀴나스는 하나님의 실존도 명백한 일이라고 생각했다. 하지만 그와 동시대를 살았던 사람들도 다 그렇게 생각하지는 않았기에 그 유명한 《신학대전》에서 신의 존재에 대한 5가지 논증을 제공했다. 세상에 나온지 7백년이 지난 지금도 신학생들이 숙독하는 신학서적이다.

하나님은 존재하는가? 모든 철학적 또는 이념적 논쟁도 결국 이 하나의 명제로 귀결되지만 아직도 그 결론은 나지 않았다. 《세계경전》과 문 목사님의 가르침은 하나님의 실존 논증에 대해 다음과 같이 설명한다.

"하나님은 하나님의 실존에 대한 증거를 남겨오셨고, 인간이 보기만 하면 하나님을 알 수 있는 길을 제공해오셨다.

그 첫 번째 증거는 바로 창조에 드러난 하나님의 손길이다. 수많은 과학자들이 증거하기를 자연을 연구하면 할수록 반드시 그 자연을 창조한 디자이너가 있다는 것을 알 수 있다는 것이다. 발명가 에디슨이 말하기를 '너무나 많은 사람들이 하나님에 대한 근시안적인 생각을 가지고 있다. 자연에서 보여준 하나님의 멋진 작품과 우주의 자연법칙을 연구한다면, 그것을 만든 위대한 기술자가 있다는 보다 폭넓은 생각을 할 수 있다.'

실제적으로 나는 하나님의 실존을 화학으로 거의 증명할 수 있다. 한 가지 분명한 사실은 우주는 지성으로 충만하다는 것이다. 초지성이 존재한다는 확신을 배제하고는 그 누구도 자연의 신비로움을 풀거나 화학에 대한 연구를 진행할 수 없다.

두 번째로 하나님에게 이르는 길은 성찰로, 내적 자아는 하나님의 실체를 느낀다. 하나님에 대한 이해는 지적이지 않고 불가사의하다. 파스칼이 말하길 '하나님을 이해하는 것은 이성이 아니라 가슴이다'고 했다. 하나님은 우리의 가장 본질적인 부모로서 우리의 부모에 대해 아는 것 같이 하나님도 같은 직관으로 경험해야 한다는 것이다.

세 번째 증거는 바로 초자연적인 것이다. 몇몇 사람만이 이것을 경험할 수 있어 그것을 경험한 사람들을 신뢰할 만한 안내자로 간주하는 것이다. 그들은 바로 종교의 교주이고, 영적인 세계로 여행을 한 사람들이다."

진화론자와 창조론자 간 모든 사상적인 논쟁과 열띤 토론에도 불구하고, 결국 진리에 대한 궁극적인 답을 내는 중재자는 인간이 아니라는 것이다. 인간이 동의하지 않는다고 중력이 존재하지 않는 것은 아니다. 그냥 그것은 존재하는 것이다.

철학자의 모임에서 어떤 명제에 대해 최종적 결론을 내릴 때 다수결로 결정할 수 있을까? 하나님이 존재한다는 쪽의 표가 더 많이 나오면 하나님은 그 순간부터 존재하게 되는 것인가? 아니면 하나님이 존재하지 않는다는 쪽의 표가 더 많이 나오더라도 하나님은 존재하는 것인가? 하나님의 실존에 대한 논쟁이 진행되는 동안 갑자기 하나님은 튀어나오는 것인가? 아니면 그는 항상 존재했는가? 그런 논쟁이 진행되는 동안 삼라만상을 주관하는 하나님에 대해 단정적 결론을 내리는 것은 지각 있는 답변이 아니다.

이 책은 하나님이 있다는 것을 증명하기 위해 쓰여지진 않았다. 하나님이 존재한다는 전제하에 있을 것 같기도 하고, 있을 것 같지 않은 그분을 소개하기 위해 쓰여졌다. 그게 뭐 그리 중요하단 말인가? 문 목사님은 그 문제에 대해 다음과 같이 언급한다.

"인간의 힘, 인간의 지혜, 인간의 문화, 그 무엇을 가지고도 진정한 의미의 평화나 하나의 통일된 세계를 바랄 수 없는 시점에 와있다는 것을 우리는 압니다. 이러한 입장에서 그 문제를 해결하는데 결국 신이 있느냐 없느냐 하는 문제를 확실히 해명하는 것이 무엇보다 중요한 문제라고 봅니다.

만일 하나님이 있다는 것을 온 인류가 아는 날에는 하나님의 뜻이 어떠한 곳을 지향하는가를 확실히 알게 될 것이고, 그 지향하는 뜻을 알게 될 때 세계는 그야말로 하나의 세계요, 평화의 세계요, 이상의 세계가 아닐 수 없습니다."

하나님에 대해 이야기하는 것은 주제넘은 일이라고 하는 사람이 있다. 하나님에 대한 경험이 없는 사람은 하나님을 경험했다는 사람에게 강한 거부감을 드러낸다. 그럼에도 불구하고 하나님에 대해 언급해야 한다. 왜냐하면 하나님을 배제한 인간은 타버린 전구와 같다. 인간과 하나님과의 관계는 공기와 풍선, 기름과 자동차, 앙꼬와 찐빵과 같다. 하나님과 의식적인 관계없이 존재하는 것은 겨우 생존하는 것일 뿐이다. 우리가 이미 논의한대로 양과 음으로 존재하는 하나님 아버지, 하나님 어머니인 것처럼, 우리의 근원인 하나님을 배제한 채로 남녀관계를 설명하는 자체는 곧 한계에 부딪히게 된다. 남편과 아내 사이의 이상적 관계는 결혼생활에서 하나님의 100퍼센트 임재하심 없이는 불가능하다. 하나님을 중심으로 남편과 아내가 하나될 때 느껴지는 무한한 영적 성장, 기쁨, 전율처럼 흐르는 행복 등은 그 무엇과도 바꿀 수가 없다.

성경에서는 비록 하나님을 아버지라고 말하고 있지만, 두려움에 떨던 아이가 막 아빠의 품에 달려들어 꼭 안기는 그런 하나님 아버지는 아닌 것처럼 묘사되어 있다. 더군다나 《구약성경》 전체에서 보여지는 하나님은 자상한 부모의 모습이 아니라 가혹한 훈육관 모습이었다. 그나마 예수님은 탕자의 비유, 용서할 줄 모르는 종의 비유, 자비를 베푼 사마리아인의 비유를 통해 하나님을 좀 더 친근하게 소개했다. 기독교는 하나님을 인간이 쉽게 범접할 수 없는 높디 높은 곳에 올려 놓았다.

하지만 예수님이 우리를 떠나신 이래로 기독교에서는 인간이 하나님을 쉽게 범접할 수 없도록 높디 높은 곳에 올려놓았다. 인간 세계에서는 사랑하는 아들딸이 그 부모에게 더 없는 기쁨을 가져다 주는데 말이다.

그렇다면 하늘에 계시는 하나님 아버지와 인간과의 관계에도 같은 공식이 적용될까? 세계 8대 종교의 신학자 대부분은 '그렇지 않다'고 말한다. 아울러 가슴 아프게도 하나님은 자립할 수 있는 분이기에 당신이 만든 피조물의 관심은 받을 필요가 없다고 한다. 인간이 하나님을 찬양하는 것은 하나님을 기쁘게 할 수 있을지 모르지만 인간없이도 가능한 일이다. 왜냐하면 무한하고 완벽한 존재에게 우리가 더해 줄 수 있는 것이 없기 때문이다. 그런 하나님을 섬긴다는 것은 모든 것을 갖춘 분을 위한 선물을 준비하는 것과 같이 헛된 것이다.

대부분의 유대교, 기독교, 이슬람교가 가지는 하나님에 대한 관점은 진짜로 다가갈 수 있는 부모라기보다는 주로 통치자, 주인마님, 우주의 주인에 가깝다. 게다가 그 종교들은 하나님이 그의 자녀와 친밀한 관계를 형성하는 것보다 그의 권력과 지위와 영광을 더 걱정하는 것처럼 말한다.

통일교회에서 가지는 하나님에 대한 관점과 경험은 근본적으로 다르다. 《원리강론》에서는 하나님의 창조 동기를 논리적으로 밝히고 있다.

"기쁨은 독자적으로는 생기지 않는다. 무형이거나 실체거나 자기의 성상 性은 본연의 성품, 相은 마음의 상상이 되는 사물의 모양)과 형상 形狀대로 전개된 대상이 있어서, 그것으로부터 오는 자극으로 말미암아 자체의 성상과 형상을 상대적으로 느낄 때 비로소 기쁨이 생기는 것이다. 하나의 예를 들면, 작가의 기쁨은 그가 가지고 있는 구상 자체가 대상이 되든가, 혹은 그 구상이 회화나 조각 등의 작품으로 실체화하여 대상이 되었을 때, 그 대상으로부터 오는 자극으로 말미암아 자기의 성상과 형상을 상대적으로 느낌으로써 비로소 생기게 된다. 이에 구상 자체가 대상으로 서게 될 때에는 그로부터 오는 자극이 실체적인 것이 아니기 때문에 그로 인한 기쁨도 실체적인 것이 될 수 없는 것이다. 인간의 이러한 성품은 모두 하나님을 닮은 것이다. 그러므로 하나님도 그의 실체대상으로부터 오는 자극으로 말미암아 하나님 본래의 성상과 하나님 본래의 형상을 상대적으로 느낄 때 비로소 기쁨을 누리게 된다는 것을 알 수 있다."

단순히 말해서 인간처럼 하나님도 창조를 즐기신다. 하나님이 구상하신 것이 그 피조물을 통해 구현될 때 하나님도 행복하다. 그것이 하나님을 닮거나 하면 하나님은 더 행복해하신다. 하나님은 예술가이시고, 하나님은 예술을 창조하는데 탁월한 능력을 지니고 계신다.

불행하게도 하나님을 믿는 많은 사람들은 하나님이 전지전능하시기에 창조하는 것도 식은 죽 먹기라고 생각한다. 이게 바로 하나님에 대한 이미지이다. 하나님은 원하는 것은 무엇이든지 쉽게 이룰 수 있고, 은하수도 하나님이 손가락을 한번 까딱하시니 만들어진 것이라고 생각한다. 하나님이 간단하게 지구, 태양계, 은하계, 인류, 대우주를 하루 아침에 창조하셨다고 생각한다. 창세기에 의하면 6일 동안에 천지를 창조했다고 하는데 지구가 만들어지기 전에 되어진 일이니 그 하루라는 것을 어떻게 정의해야 하는지는 상상에 맡기도록 하겠다. 여기에서 하나님과 인간 사이의 괴리가 발생한다. 하나님은 보좌에 앉아서 "빛이 있으라" 하니 그대로 이루어졌다고만 믿는다면 그것은 서투른 상상이다.

　여러 가지 이유로 이것은 하나님에 대한 이미지로는 매우 부적절하다. 우선 만약 하나님이 정말로 우주의 창조자라면 하나님은 종교만의 하나님이 아니라 과학의 하나님이라는 것이다. 하나님에 의해 창조된 모든 피조물은 자연의 법칙을 따른다. 물론 창조주도 예외는 아니다. 사실 그는 자연과 그것의 기초를 이루는 법칙의 디자이너이다. 그는 대우주를 다스리는 법칙을 공들여 개발한 분이다. 하나님은 물리학, 생화학, 수학을 전체적으로 관장하시는 분이다.

　아직 많은 과학자들은 자연과학만이 믿을 수 있고, 하나님 또는 영성을 다루는 것은 비합리적이라고 생각하는 경향이 많다. 물론 종교를 믿는 자들이 때때로 하나님에 대해 참으로 부족하게 대변했던 것이 사실이다. 자신의 교리로 설명이 안 되는 이슈에 봉착할 때마다 하나님은 신비롭게 역사하시기에 무조건 믿어야 한다고 강변해 오기도 했다. 하지만 그런 문제는 하나님이 비과학적이라서 발생한 것이 아니라 기존 종교가 하나님에 대해서 불충분하게 설명한 데 기인한 것이다. 아무리 아인슈타인이, 막스 프랑크가 천재라고 해도 그들이 하나님과 비견될 수는 없다.

　근본적으로 종교와 과학은 상반된 개념이 아니라 그 반대이다. 그동안 반목했던 두 관계를 화해시키고 통합시킬 새로운 진리가 나타나야 한다. 그런 면에서 통일교인들은 《원리강론》이 그런 일을 성사시킬 수 있는 진리라고 생각한다.

　또한 문 목사님은 하나님은 창조주인 동시에 부모이시기에 그 피조물과 그 자녀를 위하여 100퍼센트 투입해 오고 계신다고 가르친다. 미켈란젤로가 시스티나 성당의 천장에 천지창조를 그렸을 때의 일이다. 미켈란젤로는 최고의 걸작을 위해 4년간 모든 열정을 퍼부었다. 사람들의 출입을 통제하고 천장 밑에서 그림을 그려야 하는 정말 고된 작업이었다. 이로 인해 목과 눈에 이상이 생기기도 했지만 그는 모든 어려움을 극복하고 혼자서 이 대작을 완성했다. 어빙스톤은 그의 책《고뇌와 절정》에서 미켈란젤로가 그 대작을 위해 어떤 대가를 치렀는지를 잘 묘사했다. 하나님이 태초에 천지창조를 계획하시고 창조하셨을 때 미켈란젤로가 대작을 완성할 때보다 덜 투자하셨을까? 이 경이로운 대우주를 창조하셨을 때 하나님은 하나님만의 '고뇌와 절정'을 경험하시지는 않으셨을까?

하나님이 그의 피조물인 광물, 식물, 동물계를 바라보시고 좋았다고 성경에는 기록되어 있다. 예술가로서 하나님은 그의 작품을 자랑스러워했다. 하지만 하나님은 또한 인간처럼 부모로서 그 자녀에게 깊이 관여하고 몰두하기도 하신다. 하나님이 당신의 자녀를 창조하시고 심히 좋았다고 느끼셨기에 대우주의 창조 중 하나님에게 가장 영광된 순간은 바로 아담과 해와의 탄생이었다. 어머니가 그 자식을 자랑스러워하는 것처럼 하나님도 마찬가지이시다. 세상 어느 부모와 마찬가지로 하나님도 하나님 자신보다 그 자녀인 인간을 보다 중요시하고 사랑하신다.

문 목사님은 하나님이 어떤 분인지 잘 그리고 있다. 한 아름다운 부인이 쇼핑센터 안에서 감자같이 생긴 자식을 태운 유모차를 밀고 있다고 상상해 보라. 어떤 남자가 그 부인의 미모에 대해 칭찬하기에만 바쁘다면 그 여성은 의심스러운 마음으로 그 남자를 바라볼 것이다. 하지만 유모차에 있는 그 아기를 보며 그녀의 자식이 얼마나 이쁜지를 칭찬한다면 그 여성은 그 남자에 대한 경계가 조금은 풀리게 된다. 왜냐하면 그 엄마의 눈에는 감자같이 생긴 자신의 아기가 세상에서 가장 사랑스럽고 아름답게 보이기 때문이다.

하나님도 마찬가지이다. 하나님께서 그의 자녀인 인간 즉, 나와 여러분들을 생각할 때 우리의 무한한 가능성과 아름다움을 바라보신다.

　서구사회 특히 미국에서는 개인의 자유와 독립을 높은 가치로 받든다. 동양에서는 화목한 관계를 더 중요시 여긴다. 가장 의미있는 삶을 이루기 위해서는 파트너가 필요하다. 형이나 오빠가 되기 위해서는 남동생이나 여동생이 필요하다. 제자가 없는 스승은 의미가 없고, 여성이 없는 세상에서 남성은 낙이 없이 살아가야 한다. 마찬가지로 자식 없는 부모는 존재할 수 없고, 부모 없는 자식도 존재할 수 없다. 그 둘은 서로를 위해서 존재하고, 사랑하고 행복해한다. 우리는 하나님이 필요하고, 하나님도 우리를 필요로 한다. 하나님의 궁극적인 목표는 그의 자녀인 인간과 행복한 일체를 이루는 것이다.

　"지금까지 종교에서는 하나님은 신성한 분이요, 거룩한 분이요, 인간은 악하고 죄인이기 때문에 창조주와 피조물은 동등할 수 없다는 주장을 해왔습니다. 지금까지의 이러한 신앙은 근본적으로 틀렸다고 보는 것입니다. 대상이 없으면 아무리 위대한 사람이라도, 아무리 도를 통한 사람이라도, 아무리 절대적인 사람이라 하더라도 슬픈 것입니다. 우리 인간이 슬퍼하는 것은 하나님이 그렇게 돼 있기 때문에, 주체를 닮았기 때문인 것입니다. 이 문제가 지금까지 도외시돼 있었다구요. 절대적인 하나님 앞에 절대적인 대상의 가치를 갖고 당당히 우주간에 등장할 수 있는 권위를 잃어버렸다구요.

　여기 서 있는 사람은 신비로운 경지에 들어가 우주의 근본이 무엇이냐고 알아본 때가 있었습니다. 하나님으로부터의 대답이 '부자의 관계다. 아버지와 아들이다'였어요. 결론이 그거라구요. 일반 사람 같으면 '아! 우리 어머니 아버지하고 나하고…'라고 생각할 거라구요. 다시 말하면 자기를 낳아준 아버지와 어머니로 생각하기 쉽다는 거예요. 그러나 하나님과 인간과의 관계를 말하는 것입니다.

하나님과 우리 인간과의 관계도 사랑을 중심 삼아 연결될 수 있다면 하나님과 우리 인간과의 사랑은 세상 부자간의 사랑보다도 높은 것이거늘, 그 사랑을 중심 삼고 당장에 대등한 자리에 오르지 못한다는 이론은 성립이 안 된다는 것입니다. 사랑은 절대적이요, 불변이요, 영원하기 때문에 가능하다는 것입니다. 이런 이유에서 위대하고 가치 있는 근원을 망각해 버린 우리 인생의 본연지를 다시 회복하지 않으면 안 된다고 보는 것입니다.

우리 인간은 최고의 욕망을 가지그 있습니다. 지금까지 인간의 욕망은 끝이 없다고 믿어 왔습니다. 그것은 끝이 있어야 됩니다. 그게 어디까지겠느냐? 이제 알아보자구요. 만약에 하나님이 계시다면, 그보다도 더 높은 하나님이 계시다면, 그 하나님을 중심 삼고 그런 자리를 또 원하지 않을 수 없다는 거예요. 하나님이 계신다면 하늘나라의 백성이 되고 싶어요? 그러고 싶겠지요. 그보다 하나님의 친구가 될 수 있다면 그것을 원할 거라구요. 친구를 원해요? 그렇지 않으면 양자를 원해요? 친구를 걷어치우고 양자를 원한다구요. 그 다음에 아들딸이 될 수 있다면 양자도 집어치우는 거라구요.

이렇게 볼 때 인간에게 최고의 욕망을 준 것은 창조목적에 있어서 하나님과 관계를 맺을 수 있는 대상의 가치관이 설정되어 있기 때문입니다. 안 주게 되면 큰일나는 거예요. 그러면 하나님을 만나기만을 원하는 거예요? 하나님과 같이 사는 것만을 원하는 거예요? 결국은 하나님 속에 하나밖에 없는 그 사랑을 점령하는 것이라구죠.

하나님이 있다면 그 하나님과 인간은 어디서 연결되느냐? 생명이 교류하는 곳, 사랑이 교류하는 곳, 이상이 교류하는 곳입니다. 그 점이 어떤 점이냐? 부자지관계가 아닐 수 없다는 결론이 나오는 것입니다.

아, 내가 하나님하고 동등할 수 있다니, 이 내가…. 그런 기쁨이 얼마나 크겠나 생각해 보라구요. 거기서 기도가 필요해요? '하나님, 나 죄인이요' 하는 기도가 필요해요? 사랑의 주체요, 생명의 주체요, 이상의 주체인데 기도가 필요해요? 위신과 체면을 초월하는 거라구요. 서슴지 않고 하나님을 붙들 수 있다구요. 그러면 하나님이 '야!' 이러겠어요? 하나님이 붙안고 비벼 주고 사랑해주는 것을 체험한다면 뼈살이 녹아날 거라구요.

여기에 종교지도자도 왔으리라고 보는데 그런 하나님의 사랑을 한번 받아봤어요? 그런 자리에서 숨을 쉬면 세계가 들락날락한다구요. 아편을 먹고 술을 마시고 취하는 것보다 못하겠어요? 아편만 못하겠어요? 술만 못하겠어요? 하나님의 사랑에 들어오게 되면 채워지지 않는 곳이 없다구요. 4백 조나 되는 세포까지도 춤을 추는 것을 느낄 수 있다는 것입니다. 눈은 눈대로, 손은 손대로, 전부 다 느끼는 거라구요. 그 가외의 다른 것은 갖다 주더라도 다 싫다는 것입니다. 그래서 예수님도 그러한 가치적인 내용을 통해서 보게 될 때 우주와 생명과 바꿀 수 없다고 말했습니다. 하나님과 연결될 그 생명에는 사랑이 있고 이상이 통하게 돼 있다구요. 생명과 이상이 자동적으로 연결된다 이거예요. 사랑을 중심 삼고 생명이 약동하고, 이상을 중심 삼고 생명이 약동하게 돼 있다구요. 이제 여러분은 하나님과 우리와의 관계와 위치를 알았습니다.…중략…"

_문선명 강연 〈인간에 대한 하나님의 소망〉 1973년, 미국 조지워싱턴대학

사람들은 하나님에 대해 여러가지 이미지를 가지고 있다. 구름 속에 사는 흰 턱수염이 길게 난 노인, 도움의 손길이 필요한 인간을 기다리는 거대한 산타할아버지, 지혜로운 할아버지, 스타워즈에 등장하는 보이지 않는 힘, 악인에게 벼락을 때리는 제우스신과 같은 모습, 하늘 보좌에 왕관을 쓰고 앉은 하나님 등등으로 말이다. 구글에 들어가서 영어로 'The images of

God'을 쳐보면 그 검색결과에 놀라움을 금치 못할 것이다. 타락한 인류는 하나님에 대해 그들의 열정과 소망, 욕망과 좌절, 울분과 분노를 담아내는 경향이 있다. 가장 보편적인 것이 바로 하나님은 의로운 일을 행한 사람에게는 상을 주어 천국에서 행복하게 살게 하고, 악한 사람에게는 벌을 주어 지옥에서 신음하게 하는 심판주로 인식되어 있는 것이다. 타락하여 자기 도취에 빠져 다른 사람에 대한 인내심이 고갈된 우리처럼 하나님도 마찬가지 일 거라고 생각한다. 그래서 시계는 똑딱거리고 언젠가는 예정된 시간에 선택된 사람만 하늘나라로 들리움을 받아 구원을 받을 것이라고 생각한다. 그런 하나님의 이미지는 종교와 하나님에 대해 앙금이 있는 사람에게 더 악감정만 불러일으킬 뿐이다. 문 목사님은 하나님에 대한 기존의 관점을 뒤집어 놓을 혁명적인 가르침을 내놓는다.

"하나님은 왜 인간을 창조했느냐? 하나님이 혼자 있으면 좋겠어요? 외롭겠어요, 기쁘겠어요? 오늘날 종교는 그것도 해결하지 못하고 있습니다. 기독교에서는 '하나님은 대심판주 재판장이 되어, 나쁜 놈은 지옥 보내고, 좋은 놈은 천국 보낸다' 그럽니다. 하나님이 재판장이 된다면 하나님 자격이 돼요? 그렇다면 무서운 하나님이지요. 대하고 싶지 않은 하나님입니다. 무슨 하나님이 되고 싶어하느냐 하면 인류에 대해서 참사랑의 하나님이 되겠다는 것입니다. 하나님이 심판주라는 논리는 하나님에게는 없는 것입니다. 만약에 원수를 갚는다는 개념이 있으면 앞으로 하나님의 이상세계가 출현하지 않습니다. 그렇기 때문에 하나님에게는 불심판이라는 개념도, 원수도 없습니다.

하나님이 본래 태어날 때부터 천국에 가게 만들어 놓고, 지옥 갈 사람 만들어 놓는다면, 그게 무슨 선한 하나님이에요? 이론으로 통하지 않습니다. 이론에 통해야 상식에 맞는 것입니다. 상식에 거슬린 진리는 없습니다. 상식에도 안 맞는 것 가지고…. '하나님은 뭐하면서 살겠어요?' 하면 기성 교인들은 '보좌에 앉아서 악한 사람은 지옥 보내고, 선한 사람은 천국 보낸다' 그러고 있습니다. 그게 하나님의 일입니까?

여러분, 대법원 판사 5년 동안만 해보세요. 그거 해 먹겠나? 자기 아들딸을 심판하고, 자기 여편네 자기 어머니를 판정하는데 사형선고를 내린다고 한번 생각해 보세요. 자기 어미 아비에게 사형선고 해놓고 잠을 자겠어요? 몸부림치는 그 마음세계의 환난을 누가 막을 수 있어요? 나라도 못 막고 세계도 못 막는 겁니다.

부모는 사랑하는 자식이 병들었을 때에는 행복할 수 없습니다. 하나님이 오늘날 세계인류가 망국지종亡國之種이 돼 가지고 지옥의 문을 향하여 수직으로 떨어지는 모습을 보면서 가슴 아프지 않고 '어, 너 심판 잘 받아서 망할 자리에 가는 거다' 하며 좋아하는 분이라면 그런 하나님은 벼락을 맞아야 됩니다. 부모의 입장을 대표한 이상의 하나님이기 때문에 그 모습을 보고 가만히 있을 수 없는 것입니다. 국법을 무시해서라도 자식을 구하고 싶은 부모의 심정이 숨어 있는 것을 생각하게 될 때 하나님도 마찬가지라는 것입니다.

구세주가 도대체 뭐냐? 구세주가 뭐하러 오느냐 이겁니다. 오늘날 기독교에서 말하기를 주님이 오게 되면, 전부 다 공중에 들려서 자기들은 떨래떨래 올라가고 지상 사람들은 다 심판한다고 합니다. 아닙니다. 그런 게 아닙니다. 심판한다고 하는데 구세주는 뭘 심판하러 오시는 분이 아닙니다. 그분은 하나님의 아들딸인 동시에 인류의 부모로 오는 것입니다. 인류의 부모로서 부모의 마음을 갖고 오시는 분이 병이 나서 죽을 자리에서 신음하고 있는 이런 아들딸을 보고 '야, 너 저 지옥으로 가라' 하고 쳐낼 수 있나요? 타락한 세상의 부모도 자기 자식이 죽어 가는 비참한 모습을 보면 그저 목이 메이고 통곡하고 자기 생명을 잃는 한이 있더라도 살려 주기 위해서 무슨 놀음도 하고 싶은 마음이 앞서는데, 본연에 부모의 심정을 갖고 오시는 구세주는 얼마나 더 하겠느냐 이겁니다. 심판이란 것은 생각할 수 없다는 겁니다.

재림주가 세상을 구하려고 오신다면, 인류를 철장으로 심판하여서는 안 됩니다. 때려서는 단 한 사람도 완전히 굴복시킬 수 없는 것입니다. 자기를 위해서 손이 두꺼비 등처럼 우툴두툴하고 꼬부라져서 펴지지 않을 정도로 수고한 어머니의 희생적 사랑은 불효자식을 회개하고 돌아올 수 있게 하는 힘이 있는 것입니다. 몽둥이 가지고는 안 됩니다. 심판의 대왕이요, 천지를 마음대로 주도하시는 하나님이라도 참사랑 없이는 하늘과 땅과 영계의 통일은 불가능한 것입니다. 참사랑은 어려움이 문제가 되지 않습니다. 자기 생명을 던지면서라도 갈 수 있는 힘이 참사랑에 있는 것입니다. 원수를 녹일 수 있는 것도 사랑입니다. 최고의 불효자를 효자로 만들 수 있는 힘을 가진 것도 사랑입니다. 역적이라고 주장하는 사람을 충신으로 굴복시킬 수 있는 힘도 사랑에만 있는 겁니다.

여러분은 지금 '아무것도 아닌 므양의 나 같은 존재는 있으나 없으나다' 하고 생각하지요? 그러지 말아요. 하나님이 사랑하는 대상이 되는 데는 부모 앞에 자식이 잘났다고 사랑하는 것이 아닙니다. 자식이야 못났든 잘났든 사랑하는 것입니다. 병신자식을 둔 부모의 가슴이 더 아픈 것과 마찬가지입니다. 천지의 중심이 되는 하나님'의 사랑하는 마음은 여러분이 잘나고 못난 것을 넘어서는 것입니다. 본성에 사랑의 바탕을 갖고 있느냐 없느냐 하는 것이 중요합니다. 그렇기 때문에 내가 왜 지음을 받았고, 우주는 왜 창조되었느냐 하는 걸 알아야 됩니다. 사랑의 이상을 완성시키기 위해 지어졌다는 사실을 알아야 됩니다." _ 문선명 하나님에 대한 가설들의 대부분은 과거에 만들어진 것들로 현대인들이 보기에는 말도 안되는 것들이 많다. 마치 어릴 때 부모를 이해하던 것과 성인이 되어 부모를 이해하는 폭이 달라지는 것처럼 우리의 부모인 하나님에 대한 우리의 편협한 인식도 인류가 영적으로 지적으로 발달함에 따라 달라져야 한다고 본다. 바울은 자신의 영적성장에 대해 다음과 같이 고백했다. "내가 어렸을 때에는 말하는 것이 어린 아이와 같고, 깨닫는 것이 어린 아이와 같고, 생각하는 것이 어린 아이와 같다가 장성한 사람이 되어서는 어린 아이의 일을 버렸노라. 우리가 지금은 거울로 보는 것 같이 희미하나 그때에는 얼굴과 얼굴을 대하여 볼 것이요, 지금은 내가 부분적으로 아나 그때에는 주께서 나를 아신 것 같이 내가 온전히 알리라."

어린 아이 입장에서 보면 자신의 아버지는 아무런 어려움이 없어 보이고, 원하는 것은 별 노력없이 얻어지고, 어린 아이의 도움은 전혀 필요없다고 생각된다. 이런 것처럼 하나님에 대해서도 잘못된 추측을 하고 있다. 전지전능하고 무소부재하신 창조주는 아무런 문제도 없고, 미천한 우리 인간의 도움은 필요가 없다고 생각한다. 한편으로는 하나님이 우리의 모든 문제를 해결해 주시니 우리는 안심하고 팔짱만 끼고 구경만 하면 된다고 하고, 다른 한편으로 이런 관점은 하나님의 자녀인 인간의 가치를 수동적인 방관자, 무임승차자로 격하시킨다. 하지만 인간 세상의 부모조차 경험적으로 자신들의 자녀가 부모의 어려움을 이해해주고 해결해 주었을 때 말로 할 수 없는 기쁨을 느낀다.

통일교회의 《원리강론》은 하나님과 인간은 책임을 분담하고 있다고 가르친다. 하나님의 책임에 비하면 아주 적은 것에 불과하지만 하나님의 궁극적 목표인 이상가정과 사랑과 평화가 넘치는 이상세계 건설을 위해서는 필수불가결한 요소라고 가르친다.

룬 리차드 : 미국 캘리포니아 주의 버클리에서 태어났다. 그가 열 살 때 샌프란시스코로 가족이 이사했다. 20대 초반에 보다 의미있는 삶을 찾다가 통일교회를 만나서 그의 라이프 스타일이 180도 바뀌었을 때, 그의 가족과 친구들은 그가 세뇌당했다고 생각했다. 세뇌가 아니라 하나님의 사랑과 진리의 힘에 의해 바뀌었을 뿐인데….

우리 가족은 천주교인이었다. 엄마는 개신교를 믿다가 천주교로 개종하고 아버지와 결혼하신 독실한 신앙인이었다. 밤에 무릎을 꿇고 묵주기도를 올리시고, 성자와 순교자의 삶에 대해 들려주시던 어머니를 잊지 못한다. 나는 미사의 신성함과 십자가의 길이 좋았다. 내 누이와 우리 형제는 천주교 학교를 다녔다. 내 누이는 나중에 수녀가 되기로 했다.

나는 1960대에 샌프란시스코에서 청소년기를 맞이했다. 나는 천주교에 만족하지 못하게 되었고, 불교와 점성술, 요가 등에 심취하게 되었다. 그리고 나서 친구들과 함께 성경을 공부하기 시작했다. 그리고 얼마 지나지 않아서 우리는 통일교회를 만나게 되었다.

통일교회의 주말수련회에 참석했던 기억이 아직도 새롭다. 그때 나는 대학교에서 종교철학을 수강하고 있었는데 나름 그 과목이 깊이가 있었다고 느꼈다. 하지만 《원리강론》 강의를 듣고 나서 나는 너무 충격을 받았다. 단지 주말 동안의 《원리강론》 세미나를 통해 모든 종교의 가르침과 내가 반드시 알아야 하는 철학적 지식을 일관되고 체계적으로 담아낸 가르침을 접하게 되었다. 아울러 그 가르침은 내가 이제까지 해답을 얻지 못했던 인생과 하나님과 우주에 대한 답을 알려주었다. 심오한 진리를 발견했을 뿐만 아니라 그곳에 몸담고 있는 사람이 너무도 진실되고 배려심이 깊다는 것을 알게 되었다. 22살 나의 인생은 극적인 전환점을 맞게 되었다. 이 세계가 이기심에 오염이 되었다는 것을 알게 되었을 때 나는 그것에 염증을 느끼며 내가 속할 곳이 아니라고 생각했다. 통일교회의 식구가 되고 나서, 내가 변화되어야 한다는 것을 알았다.

내가 통일교회 식구가 되기로 결심했던 그 순간을 잊을 수 없다. 옳은 결정을 한 직후 내 마음 깊은 곳에서 넘쳐나던 그 기쁨을 아직도 느낄 수 있다. 나는 샌프란시스코에 있는 한 통일교회로 가서 턱수염을 밀고, 긴 머리를 자르고, 나의 청바지와 티셔츠를 버리고 양복으로 갈아입었다.

그러나 나는 모범적인 식구 즉 신자는 아니어서 교회에서 지내는 것은 쉬운 일이 아니었다. 무의미하게 날이 가고 달이 갔다. 외적인 모습은 바뀌었지만 아직 내 마음은 세속적인 것과 갈등을 겪고 있어서 결국 하나님께 담판기도를 올렸다.

《원리강론》의 중요한 목적은 하나님의 심정에 대해 가르치는 것이다. 우리는 하나님의 심정을 알 수 있도록 창조되었다고 했다. 하지만 머리로만 그런 것을 인식해서는 안 되고, 결국 하나님의 심정을 깊이 느껴야 나의 내면이 진정으로 바뀔 수 있다는 것을 알았다. 그래서 하나님에게 당신의 심정을 경험하게 해달라고 간구했다. 그리고 얼마 지나지 않아 이때까지 경험하지 못했던 절망감을 맛보기 시작했고 내가 하는 모든 일들이 꼬여갔다. 이것이 바로 하나님이 느끼는 감정이라는 것 즉, 내 기도의 응답이라는 것을 깨닫기까지 2주가 흘렀다. "사랑하는 하나님! 이제서야 당신이 어떻게 느끼시는지 알게 되었습니다." 하나님의 애통해 하는 마음을 알게 되는 새로운 내 인생의 시작이었다. 그것을 통해 저 멀리 계시는 하나님이 아닌 나의 하나님으로 다가오며 하나님과의 관계가 아주 밀접해졌다. 예수님과의 관계도 마찬가지로 저 높이 계셔서 다가갈 수 없는 분이 아니라 내 안에서 예수님의 심장박동이 느껴지게 되고, 예수님 안에 내가 있음을 경험하게 되었다.

　기독교를 갈라놓을 정도로 가장 논쟁거리가 되는 것이 '예정론'이다. 나는 문 목사님이 계시를 통해 받은 예정론에 대한 가르침이 맘에 든다. 《원리강론》에서 설명하길, 전능하신 하나님이 천국을 건설하는데 95퍼센트의 책임을 맡는다. 그 나머지 5퍼센트는 자유의지를 가진 인간에게 맡겨진다. 만약 인간이 그의 책임을 완수하면 모든 일은 이루어지지만 그렇지 않을 경우에는 하나님도 어쩔 수 없게 되어 기회와 환경을 재창조하고 다른 사람에게 그 사람이 못다한 책임을 전해 준다. 이를 통해 전능한 하나님이 계시는데 이 세상에 악이 존재하는 이유가 설명이 되었다.

　하나님이 정말 이 세상사를 관여하시는 걸까? 고통받고 있는 인류에 대해서 하나님은 수수방관하고 있는 듯한 현실 때문에 많은 사람들이 종교적 믿음에 등을 돌리고 있다. 역사적으로 가장 논란거리가 된 질문이 바로 "하나님은 왜 악을 멸하지 못하는가"이다. 그에 대한 답으로 《원리강론》에서는 하나님은 악을 멸하지 못한다고 말한다. 비록 하나님이 전지전능하셔서 불가능한 것이 없지만, 하나님이 피조세계에 세우신 원칙을 어기시지는 않는다. 그 대원칙 중 하나가 바로 그의 자녀인 인간에게 자유 즉, 자유의지를 주신 것이다. 자유를 선택하는 것이 우리를 인간답게 하는 것이다. 자유가 없다면 창조성이나 사랑대신 강압만이 남을 것이다. 우리에게 자유가 없었더라면 우리는 단지 로봇에 지나지 않는다.

　자유는 엄청난 자산이지만 어두운 면도 있다. 반항적인 십대를 둔 부모는 자식사랑이 넘쳐서 아무리 자식을 걱정하며 위해 주려고 해도 그 자녀가 그 사랑을 잔소리로 치부하고 들을 마음이 없을 때 심한 좌절감을 느꼈을 것이다. 성경의 잠언서에는 그와 관련된 지혜로운 조언으로 가득하다. "아들들아. 너희들은 아버지의 훈계를 잘 듣고, 그 슬기를 깨우치도록 주의를 기울여라." 몇천 년 전 유대인들보다 오늘날의 자녀들은 부모의 조언에 전혀 귀를 기울이려고 하지 않는다.

부모가 된다는 것은 두려운 과제를 안고 사는 것이다. 많은 자녀들이 부모에게 기쁨을 준 만큼 괴로움도 안겨준다. 이것이 하늘에 계신 부모인 하나님과 인간과 어떤 연관이 있을까? 신학자들은 전혀 관계가 없다고 말한다. 왜냐하면 하나님은 이 속세와는 상관없는 먼 곳에 계신 분이기 때문이라고 한다. 하지만 문 목사님이 만난 하나님은 그런 분이 아니라고 한다. 하나님이 우리를 창조하신 것은 사랑의 파트너를 찾기 위함이라고 한다. 우리가 어떻게 살고 하나님의 사랑에 부응하는 것이 하나님 아버지에게도 지대한 영향을 미친다는 것이다. 우리는 하나님에게 엄청난 기쁨도, 한없이 깊은 슬픔도 안겨줄 수가 있다. 불행히도 인간 타락 이후 우리는 하나님에게 대부분 형언할 수 없는 슬픔을 안겨 드려왔다.

{ 고통 속의 하나님 }

"부모가 사랑하는 자식을 그렇게 믿고 있는데도 자식이 배반할 때, 그 믿음에 비례해서 부모가 받는 충격과 고충, 그리고 비참함은 이루 말할 수 없습니다. 또한 생명을 걸고 서로 사랑했던 사람이 배반하고 배척하여 불신할 때도 역시 말할 수 없이 비참합니다. 그러한 자리에서 몸부림치며 겪는 고통은 경험하지 못한 사람은 모릅니다. 말만 가지고는 알 수 없습니다. 이것은 세상일을 보아서 알 수 있습니다.

그러면 하나님은 어떻게 되어 비참해졌느냐? 하나님은 막연한 하나님이 아닌 구체적인 하나님입니다. 우리 인간과는 최고의 관계를 가진 하나님입니다. 하나님이 기뻐하는 것이 있다면, 인간과 더불어 기쁨으로 출발해서 끝이 없는 영원을 향해 계속 나아갈 수 있는 그런 출발의 기점을 보는 것입니다. 그런데 그 출발의 기점을 인간으로 인해 잃어버렸습니다. 그것이 아담과 해와의 타락입니다.

우리 통일교회에서는 원죄를 뭐라고 그러나요? 사랑을 잘못한 것입니다. 하나님의 사랑과 생명과 혈통이 연결되어야 될 것인데, 악마의 사랑과 생명과 혈통이 연결되어 버렸습니다. 아담과 해와가 악마의 생명체가 되어 악마의 핏줄을 남겼기 때문에 지금까지 한스러운 역사가 된 것입니다. 그러면 하나님같이 전지전능하시고, 천지를 근본부터 창조하여 모든 자주적인 권한을 소유하신 분이 어찌하여 악마 앞에 역사를 통해 인간을 요모양 요꼴로 만들었을까요? 그러니까 신이 없다는 결론은 당연한 것입니다.

통일교회는 뭐냐? 하나님의 심정을 논의하고 있습니다. 하나님을 해방하자고 있습니다. 기성교회는 그런 말 한다고 우리를 보고 이단이라고 합니다. 여러분, 잘난 대통령이라도 자식이 죽었다면 그 죽은 자식 앞에서 대통령의 권위를 가지고 '아들아 죽었으나 대통령은 눈물 흘릴 수 없다' 그래요? 구석에 들어가서 코를 박고 통곡하고 나와서 쓱 닦고 그러면 통하겠지만, 그러지 않으면 죽은 아들의 영혼이 '애비 이거… 애비가 아니었구만' 할 것입니다. 죽은 영혼이 살아 있다면 그 애비를 도와주겠어요, 반대하겠어요? 세계 대통령이 됐든 누가 됐든 자기가 사랑하는 자식이 죽었을 때는 눈물을 흘리고 다 그래야 됩니다.

세상의 부모도 자기 아들딸이 죄를 지어 교수형에 처해지게 된다면, 자식이 죽기를 원하는 부모는 없습니다. 자기 마음대로 자식을 살려줄 수 있으면 백 번 천 번 살려주고 싶은 것이 부모의 마음입니다. 어머니 마음이 더 그렇지요? 타락한 세계에서 여인의 마음도 그런데 전지전능하신 하나님이 대관절 무엇 때문에 끝날에 가서 심판을 해버려야 되느냐, 하나님이 왜 용서를 못해 주느냐 이겁니다. 하나님은 얼마만큼 사랑하느냐? 예수가 일흔 번씩 일곱 번을 용서한다면 하나님은 일흔 번씩 칠천 번 이상 용서해야 될 것입니다. 하나님의 마음은 그렇다는 것입니다.

오늘날 기성교회에서 믿듯이, 전지전능하고 영광의 보좌에 앉은 하나님이라면, 자기 아들딸이 죽어가는데 그 보좌 위에서 '야, 이리 올라오너라. 내가 자리를 뜰 수 없다' 그러겠어요? 보좌고 뭐고 집어던지고 내려가겠어요? 어떤 거예요? 그냥 있겠어요, 내려가겠어요? 왕관을 벗고 뛰어 내려가겠어요? 어떻게 하겠나 생각해 보라구요.

최후의 심정을 연결시킬 수 있는 종교라면 하나님이 제일 불쌍하다는 것을 세밀히 가르쳐 주는 종교일 것입니다. 하나님이 좋고 훌륭한 것만은 아닙니다. 불쌍하고 억울한 하나님, 분통이 터지고 한이 넘치는 하나님입니다. 이것을 세밀히 가르쳐 주는 종교가 나와야 됩니다. 그래야 효자가 될 수 있는 것입니다.

하나님이 찾으시는 참마음을 가져야 되겠습니다. 하나님은 참다운 사랑을 찾아오십니다. 구원섭리역사, 복귀섭리역사, 전선에서 찾아 나오는 참된 아들로서, 지금까지 때묻고 상처 입고 비통한 하나님의 가슴을 활짝 펴주고도 남을 수 있는 여유만만한 순결한 사랑이 폭포수와 같이 흘러나와, 하나님이 그를 안고 만사를 잊어버리고 도리어 타락이 있었기에 더 행복하다고 할 수 있는 그런 자리는 없겠는가? 남자라면 누구든지 그래야 됩니다.

통일교회는 언제까지 남아지느냐? 지구성을 해방하고, 영계를 해방하고, 나중에는 하나님을 사랑의 심정으로 해방할 때까지 통일교회는 가야 됩니다. 결국은 인류를 해방하고, 영계를 해방하고, 하나님을 해방해야 됩니다. 이런 말은 처음 듣지요? 하나님이 우리를 해방해줄 줄 알았더니 하나님을 우리가 해방해야 됩니다. 심정적으로는 하나님이 구속되어 있는 것을 알아야 됩니다". _문선명

이런 하나님의 모습은 영화롭고 냉정하게 하늘보좌에 계신 하나님의 이미지에 익숙한 사람들에게 충격적일 것이다. 혹자는 통일교회에서는 하나님을 폄하하여 연약한 분으로 그리고 있다고 비판할지 모르겠다. 하지만 문 목사님도 하나님은 전 우주에 시공을 초월하여 편재하시는 분으로 완전무결하시고 영존하시고 자존하시며 전권과 전능을 가지신 분이라고 가르친다. 하지만 하나님의 위대한 힘은 영광과 권능 속에 있는 것이 아니라 하나님의 참되고, 무조건적이고, 영원한 사랑과 심정 속에 있는 것이다.

그동안 하나님의 진면목과 사정을 이해하지 못했던 이유는 무엇일까? 좋은 부모는 자녀를 위해 모든 것을 희생하고 뒷바라지하며 자신의 고통을 미소 속에 숨기고 자식들을 행복하고 걱정 없이 생활하게 한다. 설사 부모는 고통 속에 있더라도 자신의 자녀들은 구름 한 점 없는 청명한 하늘처럼 언제나 행복한 삶을 영위하길 바란다.

이것이 바로 하나님이시다. 어린아이와 같은 신자들에게는 전지전능한 하나님으로 역사하셔서 마치 어린아이가 바라는 모든 것을 들어주시는 육신의 부모처럼 하나님도 자신의 속사정과 고통을 숨길 수 밖에 없다.

월 스트리트 증권가로부터 편지

로가니안 앨런 : 현재 월스트리트 증권가에서 주식 중개인을 훈련하는 일을 하고 있다. 그는 이란 테헤란의 전형적인 이슬람 가정에서 태어났다. 1978년에 발생한 이란혁명 때 미국으로 건너가서 맨하탄 대학에서 공학석사 과정

을 이수하던 1981년 통일교회에 입교한다. 한국에서 거행된 6천 쌍 합동 축복 결혼식에서 프랑스 사람인 크리스티앤과 영원을 약속하며 부부가 되었다. 두 딸인 세라와 일레인은 각각 하와이와 프랑스에서 태어났고, 아들 데이빗은 로 가니안이 러시아 선교사로 활동할 때 모스크바에서 태어났다. 로가니안은 아 직도 열성적으로 통일교회에서 신앙생활을 하며 헌신하고 있다.

내가 《성경》과 《코란》과 《원리강론》을 동시에 공부하며 어떻게 하면 문 목사 님이 밝힌 새 진리인 이 《원리강론》을 기존 경전인 《성경》과 《코란》과 잘 조 화시킬까를 놓고 기도로 밤을 지새우던 많은 날들이 기억난다.

어느 날, 몇천 살 정도 된 할아버지가 바로 내 앞에서 하염없이 통곡하는 꿈을 꾸었다. 그분의 눈에서는 눈물이 폭포수처럼 쏟아져 내렸다. 처음에는 그분이 누구인지 몰라 '이분이 도대체 누구시길래 저렇게까지 통곡을 할까'라 고 생각하며 그냥 옆에서 바라만 보고 서 있었다. 그러자 갑자기 그분의 얼굴 이 내 목숨보다 더 소중한 나의 아버지의 얼굴로 바뀌는 것이었다. 그런 아버 지에게 달려가 무릎을 꿇었다. 그때부터 나도 폭포수 같은 눈물이 쏟아져 내 리며 아버지에게 그만 통곡을 멈추시라고 애원했다. '무슨 일이에요 아빠, 왜 이토록 통곡하세요?'라고 계속 물었다. 그러자 아버지의 얼굴이 다시 원래 그 노인의 얼굴로 바뀌는 것이었다. 그 노인은 내가 아버지에 대해 느끼는 감정 처럼 그분에 대해서도 같은 감정을 가져야 한다는 것을 이해시키려고 하시는 것 같았다. 그 노인분을 잘 모르지만 왠지 모르게 나의 아버지라는 영적인 깨 달음을 얻었다.

그 깨달음을 얻은 후 아까와 같은 애원을 반복했다. '무슨 일이길래 이토 록 통곡하세요?' 입술에 미동도 없이 같은 문장을 수천 번이나 반복했다. '제 발 나를 도와다오, 나는 너의 도움이 필요하단다.' 그분 앞에 무릎을 꿇고, 성심을 다해 그분을 도와드려 더 이상 폭포수와 같은 눈물을 흘리시지 않게 해드리겠다고 맹세하는 나 자신을 발견했다.

이것은 이슬람 교리에서는 존재하지 않는 인간적인 하나님의 개념이다. 이슬람교에서 말하는 하나님은 단지 주인이자 창조주로 우리에게 영광과 송영을 받으실 뿐이다. 결국 깊은 기도와 《원리강론》 연구를 통해서 그 폭포수와 같은 눈물을 쏟아내던 그 할아버지는 바로 다름이 아닌 하늘에 계신 하나님 아버지라는 것을 알게 되었다.

인간은 동료로부터 소외되고, 남성은 여성으로부터 소외되고, 심지어 자연은 착취당하기보다는 사랑받을 수 있을 때까지 고통 속에 시달리는데 그것을 신약성서에서 뒷받침하고 있다. "모든 피조물은 하나님의 자녀가 나타나기를 간절히 기다리고 있습니다." 그리고 비행청소년이 부모와 사이가 나빠지는 것처럼, 인간은 하나님에게 소외되고 있다. 사랑의 하나님이 완전한 인생의 토대라면 하나님이 그렇지 않을 때 우리는 완벽한 행복을 기대할 수 있을까? 부모의 사랑을 가진 하나님의 축복이 조화롭고 성공적인 결혼을 위한 전제조건이라면 하나님의 사정에 무지하고서야 어떻게 그것을 이루기를 바랄 수 있을까?

《원리강론》에서 말하길, "무지에서는 어떠한 정서도 일어날 수 없으며, 무지와 무정서에서는 어떠한 의지도 생길 수 없다. 이렇듯 인간에게 있어 지知·정情·의意가 제 구실을 못하게 될 때에는 거기에 인간다운 생활이 있을 수 없는 것이다"라고 되어 있다. 우리는 자신을 위해서 그리고 하나님을 위해서라도 하늘에 계시는 하나님 아버지의 사랑스런 자녀로서 이해하고 느끼고 행동해야 한다.

문 목사님은 기도는 자연스럽고 엄마의 젖을 달라고 자지러지게 우는 아기처럼 간절해야 한다고 가르친다. 어떠한 질문이나 요구나 고민이나 문제를 우리의 사랑하는 하나님께 말씀드리면 그분은 그것을 이해해 주시고, 품어주시고, 위로해 주시고, 해결해 주신다. 하지만 어린아이가 성인이 되는 것처럼, 우리도 언젠가는 항상 받기만 하고 요구만 하는 어린아이의 상태로부터 졸업해서 하나님 아버지께 철든 자식처럼 돌려드리는 모습이 되어야 한다.

다른 종교와는 달리 통일교회에서는 그 종교의 창시자 이름으로 기도를 끝맺지 않고, 기도하는 당사자의 이름으로 마친다. 아울러 기독교에서처럼 아멘을 쓰는 대신 '아주我主'를 기도 말미에 덧붙인다. 아멘은 "그렇게 되소서"로 "하나님, 모든 것을 당신께 맡깁니다"라는 함축적 의미를 내포하고 있다. 비록 하나님에 대한 그런 겸손한 자세가 신자로서의 기본 덕목이라 불릴지 모르겠지만, 이런 형식의 기도는 자신의 역량을 발휘해서 뭔가를 해결하고 이루려고 하기보다는 하나님에게만 의지하려고 하는 모습을 보인다. 이에 대비해서 '아주'는 '내가 주인이다'라는 뜻이다. 여기에 들어있는 함축적 의미는 "사랑하는 하나님, 제가 이 상황을 책임질 수 있도록 최선을 다해보겠습니다"이다. 통일교회 신자가 아닌 사람이 자신의 이름으로 기도한다는 말을 들으면 오히려 거만하다고 느낄지도 모르겠지만 그런 기도 뒤에 숨어있는 동기는 전혀 다르다.

즉, 통일교회 신자들은 하나님의 사랑하는 철든 자녀로서 하나님에게 기쁨과 행복을 돌려드리는 심정을 가지고 있고, 그것을 이루어 드리기 위해서 책임감을 가지고 매진하고 있는 것이다. 그런 기도는 그 자녀가 어쩔 수 없는 어려움에 처할 때면 하늘 부모님이 능력과 지혜와 사랑을 주신다는 믿음에서 올려지는 것이다. 훌륭한 부모라면 그의 자녀를 똑같이 사랑한다. 하지만 신뢰하는 자녀에게 사랑이 더 가는 것은 인지상정이다. 하나님은 대부분의 사람들이 진실 전체를 감당하지 못한다는 것을 알고 계신다.

문 목사님은 그의 인생목표인 하나님 해방을 이루어드렸다. 문 목사님은 자신의 인생에 대해 '고생의 왕초, 고생의 교과서'라고 설명한 대로 살았다. 수차례의 투옥과 고문을 통해 생사의 고비를 아슬아슬하게 넘긴 것이 한두 번이 아니다. 어쨌든 본인이 당하는 어려움에 대한 그의 대답은 한결같았다.

"나는 약한 모습으로 기도한 적이 없다. 나는 불평해 본 적도 없다. 내 상황에 화를 낸 적도 없다. 나는 하나님의 도움을 구한 적도 없을 뿐만 아니라 오히려 하나님을 위로하기에 바빴고, 나를 걱정하지 마시라고 말씀드리기에 바빴다. 하나님 아버지는 나를 너무도 잘 아신다. 내가 고통받고 있는 것을 이미 다 아시는데 어떻게 내가 하나님께 나의 고통에 대해 말씀드려 하나님을 더 슬프게 만들 수 있겠는가? 내가 드릴 수 있는 기도는 나의 고통에 절대로 굴하지 않겠다는 것이다."

4장

예수님의
결혼

하나님 아버지께서 태초에 인간을 남자와 여자로 만드셨다는 것과
그러므로 남자는 부모를 떠나 제 아내와 합하여 한몸을 이루리라
하신 말씀을 아직 읽어보지 못하였느냐?

예수그리스도 (마태복음 19:4~5)

●
●
●

오염 물질, 방부제, 농약으로 넘쳐나는 이 시대에 모든 사람은 암에 걸릴 것을 두려워한다. 암초기에는 본인이 암에 걸렸는지 알지 못한다. 통증으로 암을 발견했을 때는 이미 치명적인 상태인 경우가 많다. 하지만 암환자들은 적어도 고통의 원인과 생존기간이 어느 정도인지는 알 수 있다. 하지만 타락이라는 병은 보다 더 심각한 잠복기를 가지고 있다. 무엇이 잘못된 것인지 아무런 증세도 없이 사람들을 먹어치운다. 죽고나서까지도 자신이 아프다는 사실을 인지하지 못한다. 근본적인 단계에서부터 뭔가 잘못된 사실을 이해하지 못한다.

몇 평 아파트로 가야 하나, 캐나다 호주 뉴질랜드로 이민, 결혼, 이혼, 애완동물, 직장, 돈, 벤츠, 화장, 성형수술, 보다 섹시한 눈, 보다 큰 가슴, 스펙, 대학 학위 등은 일상적으로 우리가 겪는 고민이다. 하지만 문제는 외부에 있는 것이 아니라 내부에 있다. 우리는 암이나 에이즈보다 심각한 병인 원죄로부터 고통받고 있다. 왜냐하면 원죄는 유전적인 바이러스나 다름없어서 모든 세대에 걸쳐 모든 개개인에게 명확한 치료법 없이 영적으로 육적으로 감정적으로 악영향을 미치고 있다. 이에 대해 문 목사님은 해법이 있다고 한다.

"새로운 아들딸을 만들어 내야 될 텐데 어떻게 만들어 낼 것이냐? 어떻게 만들어야 되느냐? 여러분이 태어나는 데는 수많은 조상을 통해서 태어났지만 거꾸로 전부 다 올라가야 됩니다. 거꾸로 올라가 가지고 우리 인류의 참된 조상, 타락한 조상 말고 참된 조상의 문을 통해서 하나님께까지 들어가야 됩니다."

대부분의 종교인들은 인류역사의 정점인 '최후의 날'을 학수고대해 오고 있다. 이때는 바로 하나님이 세계를 심판하고, 올바른 믿음을 가진 사람은 구원받고, 그렇기 않은 사람은 지옥에 떨어진다고 믿고 있다. 1960년대에 시작해서 2000년간 지속된다는 새로운 자유의 시대인 물병자리 시대, 힌두교에서 말하는 크리타 시대를 맞아 인간 의식에 엄청난 변화가 발생하는 급진적인 새 패러다임의 시대에 직면할 것이라고 보는 사람들이 있다. 2012년에는 세속적인 마음을 가진 사람들조차 세계의 종말을 예언한 마야달력에 지속적으로 관심을 두었다.

그러나 이 지구는 유성에 의해 궤도를 이탈하지도, 핵참사에 의해 멸망하지도 않고, 2015년을 지나 2016년을 향해 고군분투하고 있다. 아무리 전능한 하나님이라 할지라도, 그분이 요술봉을 휘둘러 선택된 사람만 평화와 사랑의 왕궁으로 인도하고, 그 나머지는 지옥이라는 쓰레기통에 버리실 리는 없다. 그것이 사랑의 하나님이 선택할 수 있는 옵션이었다면, 그동안 인류에게 부가되어 온 엄청난 그통을 주는 대신, 이미 오래 전에 행하실 수 있지 않았을까?

《원리강론》에서는 소위 종말이라고 하는 최후의 날은 상식이나 자연법칙을 벗어나서 발생하지 않는다고 설명한다. 인간실패의 결과로 빚어진 인간의 타락으로부터 사람들에게 주어진 책임분담은 구원을 위한 필수불가결한 요소가 되었고, 책임분담을 완수하면 구원받고, 죄로부터 해방된다고 가르친다. 여러 종교의 경전에 설명된 말세에 대한 부분도 이런 측면으로 이해되어야 할 것이다. 《성경》이나 《코란》에서 불에 의해 지구가 파괴되고, 해와 달이 빛을 잃고 별들이 떨어지고, 믿는자들은 공중으로 들리움을 받고, 저주받은 자는 지옥에서 불타고, 구세주가 구름타고 오는 등등의 것들은 종말을 은유적으로 표현한 것이다.

악으로 시작된 인류역사는 타락된 인류를 타락되기 전의 상태로 돌려놓는 복귀섭리역사復歸攝理歷史이기 때문에, 사탄주권의 죄악세계는 메시아의 강림을 전환점으로 하여 하나님을 중심하고 선주권善主權의 세계로 바뀌어지게 되는 것이다. 이처럼 사탄주권의 죄악세계가 하나님 주권의 창조 이상세계로 교체되는 시대를 말세라고 한다. 따라서 말세는 지상지옥이 지상천국으로 바뀌어지는 때를 이르는 것이다.

지옥은 하나님에 의해 창조된 작품이 아니라 인간시조의 무책임과 이기심의 결과로 인간에 의해 만들어진 것이다. 하나님은 사랑의 하나님이시다. 하나님은 아직도 모든 사람들에게 어디에서나 영원히 천국을 맛보도록 하고 싶어하신다. 또한 천당과 지옥은 시간과 공간의 문제가 아니라 내세에서의 현실이다. 하나님은 우리가 살고 있는 지옥 같은 현 세계를 창조 이상의 세계로 돌려놓으시려고 불철주야 애쓰고 계신다. 《성경》에서 선지자 이사야가 말한대로 하나님의 의지는 확고하다. "내가 말하였으니 내가 그것을 반드시 이룰 것이고, 내가 계획하였으니 내가 그것을 곧 성취하리라." 인간이 태초에 타락했다고 해서 하나님이 그 마음을 바꾸시지는 않았다.

하나님은 반드시 인류와 세계를 하나님이 원래 구상한 상태로 돌려놓으신다. 그렇다면 종교에서 말하는 구원은 무엇인가? 단순히 말하면 타락하기 전 원래 상태로 돌려놓는 복귀를 말한다. 의사가 그의 환자를 위해 하는 일은 그가 병이 나기 전 정상적인 상태로 되돌려 놓는 것이다. 그것이 치료이다. 물에 빠져 허우적거리는 사람을 구해준다는 것은 그 사람을 물에서 건져내 마른 땅에 데려다 주는 것이다. 그것이 구조이다. 하나님이 인류를 구원하시는 것은 바로 비정상적이고 왜곡된 상태를 원상복귀시키는 것과 같다. 따라서 구원은 원래 상태로 돌려놓는 복귀와 같은 말이다.

《원리강론》에서는 다음과 같이 언급되어 있다.

"무엇이든지 그 본연의 위치와 상태 등을 상실하게 되었을 때, 그것들을 본래의 위치와 상태로 복귀하려면 반드시 거기에 필요한 어떠한 조건을 세워야 한다. 이러한 조건을 세우는 것을 '탕감蕩減'이라고 하는 것이다. 예를 들면, 상실된 명예나 직위나 건강 등을 원상대로 회복하려면, 반드시 거기에 필요한 노력이나 재력 등의 조건을 세우지 않으면 아니 된다. 또 서로 사랑하던 두 사람이 어찌하다 미워하는 사이가 되었다고 하자. 여기에서 이들이 다시 서로 사랑하던 원상태로 복귀하려면, 그들은 반드시 서로 사과謝過를 하는 등 어떠한 조건을 세우지 않으면 아니 된다. 이와 같이 타락으로 인하여 창조본연의 위치와 상태를 떠나게 된 인간도 다시 그 위치와 상태로 복귀하려면, 반드시 거기에 필요한 어떠한 조건을 세우지 않으면 아니 되는 것이다."

하지만 죄악의 사슬을 끊을 수 있는 사람이 아무도 없다. 그 누구도 소외의 미로, 단절된 관계, 혼란, 깨진 꿈에서 영원히 나 자신을 구출할 수는 없다. 내 자신 속에서 지킬박사와 하이드의 대결로 종결지어지는 천사와 악마의 대결을 자신의 힘만으로는 극복하기 어렵다. 인류구원은 오직 하나님이 보내신 메시아를 통해서만 가능하다.

유대교의 독특한 점은 정화된 혈통을 통해 인류의 메시아 탄생을 맞으려고 하시려는 하나님의 노력을 엿볼 수 있다는 점이다. 2천 년 전에 인류를 복귀하기 위해서 하나님은 예수그리스도를 이 땅에 보내셨다. 그리스도는 히브리어의 메시아에 해당되는 그리스어로 만왕의 왕, 참된 남성, 인류의 첫 조상 등의 의미이다. 그래서 특별히 정화되어 하나님의 혈통으로 태어난 것을 강조하기 위해 신약성경을 시작하는 마태복음에서 예수님의 족보에 대해 그토록 집중적으로 언급했던 것이다.

신약에서 처음 수록된 이 마태복음은 예수님을 통해 인류를 재창조하려는 하나님의 시도를 묘사하고 있는 것이 구약의 창세기에서 하나님이 세상을 창조하시던 것을 묘사한 정경과도 흡사하다. 예수님의 강림은 하나님이 인간창조를 다시 시작하는 것과 같다.

사실 《성경》에는 예수의 혈통의 대해 두 가지 기록이 있다. 그 첫 번째가 마태복음이고, 또 다른 하나가 마가복음이다. 마태복음에서는 아브라함에서 예수에 이르는 것을 기록한 반면, 누가복음에서는 아담에서 예수까지의 족보를 기록해 놓았다. 유대나라의 조상인 아브라함으로부터 기원을 설명한 마태복음에서는 예수가 유대인의 메시아임을 나타내고 있다.

이것은 예수에 대한 유대인들의 불신을 뿌리뽑기 위해 예수가 그들이 그렇게 고대하던 메시아임을 증명하려고 한 마태복음의 의도와 일치한다. 다른 한편으로, 누가복음은 죄없는 인류조상으로서의 예수의 생애를 정확하게 기록하는데 주력했다. 따라서 누가복음에서는 예수님의 족보를 아브라함을 넘어 아담까지 그 뿌리를 두어 예수는 전 인류의 구세주임을 나타내고 있다.

하나님이 그의 아들인 메시아를 보내어 세계를 구원하기 전에 하나님은 그것을 위한 만반의 준비를 착착 진행하셔야만 했다. 즉, 메시아를 맞기 위한 믿음의 기대를 조성하기 위해 개인에서부터 국가적 수준의 환경을 조성하셔서 메시아를 위한 지원과 메시아를 보호할 수 있는 권역을 단계적으로 준비하셨다. 메시아를 고대하는 의식으로 가득 찬 사람들만이 구세주를 영접할 수 있기 때문이다.

만약 메시아가 준비된 환경 없이 이 세상에 태어난다면 사탄은 그를 바로 죽여버릴 것이다. 그래서 하나님께서 역사하실 수 있는 한 나라를 건설하기 위해 매진하셨다. 이스라엘은 이런 하나님 준비의 결실로 세워진 나라였다. 세상사람들은 유대인들의 '선민의식'에 대해 강한 거부감을 나타낸다. 그러나 이 나라는 하나님이 특혜를 주려고 선택한 것이 아니라 메시아를 통해 이 타락된 세상에 하나님이 역사하시기 위한 임시교두보로 설정되었다. 즉, 유대인은 하나님의 아들을 지원하기 위한 선봉부대였지, 노르망디 상륙작전에서 나치군 후방에 침투한 낙하산 부대와 같이 후방교란 임무를 수행하는 사람은 아니었다.

한편, 하나님은 준비된 개인 및 단체를 통해 역사하시며, 세계 어느 곳의 사람이든 메시아를 맞을 준비를 해오셨다. 이 세계적인 하나님의 준비역사役事는 종교를 새로 만들거나 개혁하는 것부터 과학적 원리의 발견과 새로운 기술의 발명에 이르기까지 인간의 지식과 활동의 모든 분야를 망라했다.

이스라엘에서 인류의 새 조상으로 탄생될 예수님의 현현에 발맞추어 하나님은 전 세계에 걸쳐 영적인 지도와 계시를 하시기 시작했다. 이 폭발적인 영적 가르침은 유대교에서 메시아 영접을 준비하던 기간과 맞물려 일어났다. 대부분의 세계적 종교가 탄생된 이 기간을 철학이나 역사적으로 축의 시대라고 규정한다. 이 용어는 독일의 철학자 야스퍼스에 의해 처음 사용되었고, 대부분 기원전 5~6세기 집중적으로 동서양에서 석가, 소크라테스, 공자 등이 주도한 전환기적 시대에 대해 설명하였다.

　동아시아에서는 하나님이 철학자 노자(BC 604~531)를 세우시고, 공자(BC 552~479)로 하여금 유교로써 인류로 하여금 성군인 메시아를 중심한 천국적인 사회체제를 준비하도록 인륜도덕人倫道德을 세우게 하셨다. 인도의 석가모니(BC 565~485)로 하여금 불도佛道의 새로운 터전을 개척하게 하셨고, 산스크리트어로 '위대한 영웅'이란 뜻을 가진 마하비라Mahavira (BC 559~527)를 통해 힌두교를 개혁하게 하시며, 수행을 통해 인류의 참목적인 정화된 인간에 근접하는 길을 알려주었다. 기원전 환경 없이 자라투스트라를 통해 조르아스터교를 여시고, 윤리적 일신교를 설파하도록 했다. 현재 조르아스터교는 비주류 종교로 전락하고 말았지만 페르시아제국 시대에는 번성하던 종교였다.

　이스라엘의 국경을 넘어 그리스 문화가 꽃피었다. 하나님은 문명을 번성시켜 사회구성을 위한 중요한 개념과 원리를 발전시켰다. 기원전 507년경에 만들어진 아테네의 민주주의는 매우 성공적인 정치실험으로 현재까지도 활발히 이어지고 있다. 소크라테스(BC 470~399)와 플라톤(BC 427~347)과 아리스토텔레스(BC 384~322)는 철학계의 거인으로 서구적 이성의 토대를 확립하며 헬라문화시대를 개척하게 하셨다. 그 거인들은 이성과 논리를 바탕으로 신비한 하나님을 연구하고 도덕적 삶의 규범을 정립했다.

　수학의 피타고라스(BC 582~500), 과학의 아르키메데스(BC 287~212), 의학의 히포크라테스(BC 460~377), 문학의 호머(BC 8세기 경), 비극의 소포클레스(BC 496~406)는 근대 과학, 기술, 문화의 기초를 다진 아버지였다. 알렉산더대왕(BC 356-323)과 아리스토텔레스의 문하생은 이탈리아 반도 남동부와 그리스 사이 지중해의 일부인 이오니아 해海에서 히말라야에 이르는 세계적인 제국 전체에 그리스 문화와 철학을 전파했다. 아울러 그리스어는 이 광대한 유라시아 대제국의 만국 공통어로 자리잡았다.

예수 당대의 로마제국 지식인은 그리스어를 썼기 때문에 메시아의 가르침과 문화는 인터넷처럼 급속도로 퍼질 수 있는 토대가 구축되었다. 그리스문명을 계승 발전시킨 로마제국은 수도 로마가 효율적으로 소통하고 여행할 수 있도록 광대한 대륙에 걸쳐 놀라울 정도로 육로와 해로를 구축해서 '모든 길은 로마로 통한다'는 말을 남기게 했다.

하나님은 이렇게 각각 그 지방과 그 민족에 맞는 문화와 종교를 세우시어 장차 오실 메시아를 맞이하는데 필요한 심령적인 준비를 하게 하셨던 것이다. 그러므로 예수님은 이와 같이 준비된 기반 위에 오셔서 기독교를 중심하고 유대교를 수습하고 헬레니즘 및 불교, 유교 등의 종교를 포섭함으로써, 그 종교와 문화의 전역全域을 하나의 기독교 문화권 내에 통합하려 하셨던 것이다.

이스라엘에서 예수님의 탄생은 이러한 역사적 발전을 전환시킬 축이었다. 유대인이 예수님을 메시아로 영접했더라면, 이 모든 기반들이 하나님에 의해 구상된 목적대로 성취되어서 이 땅에 하나님의 나라인 이상사회가 구현되었을 것이다. 이런 영적 과학적 운동의 결합된 지혜는 원죄 없는 인류의 조상인 예수님을 통해 통합되어 평화와 화합이 가득하고 물질적으로도 풍요로운 세상을 맞이했을 것이다.

예수가 불교의 석가모니, 유교의 공자, 회교의 마호메트 같은 분들과 다른 것이 무엇일까? 혈통을 정화하여 오신 분은 역사이래 예수님밖에 없다는 것이 다른 것이다. 그게 메시아의 특권이고 그게 다르다. 예수님은 죄없는 참아버지의 입장에 서는 것이다.

아담과 해와의 타락 이후로부터 하나님의 유일한 목적은 태초의 창조 목적대로 인류 첫 조상의 위치를 복귀시키는 것이었다. 즉 죄없는 참부모를 통해 인류역사 최초로 죄없는 참가정을 이루는 것이었다. 예수는 아담의 위치를 복귀하려 하나님이 보내신 것이다. 따라서 신약성경에서는 예수를 아담이라고 했다. 개인적으로 그 목적을 달성하면 복귀된 아내를 선택할 수 있었다. 그 아내는 두 번째 해와로서 실질적인 예수님의 신부가 되어 예수님과 함께 참부모가 되는 것이었다.

{ 예수님의 결혼 }

"예수님의 소원이 무엇이었느냐? 장가가는 것이었습니다. 왜 장가를 가야 되느냐? 인류의 출발이 타락한 조상으로부터 되었기 때문에 인류에게는 아직껏 참된 조상이 없었습니다. 하나님의 창조이상은 참된 조상이 될 사람을 성혼시켜 하나님의 사랑과 일체가 되게 하는 것이었습니다. 그리하여 하나님을 중심 삼은 직계 혈통의 가계를 만드는 것이 창조목적이었습니다. 하나님은 메시아 즉, 예수님이 탄생함으로 말미암아 에덴동산에서 잃어버렸던 그 아들이 탄생하던 때의 기쁨을 다시 맞고자 하였던 것입니다.

그러면 그 아들은 태어나서 무엇을 해야 되겠습니까? 싸움을 잘 해야 하는 것도, 돈을 잘 벌어야 하는 것도 아닙니다. 장가를 가야 하는 것입니다. 그런데 예수님이 장가를 갔습니까? 못 갔습니다. 왜 장가를 못 갔습니까? 예수님은 신랑으로서 너무나 잘 갖추어져 있었지만, 신부로서 잘 갖추어진 여자가 없었기 때문입니다.

예수님은 남자예요, 여자예요? 예수님이 이 땅에 온 목적도 마찬가지입니다. 우주의 공약인 대우주의 사랑을 완결시키기 위한 것입니다. 완결시키려면 남자 혼자 될 수 없기 때문에 신부를 찾아야 됩니다. 성경 계시록에 '어린양 잔치'라고 말했어요. 결국 예수님이 신부를 맞아서 사랑하자는 것입니다. 하나님이 보장하는 사랑, 에덴동산에서 해와는 하나님이 보장할 수 있는 사랑을 가질 수 있는 주체가 못 됐습니다. 남편 후보자 아담을 남겨 놓고 사탄의 꼬임에 빠진 것입니다. 이처럼 여자의 마음은 갈대와 같아 믿을 수 없습니다. 그래서 예수님이 장가가야 된다고 말한다고 해서 문 선생은 이단이라고 말하고 있습니다.

예수님이 남자라면 남자의 감정이 있겠어요, 없겠어요? 생리적 예수를 부정하고, 무형적인 하나님과 같이 합당한 예수…. 그건 실질적인 예수가 아닙니다. 기독교는 허황된 종교이기 때문에 물러가고, 통일교회는 실질적인 종교이기 때문에 발전하는 것입니다. 사랑의 핵심은 어디서 찾느냐…. 완성된 남자가 가는 길 앞에는 여자를 만나야 할 필연적인 운명이 있어요. 즉 남자가 태어난 것은 여자를 만나기 위해서입니다. 그래서 남자 여자가 맞게 되어 있는데, 이것이 맞게 될 때 하나님은 언제나 벼락같이 임하는 것입니다. 하나님이 임재함으로 말미암아 비로소 우주 사랑의 핵심이 성립되는 것입니다. 세상에 제일 강한 영향권을 미치는 힘이 사랑의 힘입니다.

예수님이 죽지 않고 이상적 상대자를 만나 하나님과 하나된 그 사랑 가운데서 부부가 되어 직계 자녀를 낳았다면 오늘의 세계는 어떻게 되었겠습니까? 예수님의 직계 자녀가 태어났다고 하여 하나님이 노하시고 죄를 지었다고 하시겠습니까? 예수님의 후손이 탄생했다면 지금쯤이면 세계 인구의 상당부분이 예수님의 후손들로 이루어졌을 것입니다. 어쩌면 그 후손들로 인하여 오늘의 세계는 이미 천국이 이루어졌을지도 모릅니다.

하나님께서 한 타락한 인간을 구하는 것도 중요하다고 생각하시겠지만, 예수님 직계 자녀를 갖는 것과는 비길 바가 아닐 것입니다. 예수님이 장가를 갔으면 예수님의 아들딸은 하나님의 손자, 혹은 손녀가 됩니다. 하나님의 족속이 되는 것입니다. 어떤 사람은 예수님이 거룩한 하나님이라고 하는데 그야말로 미친 놈들입니다. 그들이야말로 사교 중의 사교입니다. 예수님이 우리와 같은 세인으로 와서 장가간다는데 뭐가 어째요? 그것에 대해 '오, 우리 거룩한 하나님이 장가를 가다니'하며 실망한다는 거예요. 왜? 장가를 가면 거룩하지 않아요? 남자나 여자나 제일 거룩한 것이 장가가고 시집가는 것입니다.

여러분, 생각해봐요. 어떤 부모에게 사랑하는 아들 딸이 있는데, 그 아들 딸이 다 성장해서 장가도 시집도 못 가고 죽었다면, 그 부모의 마음이 어떻겠습니까? 편하겠습니까, 안 편하겠습니까? 그 부모는 '아이구! 그 놈의 자식, 장가도 못 가고 죽었구나' 하면서 탄식할 것입니다. 그 부모는 자기가 해줄 수 있는 것이라면 몇천 배의 심정을 다해서라도 해주고 싶어할 것입니다. 이것이 부모의 마음입니다.

하나님도 마찬가지입니다. 예수님은 '내가 소원하던 상대적인 존재, 즉 내가 찾고 있던 참된 어머니의 모습은 이래야 된다'고 마음속에 신부의 형상을 그리면서 죽음의 고개를 넘어갔습니다. 온 마음에 사무치는 하나의 소원 즉, 성신을 그리면서 갔다는 것입니다.

예수님이 역사적 배후의 모든 저끄러진 걸 탕감할 수 있는 과정을 거쳐 가기 위해서는 어머니의 절대적인 지지가 필요했습니다. 갈릴리 가나 친척 잔칫집에서 그 어머니가 예수님에게 술이 없다고 했을 때 예수님이 '여인이여, 나와 무슨 상관이 있느냐'고 말한 것이 기분이 좋아서 한 거예요? '친척집 잔치에서 이 수작이 뭐야? 어머니 노릇도 못하면서…'하고 들이 간 것입니다. 그거 이해되지요? 예수님은 공적으로 선 사람이니 공적인 모든 규약을, 천법을 따라 결혼하게 되어 있지, 아무렇게나 만나서 사는 사내와 여편네같이 그냥 그렇게 할 수 없다는 겁니다. 역사의 방향에 조준해 맞춰야 되고, 그

섭리의 시대에 조준해 맞춰야 됩니다. 탕감복귀에 그것은 절대 필요하다는 겁니다. 그런 것이 맞지 않기때문에 예수는 결혼을 못한 겁니다.

그러면 예수님이 죽은 동기는 어디에 있느냐? 어머니 마리아가 예수를 장가 보내지 못한 데에 있습니다. 그래서 한이 맺힌 것입니다. 그래서 예수님이 갈릴리 남의 혼인잔치집에서 포도주가 모자란다고 말하는 마리아에게 '여자여 나와 무슨 상관이 있나이까'라고 때렸던 것입니다. 시시하다는 거예요. 자식이 가야 할 앞길은 닦아 주지 않고 무슨 수작이냐는 거예요.

예수님이 이스라엘과 유대교를 버리더라도 필요로 했던 것이 있었으니 그것이 바로 신부였습니다. 남자는 여자없이 존재할 수 없습니다. 예수님이 생애를 다하는 순간까지 이것을 이루지 못하셨기 때문에 예수님은 나는 신랑이고 너희들은 신부라고 했습니다. 그렇기 때문에 유대민족 4천 년 역사는 메시아를 맞는 신부를 준비하는 터전을 닦아 온 역사입니다.

예수님이 죽어가면서 신랑 신부의 인연을 갖고 온다고 했기 때문에 기독교는 2천 년 동안 신부의 단장을 해온 역사입니다. 오늘날 기독교에서 말하는 독생자는 어떤 의미를 가지나요? 또한 독생녀는 어디에 있나요? 예수님이 독생녀를 찾았다면 오늘의 섭리역사는 새로운 전환점을 맞이했을 것인데, 독생녀를 찾지 못했던 것이 역사적인 비극이기도 했습니다."_문선명

근래에 들어 예수님의 결혼이 엄청난 논란거리가 되고 있다. 영화 〈지저스 크라이스트 수퍼스타〉와 예수의 모독을 그려 신자들의 격렬한 항의를 받은 1980년대의 미국영화 〈예수의 마지막 유혹〉에서는 육체적 유혹과 싸우는 불안정한 예수의 모습을 보여준다. 여성에게 끌리는 예수는 약함의 상징으로 그려졌고, 대담하게 영화를 상영한 극장은 영화상영 반대 피켓을 높이 든 근본주의 기독교 시위대의 거센 항의에 직면하게 되었다.

한편《다빈치 코드》는 그보다 더 거센 반발을 불러왔다. 하지만 그런 반대에도 불구하고 공전의 히트를 기록했다. 소설《다빈치 코드》는 전 세계적으로 약 1억 부의 판매고를 올려서 저자인 댄 브라운을 역사상 가장 성공한 작가로 만들어 놓았다. 소설에 비해 영화는 그에 못미치는 결과를 낳았지만 그래도 전 세계적으로 7억 5천만 불의 수익을 올렸다.

종교학자인 미클러 교수가 〈다빈치 코드와 원리강론〉이란 논문을 통해 다음과 같이 밝혔다.

"《다빈치 코드》는 1년 만에 680만 부의 판매고를 기록하며 단숨에 베스트셀러로 자리잡았고,《다빈치 코드》의 효과로 이와 관련된 90여 종의 종교, 역사, 예술 분야의 책들도 그 판매고가 급상승했다.《다빈치 코드》의 전대 미문의 흥행은 그 소설의 완성도뿐만 아니라 그 안에서 다뤄지는 신학적 내용에도 기인한다.

《다빈치 코드》의 저자 댄 브라운은 스릴러 장르를 빌려 종래의 종교적 관념과는 대치되지만 시종 논리적인 전개를 유지했다. 특히《다빈치 코드》는 지난 2천 년간 정설로 믿어온 예수그리스도의 역사에 대한 뒤집기를 시도했다. 놀랄 필요도 없이 그 소설은 보수 기독교인의 반론을 촉발시켰다. 하지만《다빈치 코드》를 이단으로 몰아 세우려는 정통파 기독교는《다빈치 코드》의 논리에 매료된 대중문화 또는 적어도 대중과의 단절만 불러왔다."

"댄 브라운의 주장과 그 소설의 전환점을 가져온 것은 바로 예수의 감화로 회개한 막달라 마리아와 성배聖杯에 관한 정의였다. 성배는 인류역사상 가장 큰 보물로 여겨져서 그것의 발견을 위해 혈안이 되었던 것이었다. 성배는 전설, 전쟁, 일생을 건 모험을 야기시켜 왔다. 이 성배란 것이 단순한 컵이란 것이 말이 될까? 만약 그렇다면 예수가 썼던 가시면류관, 예수가 매달린 십자가, 나사렛 예수 유대인의 왕이라고 예수의 범죄사실을 기록해 예수의 머리 너머에 박아 두었던 알림판 등의 유물도 같은 가치를 지녀야 할 것이 아닌 가? 하지만 아직까지 그것은 그런 대접을 받지 못하고 있다.

소설《다빈치 코드》에 의하면 역사적으로 성배는 가장 특별하게 취급되 어져 왔다. 문자 그대로 컵으로서 성배를 받아들이는 대신《다빈치 코드》에 서는 '여성다움을 상징하는 고대의 상징'으로 성배를 규정하며, 컵이나 용기 를 닮았고, 보다 결정적으로 여성의 자궁을 닮아서 여성, 여성다움, 번식을 나타낸다고 했다."

2012년에 하버드신학부 교수 캐런 킹이 국제학회에서 예수가 직접 '나의 아내'라고 언급한 이집트 파피루스 조각을 공개함으로 다시 예수결 혼에 관한 논란에 기름을 붓게 된다. 캐런 킹 교수는 그녀가 공개한 이집 트 토착어인 콥트어 문서 파편에 예수의 아내복음이라는 이름을 붙였다. 그 복음에는 "예수께서 그들에게 말씀하시길, 나의 아내…"라는 구절이 포 함되어 있었다. 그 파편 위에 쓰여진 문장은 아마 2세기경에 그리스어로 쓰여진 복음을 4세기경에 번역한 것으로 보인다. 바티칸에서 발행하는 일 간신문인 〈로세르바토레 로마노L Osservatore Romano〉를 통해서 즉각 예 수의 아내복음은 위조품이라고 비난했지만, 그 진위 여부와 정통이냐 이 단이냐의 논쟁은 계속되고 있다. 하지만 질문의 핵심은 '예수가 결혼했다' 라는 견해가 기독교의 강력한 반발에도 불구하고 왜 현대사회에서 그토 록 엄청난 반향을 불러일으키냐는 것이다. 무엇때문에 2천 년 전에 죽은 사람의 결혼문제에 모두 마법에 걸린 것처럼 폭발적인 관심을 가지는 걸 까? 고위층의 스캔들에 목말라서? 아니면 정통적으로 그려진 예수님의 생 애가 진실이 아닐지도 모른다는 불편한 직감 때문일까?

{ 창녀 막달라 마리아 }

"어찌하여 기독교 가운데 막달라 마리아의 이름이 남아졌습니까? 천추만대에 그의 이름이 전하여 내려오는 것은 무엇 때문입니까? 그것은 예수님께서 그의 이름을 소개하라고 하셨기 때문입니다. 한낱 창녀의 몸으로서 3백 데나리온(당시 노동자 일당이 1데나리온)이나 되는 향유를 총각 예수의 발에 붓고, 머리로 닦았다는 사실을 어느 누가 용납하겠습니까? 제자들까지 비웃고, 가룟 유다가 항의하고, 전체가 반대하는데 예수님은 어찌하여 복음이 소개되는 곳에 막달라 마리아의 이름이 기념될 것이라고 하셨습니까? 그 순간 막달라 마리아가 예수의 발에 부은 향유는 자신의 모든 것을 하나님께 다 바친 것과 같은 조건이 되었기 때문에 그렇게 말씀하셨던 것입니다.

　　예수께서 겟세마네 동산에서 하늘을 향해 호소할 때, 그 음성을 듣지 못하고 졸고 있던 세 제자의 모습과, 막달라 마리아가 예수님의 천적天的인 가치를 알고서 그분의 발에 향유를 붓고 자신의 머리카락으로 닦아드림으로써 부활하실 주의 영광을 확인해 드릴 때, 그 마리아의 행위를 비웃고 막아선 제자들의 모습을 대하신 그 심정이 예수의 원한이 되었음을 오늘날까지 예수를 따르는 성도들은 모르고 있습니다. 예수 그리스도께서는 아무도 알아주지 않는 외로운 길을 가시면서 서러운 심정을 느끼셨습니다. 그런데 막달라 마리아만은 그런 예수님을 위로하고 염려하면서 과거와 현재와 미래를 대신한 예수님의 천적인 내적 심정을 체휼할 수 있었기 때문에 예수님은 그녀에게 축복을 내리셨고, 환희의 은사로 그녀를 하나님의 뜻 앞에 세우실 수 있었던 것입니다.

　　그러면 돌아가신 예수의 무덤을 찾아간 사람은 누구였나요? 그 사람은 비록 인간들이 보기에는 미약한 존재였던 막달라 마리아였습니다. 이 고을에서 쫓기고, 저 고을에서 비난받고, 가는 곳곳에서 조소를 일신에 받고 다니던 총각 예수를 누구보다도 더 사랑하는 마음을 가지고 따르던 마리아였습니다. 이런 간곡한 마리아 앞에 예수는 부활의 몸으로써 나타났으니 이는 끝날에 전 세계 기독교인들에게 그들의 갈 길을 보여준 표상인 것입니다.

그 막달라 마리아는 어떤 생활을 했나요? 예수를 사랑하기에 입을 것, 먹을 것 전부 잊고서 일편단심 그만을 위하여 살았습니다. 생사를 초월하고 체면을 생각지 않고 따르던 그녀의 행로는 끝날의 성도들이 걸어야 할 노정이었던 것입니다. 만일 지금도 이 땅 위에 막달라 마리아와 같은 심정을 지니고 있는 사람이 있을진대 그 사람의 눈에는 하나님의 6천 년 섭리에 어린 눈물이 감돌 것이요, 하늘 앞에 무한히 빚진 자신임을 알게 될 것입니다.

그러나 십자가에 돌아가신 후에 부활하신 예수님은 막달라 마리아가 붙들려 할 때 배척하던 분이었고, '신부여! 나와 더불어 아버지 앞에 갑시다'라고 할 수 있는 자리를 거치지 못한 분이었습니다. 그렇기 때문에 2천년 동안 신부의 자리를 찾는 그날을 바라보면서 수고해 나오셨습니다. 예수님은 원래 환희라는 신부와 더불어 아버지 앞에 나아가 축복을 받고 참부모가 되어야 했습니다. 그리하여 참다운 자식을 품고, 참다운 종족, 참다운 민족을 건설하여야 했던 것입니다. 이와 같이 하나님께서는 예수님을 이 천지에 참다운 조상이 되라고 축복하려 했습니다. 그러나 예수님은 인류의 참 조상의 입장에서 축복을 받지 못하고 가셨던 것입니다. 이것을 여러분들은 잘 알고 있습니다. 이것이 하늘의 슬픔이요, 예수님의 슬픔입니다.

예수님은 12제자 가운데 특히 가룟 유다를 사랑하셨습니다. 이 유다를 하나님의 뜻을 이루는데 협조할 수 있는 한 상대존재相對存在로서 세워 하나님의 근본적인 뜻을 이루려고 계획하셨습니다. 그런고로 유다의 부인을 해와격의 존재로서 취하여서 하나님의 뜻을 세우게 함이었습니다. 그때 막달라 마리아는 예수의 뜻을 절대로 믿었던 동시에 가룻 유다의 애인격으로 있었습니다. 그래서 예수는 유다 부인인 막달라 마리아를 해와격으로, 사탄이 해와를 빼앗아 낸 모양으로 유다의 부인을 빼앗아서 하나님의 뜻을 이루려고 하셔서 가룻 유다에게는 막달라 마리아를 주어 대신하게 하려고 하셨습니다. 예수는 이 해와와 같은 유다 부인을 택하여서 섭리를 시작하였던 것입니다. 당시 유다만 완전히 믿음과 순종으로 예수님을 받들어 모셨더라면 하나님의 뜻이 성사되는 기본을 세울 수 있는 바이었습니다. 하지만 가룻 유다는 이에 불만을 품고 역사상 드물게 자기 스승을 은 삼십냥에 팔고 원수들과 결탁하여 파괴적 행동으로 나아가게 되었습니다."_문선명

{ 예수님의 십자가 죽음은 예정이 아니라 차선책 }

역사적으로 풀리지 않는 수수께끼가 있다. 성경에 의하면 하나님께서는 예수님 탄생 4천 년 전부터 메시아를 영접하기 위해 아브라함의 후손으로부터 선민을 택해 지극정성으로 준비하셨다. 하나님은 그들을 보호하셨고, 양육하셨다. 동시에 여러 시련과 시험을 통해 그들을 연단시키셨다. 하나님은 그 선민들에게 선지자들을 보내 격려하시고, 힘을 불어넣어주시며, 장차 메시아를 보내줄 것을 굳게 약속하셨다. 하나님은 성막과 성전을 짓게 하셔서 메시아를 맞을 준비를 시키신 동시에 굳건한 믿음을 중심으로 하나가 되게 훈련시키셨다. 성막과 성전은 메시아를 대신하는 것이었다. 하나님은 이들이 메시아를 맞이하게 준비시켰고, 실질적으로 이스라엘에서는 메시아 강림에 대한 열망이 뜨거웠다. 때가 이르러 하나님은 약속대로 예수그리스도

를 선민 앞에 보내셨다. 그런데 무슨 일이 벌어졌는가? 그들은 예수님을 거부하고 거역하고 결국 십자가에 못박았다. 예수님이 십자가에서 돌아가신 것이 하나님이 그토록 바라시던 일이었을까?

예수님이 탄생하셨을 때, 양치는 목자와 안나와 동방박사 세 사람을 통해 알려주셨다. 동방박사로 잘 알려진, 아마도 조르아스터교의 사제 3명이 기이한 천문현상의 인도함을 받아 아기예수의 탄생을 축하하러 이스라엘에 왔다. 오늘날 기독교인들은 아기예수는 태어나자마자 하나님의 지혜를 가져서 외부의 도움이 전혀 필요없었다고 여긴다. 비록 예수님이 하나님과 교통하실 수 있었지만, 예수님도 다른 사람처럼 성장과 교육이 필요했다. 동방박사 세 사람은 예수님에게 반석 같은 기반을 선사할 수도 있었다. 하지만 그들은 아기예수의 더리맡에 준비한 예물인 황금과 유황과 몰약을 남겨놓고 도망가다시피 떠났다. 왜냐하면 이스라엘에 자신을 대신한 새로운 왕이 태어나는 것을 원하지 않았던 헤롯왕의 노여움을 살까 두려웠던 것이었다. 아기예수는 동방박사가 준비한 예물을 받는데 그치는 것이 아닌 어린 왕이든 늙은 왕이든 고문이 있어 왕에게 자문을 해주듯, 그들의 도움이 필요했다.

전통적으로 기독교에서는 세례요한을 성자로 추앙하고 있고, 전 세계에 세례요한 침례교회가 있다. 하지만 문 목사님은 예수님의 십자가 죽음의 가장 근본적인 원인 중 하나가 세례요한이 무조건 예수님을 믿는 것에 실패한 것이라고 밝힌다.

특히 세례요한에 대해서는 누가복음 1장(천사가 사가랴에게 이르되 사가랴여 무서워하지 마라. 너의 간구함을 들어 네 가내 엘리사벳이 아들을 낳으리니 그 이름을 요한이라 하여라 : 13절)에 나타난 것처럼 그가 잉태孕胎될 때 천사天使가 나타나서 증거한 사실을 유대인들이 다 알고 있었고, 그가 출생할 때에 되어진 기사奇

事는 당시 유대 성중城中을 크게 놀라게 하였다. 뿐만 아니라 광야에서의 그의 수도생활은 모든 유대인들로 하여금 그가 메시아가 아닌가 생각하게 할 정도로 놀랄 만한 것이었다. 하나님이 이렇듯 위대한 세례요한까지 보내시어 예수님을 메시아로 증거하게 하셨던 것은, 두말할 것도 없이 유대인으로 하여금 예수님을 믿게 하기 위함이었던 것이다.

따라서 세례요한이 예수를 메시아로 증거하면 유대교인들은 믿게 되어 있었다. 때문에 세례요한이 예수와 하나됐더라면 예수가 죽지 않을 수 있는 길이 생겨날 수 있었다는 것이다. 이스라엘 사람들은 성경을 문자 그대로 믿기 때문에 예수를 못 받아들이지만 메시아로 증거한 세례요한은 죽더라도 메시아를 위하여 죽을 수도 있었다.

그렇다면 세례요한은 진정 예수를 믿었을까? 헤롯왕의 연애 사건에 관계했다가 옥에 들어가 죽게 되는 자리에 이르게 되었을 때 두 제자를 보내서 묻기를 "오실 그이가 당신이오니까, 아니면 우리가 다른 이를 기다리오리이까?"한 것이다. 이렇게 질문한 걸로 볼 때 믿었단 말인가? 이것이 과연 하나님의 아들로 예수님을 증거했던 세례요한이 할 수 있었던 질문이었을까? 요한복음 1장 34절에 나타난 것처럼 "내가 보고 그가 하나님의 아들이심을 증거한다"고 선포했던 그 사람이 그 입으로 예수님에게 "당신이 정말 메시아입니까? 아니면 우리가 가서 다른 이를 찾아야 하나요?"라고 어처구니 없는 질문을 던진다. 얼마나 예수님의 가슴을 갈기갈기 찢어놓는 질문이었을까? 세례요한의 믿음의 크기를 짐작할 수 있는 대목이다.

세례요한을 선지자로 알고 믿고 있는 유대교 신자들이 전부 다 예수와 하나 되었다면 누가 예수를 잡아 죽이겠는가? 그렇게 됐으면 세례요한이 예수님의 수제자가 되고, 고위층 사람들이 예수님의 사도가 되고, 제자들이 되는 것이다. 발바닥과 같은 어부들이 예수님의 제자가 될까? 베드로와 같은 무식장이들과 세리와 창녀들이 예수님의 제자가 되는 것이 하나님의 뜻인가? 예수님을 증거하고 따르라고 하나님이 세례요한을 세우셨는데 헤롯왕의 연애사건에 휘말려 죽음을 맞이했다. 이런 하찮은 연애사건에 휘말리는 것이 세례요한의 사명이 아니라 하나님의 아들인 예수님을 잘 모시고 따르는 것이 그가 하나님께 부여받은 사명이었다. 하지만 그는 그의 성스러운 사명을 저버리고 의미없는 죽음을 맞이했다. 고통스러운 일이지만 진실은 사실 그대로 밝혀져야 한다.

아울러 사도들이 예수님의 죽음에 대하여 공통적으로 느낀 뚜렷한 하나의 정념情念이 있었으니, 그것은 그들이 예수님의 죽음을 억울하게 여김으로써 분개하고 서러워했다는 것이다. 사도행전 7장 51절에서 53절에는 다음과 같은 대목이 나온다. "목이 곧고 마음과 귀에 할례를 받지 못한 자들아 너희도 너희 조상과 같이 항상 성령을 거스르는구나. 너희 조상들이 선지자들 중의 누구를 박해하지 아니하였느냐? 의인이 오시리라 예언한 자들을 그들이 죽였고 이제 너희는 그 의인을 잡아준 자요 살인한 자가 되었구나!" 이와 같이 그들은 예수님을 십자가에 내어준 유대인들의 무지와 불신을 통분히 여겼으며, 그들의 행위를 패역무도悖逆無道한 것으로 여겨 저주하였다. 그뿐 아니라 오늘에 이르기까지 모든 기독교 신도들도 공통적으로 당시의 사도들과 같은 심정으로 내려왔던 것이다.

만일 예수님의 죽음이 하나님의 예정에서 온 필연적 결과였다면, 사도들이 그의 죽음을 서러워하는 것은 피할 수 없는 인정이겠지만, 하나님의 예정대로 이루어진 그 섭리의 결과에 대해서 그렇게 분개하고 저주했을 리 없는 것이다. 이것으로 보아 예수님은 온당치 않은 죽음의 길을 걸어가셨다는 것을 짐작할 수 있는 것이다.

다음으로 우리는 예수님 자신의 언행으로 보아 그의 십자가의 죽음이 과연 메시아로 오셨던 그 원래 목적을 이루기 위한 길이었던가 하는 것을 알아보기로 하자. 예수님은 제자들이 어떻게 하면 하나님의 일을 할 수 있을 것인가고 물었을 때, 하나님의 보내신 자를 믿는 것이 하나님의 일이니라고 대답하셨다. 예수님은 또 유대인들의 배신행위를 가슴 아프게 생각하시고 호소할 곳이 없어 예루살렘성을 바라다보고 우시면서, 하나님이 2천 년 동안이나 애쓰시며 사랑으로 이끌어온 이스라엘 선민은 두말할 것도 없고 이 성마저 돌 하나도 돌 위에 남겨지지 않을 정도로 멸망해 버리고 말 것이라고 저주하시면서, 이는 권고받는 날을 네가 알지 못함을 인함이니라(누가복음 19장 41절~44절)고 명백히 그 무지를 지적하셨던 것이다.

그뿐 아니라 예수님은 "예루살렘아 예루살렘아 선지자들을 죽이고 네게 파송된 자들을 돌로 치는 자여 암탉이 그 새끼를 날개 아래 모음같이 내가 네 자녀를 모으려 한 일이 몇 번이냐 그러나 너희가 원치 아니하였도다"라고 하시어 그들의 완고와 불신을 한탄하셨던 것이다. 그는 또 "나는 내 아버지의 이름으로 왔으매 너희가 영접지 아니하나라고 서러워하시면서, 이어 모세를 믿었더면 또 나를 믿었으리니 이는 그가 내게 대하여 기록하였음이라"고도 말씀하셨던 것이다. 예수님의 불의의 죽음 후 불과 몇십 년 후에 이스라엘은 사라졌고, 유대인은 세계로 흩어져 살게 되며 예수님의 예언대로 되었던 것이다.

뿐만 아니라 십자가에 예수님이 돌아가시는 것이 하나님의 뜻을 이루는 것이라면, 십자가에 잡아 죽이게 한 가롯 유다를 칭찬하여 상을 주어야 될 텐데 '그 사람은 차라리 나지 아니하였더면 제게 좋을 뻔하였느니라'는 말씀을 어떻게 해석해야 하나? 또한 십자가에서 운명하시면서 '나의 하나님, 나의 하나님, 어찌하여 나를 버리셨나이까'라고 하신 예수님의 말씀은 어처구니 없는 기도이다. 십자가에서 돌아가시는 것이 본래의 사명이라면 '오,

내 때가 왔고, 내가 하나님의 뜻을 이룰 수 있는 시간이 왔다'고 하며 감사 기도를 해야 될 것인데도 불구하고 이와 같은 기도를 한 것을 보면, 예수 님의 뜻이 하나님의 뜻과 엇갈린 일면이 있었다 하는 사실을 알 수 있다.

따라서 예수님의 죽음은 예수님 당시 사람들의 무지와 불신에서 비롯 된 불행한 결과라는 결론을 내릴 수 있다. 이것은 예수님께서 십자가 상에 서 마지막으로 하신 말씀인 '하나님 아버지 저들이 몰라서 저지른 일이니 저들을 용서하십시오' 속에도 잘 드러나 있다. 하나님이 만약 처음부터 예 수님의 십자가 죽음을 예비하셨다면 그 길을 당연시하며 받아들였을 것이 다. 성경의 내용을 헤쳐 보면 이해하지 못할 내용이 많지만, 죽지 않을 예수라고 생각하면서 보게 되면, 겟세마네 동산에서 세 번씩이나 '아바 아 버지여, 할 수만 있으면 이 잔을 나에게서 지나가게 하시옵소서. 그러나 내 뜻대로 마시옵고 아버지의 뜻대르 하시옵소서'라고 한 이 기도의 내용 을 알 수 있는 것이다.

기독교인들은 이것은 예수님이 육을 가졌기 때문에 죽음의 고통을 생 각해 가지고 올린 기도라고 하는 터무니 없는 주장을 한다. 천만의 말씀이 다. 만일에 예수님이 십자가에서 안 돌아가시게 되면, 이스라엘이 망하지 않을 것이고 유대교도 망하지 않을 것이고 그 다음엔 기독교가 생겨 기독 교인이 2천 년 동안 피 흘리는 역사가 없겠지만, 죽으면 나라가 망하고 유 대교가 비참해지고 기독교가 피 흘리는 역사를 거치게 될 것을 생각하면 서, 그러한 역사적 배경을 가지고 기도했다는 사실을 우리는 알아야 된다.

예수님의 사명 중 가장 중요한 것은 어린양 잔치를 하시어 신부를 맞 이하시는 것이었다. 그래서 에덴동산에서 타락하지 않은, 하나님의 본연 의 뜻 가운데서 완성한 남자와 여자로서 부부의 전통을 세우고, 참된 부모 로부터 가정적 전통을 세우는 것을 소망했던 것이지, 십자가의 죽음으로 혼자 승천하시는 것이 아니었다. 금의환향을 소망했던 것이다.

　세계의 기독교인들은 예수님 당시에 무슨 일이 벌어졌는지를 깨닫지 못하고 있다. 만약 하나님이 그의 아들을 십자가에 못박혀 죽게 보내신 것이 유일한 목적이시라면, 무엇 때문에 이스라엘 민족을 몇천 년 동안 준비시켰을까? 불신자들이나 야만인들 속에 예수님을 보내 빨리 죽게 하면 구원도 더 빨리 이루어져서 더 쉬운 일이 아니었을까? 예수님의 십자가 죽음에 대한 확신이 바로 기독교의 토대가 되었다. 하지만 이런 잘못된 믿음이 바로 지난 2천 년간 또다시 하나님의 가슴에 못을 박는 일이 되었던 것이다. 아담이 타락했을 때 하나님의 가슴은 찢어졌었고, 또다시 갈보리 산에서 예수님이 못박혔을 때 하나님의 가슴은 천 갈래 만 갈래로 갈갈이 찢겼다.

　기독교인들은 예수 그리스도의 십자가의 대속代贖으로 구원이 완성되었다고 생각한다. 아무리 잘 믿는 부모라 할지라도 구주의 대속함이 없이 천국으로 갈 수 있는 원죄 없는 자식을 낳을 수 없는 것으로 보아, 우리는 그 부모가 여전히 자식에게 원죄를 유전하고 있다는 사실을 알 수 있다.

　십자가로 인한 속죄의 한계는 어느 정도인가 하는 것이 문제가 되지 않을 수 없다. 2천 년의 기독교 역사에서 얼마나 많은 사람이 십자가의 대속을 입었던가? 하지만 현실적으로 죄없는 개인, 가정, 사회가 구현된 적은 없다. 게다가 기독교 정신은 점차 쇠퇴되어 가고 있다. 십자가 대속으로 인한 완벽한 구원과 현실사이의 괴리는 어떻게 극복할 것인가?

　예수님이 십자가에 돌아가게 된 것은 하나님이 예정한 기정 사실이 아니라 모든 기반을 잃고 할 수 없어진 하나님은 차선책으로 영적 구원만이라도 성립시킬 수 있는 길을 닦지 않으면 안 되었던 것이다. 그래서 예수님을 십자가에 돌아가게 함으로 말미암아 영적 구원의 길을 열 수 있게 되었다는 것이다.

그러면 그것은 과연 언제 결정했을까? 누가복음 9장 30절 31절을 보면 '모세와 엘리야가 변화산상에 나타나 가지고 장차 예수께서 예루살렘에서 돌아가실 것을 말하니라'고 되어 있다. 언제 결정했느냐 하면 변화산상에서 십자가에 돌아갈 것을 결정한 것을 알아야 된다. 오늘날 기독교인들은 마태복음 16장 23절에서 하신 말씀, 예수님께서 예루살렘에 올라가서 죽을 것을 말할 때에 베드로가 '선생님이여, 그리 마시옵소서' 하니까 베드로에게 '사탄아 물러가라' 한 이 말씀을 두고, '이거 보라구. 죽으려는 예수를 죽지 말라고 하는 베드로에게 사탄이라고 한 것을 보면 틀림없이 죽으러 왔지'라고 말하는데 이미 변화산상에서 예수님이 십자가에 돌아갈 것을 결정한 후에 이와 같은 말을 하니 하나님의 뜻이 아닌 것을 아시는 예수님은 이렇게 베드로를 책망할 수 밖에 없었다.

십자가에 돌아가는 그 자리는 이스라엘 나라와 유대교를 잃어버리는 자리요, 12사도가 배반하는 자리요, 오른편까지 같이 죽어가는 자리인 것이다. 여기는 다 잃어버린 자리인 것이다. 따라서 기독교는 그 십자가로 시작된 것이 아니다. 부활한 후 40일을 중심 삼은 그 기간 내에 다시 제자들을 모아 오순절 이후로 기독교의 새로운 출발이 형성되었다. 따라서 기독교는 십자가의 도리가 아니라 부활의 도리라는 것을 오늘날 우리는 몰랐다. 십자가로 말미암아 육적 세계의 나라와 모든 국가를 잃어버렸지만, 부활로 말미암아 영적 세계의 출발을 이루어 여기서부터 기독교가 출발했기 때문에 기독교는 영적 천국을 바라고 나오는 것이다.

문선명 목사님은 1935년 부활절 새벽, 평안북도 정주의 묘두산 자락에서 기도하던 중 예수님의 계시를 받았다. 즉 하나님의 뜻인 인류구원의 사명을 완수해 달라는 것이었다. 문 목사님은 '하나님의 뜻으로 본 환태평양시대의 사관'에서 예수님에 대해 다음과 같이 소상히 설명하고 있다.

"하나님의 아들이요 구세주 메시아로 오셨던 예수님이 준비되었던 유대 교단과 당시 교계 지도자들로부터 반대를 받다가 급기야 십자가에 처형 당하신 것은 인류역사에 있어 가장 비극적인 사건입니다. 예수님은 제2 아담으로서 하나님을 중심한 이상가정의 모델을 성취하여 모든 인류를 접붙여주셔야 했던 것입니다. 로마를 거쳐 서구문명의 바탕이 되어 대서양과 태평양 문명권의 중심핵을 이루고 있는 기독교는 다시 오시는 재림주님을 위한 신부적 기반인 것을 이해해야 합니다. 기독교인들은 하나님의 뜻을 펼쳐보지도 못하고 십자가에 몰리신 예수님의 서러운 심정세계를 이해해야 할 것입니다. 본인의 가르침을 통하여 예수님의 사명과 십자가로 인한 구원의 한계, 그리고 다시 오셔야 하는 이유 등이 명백하게 밝혀져 있습니다."

문 목사님은 1974년도에 미국에서 행한 설교인 '기독교의 새로운 장래'에서 다음과 같이 밝히고 있다.

"타락을 땅에서 했고 땅에서 맺혔으니 땅에서 풀어야 된다. 예수님께서 우리에게 이르시기를 뜻이 하늘에서 이루어진 것 같이 땅에서도 이루어지도록 기도하라고 하셨다. 즉 땅이 문제라는 것이다. 그렇기 때문에 구세주는 이 땅으로 반드시 다시 오셔야 한다. 2천 년 전에 예수님께서는 메시아로서 하나님 나라 건설을 위해 오셨다. 하지만 선택받은 민족인 이스라엘의 배신으로 그 뜻은 좌절되었다. 어쨌든 하나님은 당신의 뜻을 성취하시려고 결심하셨다. 따라서 하나님은 구세주를 다시 보내시겠다고 약속하셔서 오늘날 우리는 재림주를 기다리고 있다. 재림주님이 다시 오시는 목적은 2천 년 전 예수님이 오셨을 때와 같다. 바로 태초에 하나님께서 이상하셨던 나라로의 복귀이다. 그것이 바로 하나님의 단 하나의 목적이고 뜻이다.

예수님께서 돌아가시고 나서 대략 2천 년이 흘렀다. 하나님은 지금 그의 아들을 3차 아담의 자격으로 다시 보낼 준비가 되셨다. 하나님의 참된 사랑을 중심한 결혼식을 통해 아담과 해와를 축복시켜서 이 땅에 천국건설 토대를 놓으시려고 했던 하나님의 숙원섭리가 세 번째로 시도되는 것이다. 기독교 성경 말씀의 결론은 요한계시록에 예언된 어린양잔치로 신랑 신부가 만나는 것이다. 재림주가 바로 그 양 즉, 완성한 아담이다. 구세주는 완성한 아담으로 오시고, 완성한 해와를 복귀하여 인류최초의 참부모가 되는 것이다."

예수와 문선명

스탈링스 대주교 : 2만 명 성직자로 구성된 미국종교지도자협의회ACLC American Clergy Leadership Conference의 의장이다.

먼저 하나님께 영광을 돌립니다. 오늘 저녁 한국의 형제자매들을 만나게 되어 감사드립니다. 저는 기독교 지도자로서 오늘 미국이 성령의 역사로 불타오르고 있음을 여러분 앞에서 증거하고자 이 자리에 나왔습니다.

하나님의 '기름 붓는 은사'가 우리들에게 임하고 있습니다. 우리의 참부모 되시는 문선명 목사님 양위분이야말로 우리 모두가 예수 그리스도의 실체와 하나 돼야 한다는 메시지를 가지고 오신 분이며, 예수 그리스도로부터 A를 셋이나 받은 분들입니다. 기름부음을 받은Anointed, 사명을 직접 전수받은Appointed, 그리고 실제 삶을 통해 확증을 받은Approved은 모두 'A'로 시작되는 말들인 것입니다.

많은 사람들에게 문선명 목사님이 재림주라는 소문 때문에 논란의 대상이 되고 있음을 듣고 있습니다. 문선명 목사님 양위분께서는 최근 미국에

1부 천상의 사랑 131

서 하나님의 복음전파 순회를 50개 주 전역에서 펼쳤습니다. 모든 미국의 신문들은 문 목사님이야말로 모든 교파를 하나로 묶어주는 분이며 '부모와 자식이 함께 하는 가정이야말로 천국의 모델이요, 전형'이라고 선포하신 말씀을 일제히 보도했습니다.

저는 오늘 여러분께 문 목사님이야말로 메시아 즉, 구세주라는 것을 천명하기 위해 이 자리에 섰습니다. 저는 로마 바티칸에서 5년 동안 신학공부를 했는데 그때 우리는 의무적으로 히브리어를 배워야 했습니다. 히브리어로 '메시아'라는 말은 '기름부음을 받은 자'라는 뜻입니다.

여러분! 문 목사님이야말로 기름부음을 받은 자입니다. 여러분도 열심히 기도하고, 진지한 태도로 문 목사님의 말씀을 경청하면, 그분이 하늘로부터 기름부음을 받은 자라는 것을 느끼게 될 것입니다. 다시 말씀드리지만 문 목사님이야말로 메시아이십니다. 하늘의 기름부음을 받으신 분이기 때문입니다. 저는 확인했습니다. 우리의 참부모 되시는 문 목사님 양위분이야말로 예수님과 성신으로부터 기름부음을 받으신 분으로서 인류에게 하나님의 혈통을 전수해주시는 분인 것입니다.

태초에 에덴동산에서 바로 이것 즉, 하나님의 혈통을 잃어버렸습니다. 불륜한 사랑관계를 맺음으로써 인류의 조상인 아담과 해와는 하나님의 자녀된 혈통을 버리고 악마의 혈통을 받아 악마의 자식들이 되고 말았습니다. 그들은 아버지되는 하나님을 잃어버렸고 더불어 신성을 잃고 말았습니다.

문 목사님은 오늘 이 시점에 인류에게 하나님의 혈통을 전수해주는 사명을 하나님으로부터 받았습니다. 시편 82편 6절을 보면 '너희들이 신이다'라는 말이 있습니다. 문 목사님께서는 우리가 차지할 올바른 자리를 찾아주고 계십니다. 우리는 하나님의 성전이요, 따라서 그 속에 하나님의 성령이 함께 해야 하는 그런 자리입니다. 우리는 작은 하나님들입니다. 성경의 창세기를 보면 하나님께서는 인간을 그의 형상으로 창조하시되 남자와 여자를 지었다고 돼 있습니다. 우리 자신들이 하나님의 형상을 따라 작은 하나님들이 되고자 한다면, 우리는 하늘이 주시는 성스러운 결혼을 통해 핏줄을 바꿔야 할 것입니다.

저는 제 인생이 정말로 바뀌게 됐음을 고백합니다. 문 목사님 양위분의 가르침 속에서 저는 제가 하나님의 형상된 모습이 되기 위해서 먼저 저의 신부를 찾아야 한다는 것을 깨달았습니다. 저는 제가 참부모님 양위분께 제 아내를 찾아달라고 부탁드렸던 사실을 여러분 앞에 자랑스럽게 고백합니다. 많은 기도와 하나님의 가호하심에 의해 저는 아내를 맞게 됐습니다. 제 아내의 이름은 '사요미 가미모토'입니다. 저는 하나님께서 저를 위해 그 여자를 택해주셨다고 믿고 있으며, 우리는 금년 5월 27일 미국 뉴욕에서 거행된 국제합동결혼식에 참석해 엠마누엘 밀링고 대주교를 위시하여 60쌍의 초종교 지도자들과 함께 축복을 받았습니다.

우리는 참부모 되시는 문선명 목사님 양위분이야말로 하늘로부터 기름부음을 받은 자요, 사명을 받은 자요, 인정을 받으신 분임을 믿습니다. 하늘은 두 분을 통해 참가정을 이루고 참부모로 찾아 세워 이 지상 위에 천국을 세우고자 하시는 것입니다. 하나님의 축복이 여러분과 여러분의 가정에 함께 하시기를 바라면서 말씀을 마치고자 합니다. 감사합니다.

5장

인류를 위한
참부모

우리가 얼마나 오랫동안 기다렸든 상관없이 그가 유럽으로 오는 일은 절대로 없을 것이다.
그는 아시아에서 온다. 헤르메스에서 위대한 연합이 탄생될 것이다.
그는 동양의 모든 왕을 능가할 것이다. 태양의 나라는 위대한 메시아의 법을 간직할 것이다.
새로운 영적 지도자는 동쪽에서 올 것이다.

노스트라다무스

2006년 천정궁 박물관 개관식이 몇천 명의 해외귀빈이 운집한 가운데 거행되었다. 미국의 백악관을 옮겨놓은 듯한 분위기를 연출하는 이 박물관은 해발 600여 미터의 상반부에 위치해 있는데 수려한 풍광을 자랑한다. 이 아름다운 곳은 미국의 백악관과 같이 각종 통일교회의 공무와 공식행사가 열리는 통일교회 역사박물관이자 평화박물관이다. 천정궁 박물관 개관이래 무수한 국가수반, 장관, 세계종교의 수장, 과학자, 학자, 노벨상 수상자, 참전용사, 운동선수, 그리고 예술가 등이 문선명 한학자 총재 양위분으로부터 상담, 조언, 협조 등을 구하러 방문했다.

　그 방문자 중에서 폴란드의 바웬사 전 대통령, 아리아스 코스타리카 전 대통령, 케냐의 환경운동가 왕가리마타이는 노벨평화상 수상자들이다. 그들은 또한 통일교회에서 지원하는 국제회의나 개인적인 차원에서 두 분의 손님이었다는 공통점도 있다. 히딩크와 펠레의 공통점은 둘다 축구광이자 뛰어난 축구선수란 점이다. 그리고 또 하나의 공통점은 문선명 총재님에 의해 만들어진 피스컵 축구대회에 적극적으로 관여해 왔었다는 점이다. 펠레는 그분의 당부 "축구협회가 세계에서 가장 큰 조직으로 평화의 메시지를 전파하는데 매우 중요한 역할을 하기 때문에 펠레 선수 당신은 세계평화 수행을 위해 막중한 책임을 지고 있어요"를 잊지 못한다고 했다.

불과 60여 년 전에 피난민으로서, 미국이 버렸던 식료품 박스로 토담집을 지어 살던 사람이 있었다. 그런 사람이 어떻게 이런 엄청난 세계적인 지위를 얻고 주목을 받게 되리라고 상상이나 할 수 있었을까? 통일교회의 신앙적 관점에서 보면 문 목사님의 성공은 단순히 똑똑해서 얻어진 것이 아니다. 인간에 대한 통찰, 카리스마, 창의성, 조직관리 및 사업의 천재성이 바로 문 목사님 성공의 바로미터이다. 문 목사님은 하나님에 의해 선택되셨다. 그리고 이 시대에 하나님의 축복이 세상에 연결되는 하나님의 대신자로 정하셨다. 《원리강론》 서론에서는 다음과 같이 언급되어 있다.

"하나님은 이미 이 땅 위에 인생과 우주의 근본문제를 해결하게 하시기 위하여 한 분을 보내셨으니, 그분이 바로 문선명 선생이시다. 이분은 수십 년을 두고 역사 이래 어느 누구도 상상조차 할 수 없었던 광대한 그 무형세계無形世界를 헤매시면서 하늘만이 기억하시는 진리 탐구를 위한 피어린 고난의 길을 걸으셨다. 인간으로서 걸어야 할 최대 시련의 길을 다 걷지 않고는 인류를 구원할 수 있는 최종적인 진리를 찾을 수 없다는 원리를 아셨기에, 선생은 혈혈단신으로 영계靈界와 육계肉界의 억만 사탄과 싸워 승리하신 것이다. 그리하여 예수님을 비롯한 낙원의 수많은 성현들과 자유로이 접촉하시며, 은밀히 하나님과 영적으로 교류하는 가운데 모든 천륜天倫의 비밀을 밝혀내신 것이다. 어둠길을 헤매던 수많은 생명들이 세계 도처에서 이 새로운 진리의 빛을 받아 소생蘇生해 가고 있다."

문선명 목사님은 1920년 북한의 평안북도 정주군 덕언면 상사리에서 출생하셨다. 자라면서 인간의 상태에 대해 명확이 인식하였고, 평화로운 세계를 창조하는데 실패한 인간을 바라보게 된다. 그는 인류가 왜 고통을 받고 있는지 이해하려고 몸부림쳤고, 그 고통을 종지부 찍을 해법을 찾기 위해 매진했다. 그는 기독교 가정에서 양육되었기에 종교가 행복한 인생과 이상세계를 열어주고, 하나님을 경외하고 하늘의 뜻을 따르는 사람에게 보장되어 있다는 것을 알았다.

그러나 그의 눈에 비친 기성종교는 수십 세기에 걸쳐 경전의 가르침을 통해 심오한 통찰력을 제공했지만 인류가 직면하고 있는 수많은 고민에 대한 실질적인 답을 제시해주지 못한다는 것을 목격하게 된다. 종교의 이상과 이 세상의 현실과는 엄청난 괴리가 있다는 것에 고뇌하며 뼈를 깎는 기도 생활과 연구를 통해 그 답을 찾는 여정을 시작한다. 2006년 하나님의 모델적 이상가정과 국가와 평화왕국이라는 강연문을 통해 86세의 문 목사님은 일생동안 가르쳐 온, 하늘이 주신 진리의 일단을 전해 주셨다.

"여러분, 돌이켜보면 실로 꿈만 같은 본인의 생애입니다. 청운의 꿈에 부풀었던 16세 청년의 나이에 하늘의 부름을 받고, 모든 세상의 꿈을 접은 채 천명을 받들어 출발한 본인의 삶이었습니다. 결코 순탄한 길이 아니었습니다. 오직 앞만을 바라보며 걸어온 80여 년의 삶이었습니다. 본인을 위해 온갖 희생을 감내하면서 형언할 수 없는 수난의 길을 걸어오신 사랑하는 부모형제의 애절하게 붙드는 손길마저도 뿌리치지 않고는 걸을 수 없었던 숙명적 생애였습니다. 이 땅에 65억 인류가 살고 있지만 그 어느 누구도 이해하지 못하는 광야의 노정이었습니다. 지금까지 여섯 번의 옥고를 치르면서도 끝까지 섭리의 키를 놓지 않고 살아온 본인의 삶이었습니다.

이 모든 것은 본인이 수천 수만 년을 기다리며 찾아오신 하나님의 한에 맺힌 비절참절의 심정을 너무나도 잘 알게 되었기 때문입니다. 억조창생의 근원되시고 우주만상의 창조주 되시는 하나님의 한을 풀어 드리지 않고는 인간의 삶이 아무런 가치가 없다는 사실을 확실히 알게 되었습니다. 그렇다면 하나님의 한은 언제 어디서 어떻게 맺히게 된 것입니까? 어느 누가 절대자 되시고 무소불위하신 하나님에게 한을 심어주었단 말입니까?"

문 목사님은 지난 30여 년간을 미국에서 활동했다. 왜냐하면 미국이 하나님의 세계구원을 위한 특별한 사명을 성취해야 된다고 여겼기 때문이다. 기독교 가치와 청교도 정신에 입각해 세상의 빛이 될 수 있는 미국 건국 아버지들의 희생정신을 앙양하는 많은 감동적인 설교를 했다.

그는 워싱턴, 링컨, 마틴 루터킹 등과 같은 위인의 정신, 헌신, 비전을 찬양했다. 동시에 수많은 군중을 불러모은 뉴욕의 매디슨 스퀘어가든, 양키스타디움 등의 대중집회에서 미국 건국정신의 상실, 도덕적 타락, 황금만능주의에 빠진 미국을 책망했다. 특히 하나님의 사자인 문 목사님의 말씀을 듣기위해 워싱턴 광장에 30만 명이 운집했다. 이것은 히피 등이 만연하며 개방주의 물결이 넘치던 1970년대 미국의 사회적 분위기에서는 그 어떤 성직자도 엄두를 내지 못한 전개 미문의 사건이자 기록이었다.

진리와 자유를 위하여

알렉산더 헤이그 : 장군은 레이건 정부에서 국무장관을 역임했고, 1970년대 중반에는 나토 사령관의 중책을 수행했다. 그는 한국에서 열린 한 국제회의에서 다음과 같이 문 목사님을 소개했다.

특별히 문 목사님을 소개하게 되어서 정말 영광입니다. 문 목사님은 평양 근처에서 태어나셨습니다. 일본에서 고등학교를 졸업하고 고향으로 돌아와서 한반도의 이북을 지배하고 있던 무신론적 가치에 기반을 둔 공산주의에 대

항하는 기독교 가치를 전파하기 시작했습니다. 북한의 침공 직후인 1950년 6월, 문 목사님은 북한의 흥남에 위치한 강제수용소에 수감되어 있었습니다. 맥아더 장군의 인천상륙작전 직후 저는 흥남 근처에서 작전을 수행하고 있었는데, 그 덕분에 문 목사님은 자유를 얻어 남한으로 오게 되었습니다.

그렇게 우리의 첫 인연은 시작되었습니다. 그 후 20여 년의 세월동안 우리 두 사람은 각자에 방식에 따라 공산당의 학정에 맞서 싸웠습니다. 그것은 바로 총검과 폭력혁명의 기치 아래 점령되었던 세계에 맞서 법과 평화적 변화에 기반을 둔 세계를 세우기 위함이었습니다. 제가 닉슨 행정부에서 고위 관료로 봉직 중이던 1970년 초반, 문 목사님은 도미해서 사역을 시작했습니다. 그리고 그분의 사역은 바로 우리가 가장 숭앙하는 기독교적 가치에 기반을 두었습니다. 가정을 보호 강화하고, 우리의 청소년들에게는 정상적인 윤리 교육을 제공하기 위해 교파를 초월하여 모든 종교단체는 이 과업을 수행하기 위한 첨병의 역할을 해야만 합니다.

문 목사님은 펼쳐오신 평화운동으로 세계적으로 위대한 평화중재자요 통합자로서 부상했습니다. 그는 지구의 평화와 안정을 위해 종교 간 대화와 서로 다른 배경을 지닌 사람 간에 이해를 이끌어내는 견인차 역할을 합니다. 1991년 세계평화 초국가 연합의 창설대회 때 저는 다음과 같이 제 축사를 결론지었습니다. '이웃이 고통당할 때, 나는 집안단속을 하기에 바빴다고 하면 우리의 손자들은 우리에게 무슨 말을 할까요? 자기도취의 유혹을 떨치고 일어나 20세기에 벌어진 첨예한 갈등과는 달리, 21세기는 우리의 힘으로 평화를 일구어내었다는 말을 남겨야 하지 않을까요? 모든 나라가 함께 힘을 합쳐 우리들이 후손에게 들어야 할 말은 바로 우리 조상들은 과거의 고통을 극복하고 새로운 미래를 준비했다는 감사의 인사가 되어야 할 것입니다.'

이런 국제회의들은 바로 과거의 고통을 극복하고 새로운 미래를 준비하기 위해 애써온 문 목사님에 대한 증언입니다.

공산주의 종언선언이 현실이 되다

*카플란 박사*Dr. Morton A. Kaplan : *시카고 대학의 정치학 교수로 문 목사님과 오랜 세월동안 긴밀한 관계를 맺으며 활동해왔다.*

문 목사님의 평화에 대한 위대한 공헌은 업적뿐만 아니라 평화활동을 지도해온 그 마음을 높이 평가해야 한다. 지난 30여 년간 문 목사님이 추진하신 여러 평화활동에 긴밀하게 관계를 맺어왔다. 국제과학자대회, 세계평화교수협의회, 그리고 월간지 〈더 월드 앤 아이the World and I〉 등이 있다.

처음에는 활동의 성격과 참가자의 높은 수준에 반했다. 문 목사님에 대해 들었던 나쁜 소문들 때문에 의구심을 품기도 했지만 사실이 아님을 알게 되었다. 문 목사님을 오랫동안 알고 지냈던 사람들과의 관계를 통해, 또한 개인적으로 문 목사님을 여러 차례 대해 본 결과 그의 진면목을 알 수 있게 되었다. 문 목사님은 모든 인류를 품고도 남기에 충분한 참사랑의 그릇을 가진 분으로 그를 박해하는 사람까지도 사랑의 용광로로 녹일 분이었다. 이런 참사랑의 힘이 동기가 되어서 매일매일 21시간의 공식일정을 통해 세계평화를 구현하는 활동을 하실 수 있다고 본다. 이런 참사랑이 각 분야의 최고 석학을 한자리로 모아 세계평화를 위한 활동을 전개해 올 수 있었다.

아울러 수 세기 전 냉전이 극에 달했던 시점에 미국의 수도인 워싱턴에서 유일하게 반공주의 정책을 지지했던 보수 일간지 〈워싱턴 타임즈〉를 창간할 수 있었다. 그리고 대부분의 반공주의자가 구 소련연방의 붕괴 후 탄생된 러시아에 대해 공산주의자와 러시아인을 구별하지 못해 혼란에 빠져있을 때 문 목사님은 참사랑의 심정으로 그들을 껴안았다.

1983년 한국에서 거행된 제1회 세계평화교수협의회 국제컨퍼런스에는 세계평화에 근간한 러시아의 미래에 대한 문 목사님의 생각이 명확히 나타나 있다. 문 목사님께서는 '소련연방의 붕괴'를 주제로 국제회의를 개최한 자리에서 공산주의의 종언을 선포하라고 하셨다. 비록 문 목사님의 지침에 따라 나는 소련연방이 최전성기였던 상황에서 5년 내에 공산당이 붕괴된다고 공식적인 선언을 했지만 나조차도 문 목사님의 예언에 대해 의구심을 품었었다.

그리고 문 목사님은 1985년 제네바에서 열리는 컨퍼런스에 아낌없는 지원을 해주셨다. 그 컨퍼런스는 소련연방의 붕괴 이후 태어나는 새로운 러시아에 대해 지지해야 한다는 내용이었다. 이것은 동유럽에서 소련연방을 탈퇴시키자는 나의 제안을 주제로 한 회의였는데 소련연방의 진보와 보수진영이 모두 반대의 입장을 표명하는 가운데서도 소련연방에서는 공식적인 대표를 참석시켰다. 이것은 동유럽에 자유를 안기는 중요한 역할을 했다. 이 컨퍼런스 역시 문 목사님의 아낌없는 지원과 영감이 없었더라면 불가능했던 일이었다.

고위공직자들이 문 목사님에 대한 존경을 표해왔고, 그 분이 주창한 프로그램에 적극적인 지원을 아끼지 않았다. 하지만 통일교회 식구들이 문 목사님에 대해 보이는 마음은 일반적인 종교인들이나 그들이 선택한 지도자에 대해 가지는 애착을 훨씬 뛰어넘는 모습을 보인다.

통일교회 식구들이 보여주는 문 목사님에 대한 사랑과 충성은 두려움을 불러왔다. 그것은 바로 문 목사님이 추종자들에게 사악한 방법을 써서 그를 따르도록 만든다는 것이었다. 문 목사님이 최면을 건다든지 세뇌를 한다든지 단백질이 부족한 음식을 먹여 그 신도들의 머리를 이상하게 만든다든지…. 문 목사님에 대한 이런 근거없는 비난은 기가 막힌 것에서부터 개그 프로그램에나 나올 만큼 황당한 내용에까지 다양했다. 빈라덴, 히틀러와 같은 독재자와 온갖 사기꾼이 가득한 세상에서 우리는 어떤 특별한 지식이나 권위에 대해 의구심을 갖는다. 따라서 자유론자는 '큰 정부'를 공격하고, 기독교의 목회자는 그들의 신도에게 적그리스도에 대해 경고한다.

하지만 만약 문 목사님이 진실하고, 하나님의 정신과 마음이 깃들어서 어떤 부모나 선생, 목회자, 신부도 불가능했던 사랑과 지혜와 희망을 담아 모든 사람들에게 힘을 주고 감화 감동을 준 것이라면 어떻게 되는 걸까?

몇백 년에 걸쳐 사람들은 '기독론'이라 불리는 신비로운 신학인 '삼위일체'에 대해 논해 왔다. 이 논쟁은 주토 신학교에서 잘 훈련된 신학자들 사이에서 일어났는데, 단순한 언어로 즉급을 갈망하는 사람에게는 도움이 되지 않았다. 창조주 하나님과 하나님의 아들 예수그리스도, 그리고 성령의 관계를 명확히 하려는 목적으로 진행된 이 논쟁은 초대기독교에서 진행되었던 내용과 비교해 볼 때 오늘날에 이르기까지 별다른 진전을 보이지 않고 있다. 기독교인이 믿는 하나님 간에 성부, 성자, 성신 세 분이 존재하나 각각 독특하다라고 주장하는 삼위일체의 하나님은 유대교인, 불교인, 이슬람교인에게 혼동을 주고 있다. 왜냐하면 기독교인은 유일신 하나님이 아닌 세 명의 신들을 숭배하고 있다는 인상을 받기 때문이다. 그뿐만 아니라 신실한 기독교도들조차 혼란스러워한다. 《원리강론》에서는 이 오랜 문제에 한줄기 서광을 비춘다.

"원래 하나님이 아담과 해와를 창조하신 목적은, 그들을 인류의 참부모로 세워 합성일체화시켜 가지고 하나님을 중심한 삼위일체가 되게 하시려는 데 있었던 것이다. 만일 그들이 타락되지 않고 완성되어 하나님을 중심하고 참부모로서의 삼위일체를 이루어 선의 자녀를 번식하였더라면, 그의 후손들도 역시 하나님을 중심한 선의 부부를 이루어 각각 삼위일체가 되었을 것이다. 따라서 하나님이 구상하시던 지상천국은 그때에 이미 이루어졌을 것이었다. 그러나 사탄을 중심 삼고 아담과 해와가 타락하여, 사탄을 중심한 삼위일체가 되어버리고 말았다. 그렇기 때문에 그의 후손들도 역시 사탄을 중심한 삼위일체를 형성하여 타락한 인간사회를 이루어 놓은 것이다. 그러므로 하나님은 예수님과 성신聖神을 후아담과 후해와로 세워 인류의 참부모가 되게 하심으로써, 타락 인간을 중생重生하게 하여 가지고 그들도 역시 하나님을 중심한 삼위일체가 되게 하셔야만 한다.

그러나 이런 것이 이루어지기도 전에 예수님은 십자가에 돌아가셨다. 성경에 의하면 예수님은 땅에 묻혔지만 3일 만에 부활하셨다고 되어있다. 예수님의 부활에 대한 기독교인의 의견도 영적인 부활이냐 아니면 육신을 쓴 부활이냐를 놓고 나뉘고 있다. 통일교회에서는 이것을 영적인 부활이라고 믿고 있다. 그리고 성신은 바로 예수님의 신부가 되어야 했던 두 번째 해와를 영적으로 대신한 것이었다."

"부활하신 예수님과 성신은 하나님을 중심한 영적인 삼위일체를 이룸으로써 영적 참부모의 사명만을 하시었다. 따라서 예수님과 성신은 영적 중생의 사명만을 하고 계시기 때문에 성도들도 역시 영적인 삼위일체로만 복귀되어 아직도 영적 자녀의 입장에 머물러 있는 것이다."

이에 기독교가 탄생했지만 전체 인류는 불완전한 세계에서 지속적으로 고통을 당하게 되었다.

"예수님은 반드시 육신의 몸을 쓰고 오셔서 신부를 찾아야 한다. 그리고 예수님은 신부와 더불어 하나님을 중심한 실체적인 삼위일체를 이루어 영육靈肉을 아우른 참부모가 되심으로써, 타락인간을 영육과 아울러 중생케 하시어, 그들로 하여금 원죄를 청산하고 하나님을 중심한 실체적인 삼위일체가 되게 하시기 위하여 재림하시게 되는 것이다."

하나님의 원래 이상에 의하면, 삼위일체는 하나님과 그의 아들과 딸이 사랑으로 일체를 이루는 것이다. 즉 남녀가 부부로서 합쳐져서 축복된 결혼을 하는 것이다. 남녀가 같이 있어야만 자녀를 낳을 수 있듯이 타락인간의 중생도 같은 원리가 적용되는 것이다. 다시 말해서 남성 메시아 혼자만으로서는 타락한 인류에게 완전한 중생을 부여하여 죄없는 사람으로 복귀시켜 하나님과 일체를 이루게 할 수 없다. 그 남성 메시아도 여성 구세주가 있어 부모가 될 때만이 타락인간을 중생시킬 수 있다.

재림주님과 그의 신부는 하나님을 중심한 순결한 결혼을 해서 하나님의 이상을 최초로 이룬 측면에서 특별하다. 그들은 그런 축복받은 결혼을 그것을 찾아왔던 다른 사람들과 공유할 것이다. 《원리강론》에는 재림주님의 독특한 위치와 책임에 대해 설명하고 있다.

"기독교는 기독교만을 위한 종교가 아니라 과거 역사상에 나타났던 모든 종교의 목적까지 아울러 성취해야 되는 최종적 사명을 가지고 나타난 종교인 것이다. 기독교 중심으로 오실 재림주님은 결국 불교에서 재림할 것으로 믿고 있는 미륵불도 되는 것이고, 유교에서 현현할 것으로 고대하고 있는 진인眞人도 되는 것이며, 한편 또 많은 한국인들이 고대하고 있는 정도령正道令도 되는 것이다. 그리고 그는 그밖에 모든 종교에서 각각 그들 앞에 나타나리라고 믿고 있는 그 중심존재가 되기도 하는 것이다."

기독교인들이 종종 오해하는 것은 통일교회에서 문 목사님을 하나님이나 예수님으로 생각하고 있다는 것이다. 진실은 그것과 다르다. 통일교회에서는 문 목사님을 하나님으로 생각하지 않고 하나님이 보내신 메시아의 사명을 다할 재림주로 여기고 있다. 그분은 하나님의 창조목적을 이룬 분으로 독특한 개성을 지닌 특별한 분이다.

문 목사님은 인류를 위해 자신의 안위를 버렸다. 불교에서는 그런 사람을 보살이라고 한다. 전통적인 불교에 의하면 세 명의 보살이 존재한다. 첫째로 보살은 고통에 신음하는 중생을 구제하는데 어떤 어려움이 닥치더라도 지치지 않는다고 한다. 둘째로 보살은 아무리 많은 중생을 구제해야 한다 할지라도 주저하지 않고 도움의 손길을 뻗친다. 셋째로 보살은 아무리 오랜 시간이 걸리더라도 중생을 구제하는 일을 멈추지 않는다. 누구든 이 세 가지 덕목을 갖추는 이가 바로 보살이다.

이 정의에 따르면 문 목사님은 보살이다. 《원리강론》에 의하면 문 목사님은 부처님이 환생한 분으로 완전한 깨달음을 얻어 다른 사람에게 그 길을 일깨워주는 분이다. 그는 이슬람교에서 예언한 구세주 '마흐디the Mahdi'이고 유대교에서 그토록 기다리던 메시아이다.

메시아를 위한 변호사

휴즈 제임스 : 미국 변호사. 한 젊은 석학이 문선명 목사를 따르다.

1980년 9월 어느날, 내가 캘리포니아로 가서 보다 넓은 세상을 경험할 수 있도록 어머님은 나를 미국의 메인주 포트랜드의 그레이하운드 고속버스 터미널에 내려주셨다. 엄마의 당부 말씀은 딱 두 가지였다. "캘리포니아에 가거든 게이를 조심하고, 무니Moonies(통일교회 신자)를 조심해!" 3주 후 나는 어머니께 전화를 드려 게이는 조심하고 있는데, 통일교회 신자는 만났다고 했다.

대학에서 좌파 교수님에게 영향을 받아 나는 거의 반미주의자가 되었고, 공화당 상원의원이었던 부친과 항상 첨예하게 의견대립을 하게 되었다. 하지만 통일교회 식구가 되고 나서는 부친과 같은 시각을 가지게 되어 우리 아버지는 통일교회를 긍정적으로 바라보시게 되었다. 내가 통일교에 입교하게 된 것은 문선명 목사님이 메시아 즉 재림예수라고 믿기 때문이다. 만약 그분이 그저 한 명의 성직자나 예언자였으면 절대 통일교회 식구가 되지 않았을 것이다. 오직 메시아만이 나의 인생을 바치게 만들 수 있기 때문이다.

나는 변호사로서 가난한 사람을 대변하는 일을 성직으로 생각한다. 문목사님의 가르침이 녹아있는 그분의 삶이 나의 동기이고 열정이다. 아울러 그분의 가르침은 하나님과의 관계를 발전할 수 있도록 도와줬고, 미국과 한국을 일구신 성인과 애국자들의 희생에 감사드릴 수 있게 되었다. 아울러 문목사님은 내게 미국에 대한 프라이드를 다시 가지게 해주었다.

대부분의 한국인들은 문 목사님이 메시아임을 깨닫지 못하고 있다는 것을 알고 있다. 예수님께서 말씀하셨듯이 선지자는 고향에서 환영을 받지 못한다. 심지어 이스라엘에서는 아직도 예수님을 메시아가 아닌 선지자 또는 광인으로까지 여기고 있는 현실이다. 역사를 보면, 그런 부정적인 것이나 박해는 메시아 주변을 떠나지 않는다는 것을 알 수 있다. 메시아를 따라가는 것은 쉬운 일이 아니다. 당신의 가족, 언론, 그리고 세상 대부분의 사람들이 당신을 미쳤다고 할 것이다. 이런 냉혹한 현실로 인해 1980년 10월부터 수차례에 걸쳐 문 목사님이 메시아인지 하나님께 문의를 하며 내가 그분이 주창하시는 통일운동에 동참해야 하는지 간구를 했다. 그리고 응답은 항상 "그래, 그는 메시아다, 그 길을 따라가라"였다.

나는 문 목사님과 100번 이상 만남을 가졌고, 특별히 나는 5가지로 그를 정의해 본다. 첫째로, 문 목사님의 하나님 사랑이다. 그분은 하나님에 대해 정말 친밀하고 깊게 알고 계시고, 하나님에 대해 끊임없이 말씀하신다. 또한 고통 속에 신음하는 하나님 심정과 사랑에 대해 지속적으로 말씀하신다. 둘째로, 문 목사님의 인류사랑이다. 그는 종종 하나님을 알지 못하고 고통당하는 인류와 기아, 전쟁, 질병에 신음하는 인류에 대한 사랑이 깊다. 셋째로, 문 목사님의 기도이다. 자신을 위한 기도가 아니라 세계를 위한 기도다. 그는 죽음의 자리에서도 하나님께 자신을 도와달라는 약한 기도 대신 오히려 하나님의 심정을 위로하는 기도를 올린다. 넷째로, 문 목사님의 용서의 마음이다. 감옥에 가둔 미국과, 그를 고문한 일본과, 그를 고문하고 죽이려고 했던 김일성을 용서했다. 다섯째, 그의 용기와 배짱이다. 문 목사님이 1994년 김일성을 만났을 때 죽임을 당할 수도 있었다. 평양에서 김일성과 만나는 자리에서 공산주의는 허구라고 공표하고 하나님의 진리인 통일원리를 천명했다. 그리고 김일성을 오랜 기간 잃어버린 형제를 만난 것처럼 뜨거운 포옹을 했다. 이렇게 할 수 있는 것은 엄청난 용기와 자비심을 가지지 않으면 불가능한 일이었다.

문 목사님과 통일교회는 높은 수준의 도덕기준을 가르치고 실천하고 있다. 그 대표적인 것인 마약, 음주, 흡연, 불륜을 금한다. 그리고 통일교회 식구들은 절대적으로 바람피우지 않는다고 맹세해야 한다. 결혼이라는 테두리 안에서는 남편과 아내로서 뜨거운 사랑을 나눈다. 그들은 정직과 근면과 자기수양 등의 덕목을 실천하기 위해 헌신한다. 또한 마음과 몸의 순결함을 유지하고, 이기적이지 않고 순수한 사랑을 가꾸기에 매진한다. 게다가 축복결혼을 통해 결혼 하나님의 이상을 실현하고, 실질적으로 흑인과 백인과의 초인종, 한국인과 일본인과 같은 과거의 원수국가 간 초국가적인 결혼을 통해 세계평화를 구현하기도 한다.

내가 만났거나 알고 있는 통일교회 식구들은 대체로 가장 하나님과 가깝고 도덕적이고 근면하고 겸손하고 희생적이고 친절하고 진솔하고 사랑스럽고 뛰어나고 이해심이 많은 사람들이다. 내가 참석했던 여러 국제회의를 통해 대학교수들은 이런 국제회의를 만들어낼 수 있는 통일교회 식구들에게 깊은 감명을 받는다고 하는 증언을 종종 듣는다.

나는 통일교회에서 셀 수 없이 많은 멋진 경험들을 했고. 위대한 사람들을 많이 만날 수 있었다. 미국 통일교회 개척시절에 캘리포니아에서 있었던 수련, 노래, 강의, 자연 그리고 식구들을 보물처럼 간직하고 있다. 그리고 짧은 기간이었지만 1982년 한 해 동안 〈워싱턴 타임즈〉에서 즐겁게 일할 수 있었고, 1984년에서 1987년까지 UTS(통일신학대학원)에서 공부했던 것, 동문 수학했던 친구들, 수강했던 과목들을 사랑한다. 1986년 필리핀에 가서 문선명 목사님이 만든 초종교 봉사프로그램인 RYS에 참석하며 필리핀의 아키노 대통령을 만났고, 빈민가에 오수정화조를 만들어 주었고, 1987년에는 포르투갈에 학교를 지어주었다. 1990년에는 미국 메사추세츠주의 글로세스터에서 문 목사님이 주관하는 참치낚시 수련에 참석했던 것은 잊을 수 없는 추억이다. 1991년 러시아와 리투아니아에 가서 러시아 학생들과 교사들에게 강의할 수 있게 된 것을 사랑한다. 나는 한국에 가서 비무장지대, 통일교회 성지인 청평수련소, 서울을 방문한 것을 잊지 못한다.

문 목사님이 뉴욕에 계셨을 때 찾아뵈었던 것을 보물로 간직하고 있다. 1996년 문 목사님은 나와 같은 변호사들 모두를 알래스카로 초청하여 함께 연어낚시를 했다. 1999년에는 우르과이로 초청하여 비슷한 야외활동을 했다. 물론 하나님은 문 목사님을 통해 나에게 최고의 아내를 선물하셨다.

문 목사님의 삶은 고난의 연속 그 자체였다. 그의 가르침에 위협을 받고 그의 성공을 시기하는 사람들에 의해 고난을 받았다. 독립운동을 하다 일제에 의해 투옥되고 무참히 고문을 받았는가 하면, 북한 공산치하에서 목회를 하다 사회질서를 어지럽히는 자라 하여 죽음의 감옥이라 불리는 흥남 강제노무자수용소에 갇히기도 했다. 또한 남한에 내려와서는 군복무 기피로 수감되었다. 소위 그 '군복무 기피' 혐의에 해당되는 기간에 그는 흥남 강제노무자수용소에 갇혀 있었다. 문 목사님은 자신이 겪는 고초에 대해 전혀 불평하지 않았다. 오히려 그의 삶을 통해 진실을 드러내신다.

"남의 선생이 되는 것이 쉬운 것이 아니예요. 통일교회 교주가 되기도 쉬운 일이 아니예요. 지극히 어려운 것입니다. 죄인 같은, 죄수의 옷을 입고 형장길을 걸어가는 그런 기분을 느끼며 가고 있는 사람이라구요. 무슨 말인지 알겠어요? 여러분은 교도소 생활을 못 해봤기 때문에 모를 거라구요. 호화스러운 집에 살고 있지만 그 집을 필요로 하는 사람이 아니라구요. 나는 초막에도 살 수 있는 사람입니다. 초막에도 살 수 있는 훈련이 돼 있어요. 옷을 벗어들고 노동판에 가면 일등 노동자가 될 수 있는 훈련을 다한 사람이라구. 거기에 하나님이 사랑하는 사람이 있으면 내가 가서 붙들고, 환경을 전부 다 수습해서 눈물 짓고 친구가 될 수 있는 이런 심정적 훈련을 한 사람이라구요. 참된 목자는 자신이 참된 목자라고 하지 않습니다. 그는 항상 하나님의 뜻과 전 우주를 가슴에 품고 가는 사람입니다. 변명을 하지 않는다는 말입니다."

맞을 때마다 공격을 받을 때마다 문 목사님의 답변은 다른 뺨을 내주고 더 주라고 했다. 1984년 미국의 댄버리에 수감되기 전에 문 목사님이 행한 일 중의 하나는 250대의 중형트럭을 구매해 미국의 한 주마다 5대씩 기증해서 음식과 옷을 무상으로 나눠주는 자선단체를 만든 일이었다. 그 250대의 트럭을 구매하고 기도를 드리기 위해 트럭 위에 손을 올렸다.

"우리가 구입한 250대의 트럭 위에 당신의 축복을 간구하옵나이다. … 중략… 이 트럭이 가는 곳에 당신이 함께 하시길 기원합니다. 그 트럭의 운전수들은 육체적 환경적 난관을 극복하고 일을 해야할 줄로 알고 있사옵니다. 당신의 도움을 필요로 하는 그들과 함께 하시어 이 통일교회에 진실로 당신이 함께 하심을 그들이 모두에게 자랑스럽게 드러낼 수 있도록 하여 주시옵소서. 아버지, 이 트럭을 운용하는 모든 이들이 당신을 찬양하고 존경하고 사랑하며 만나는 사람마다 당신의 심정을 공유하게 하는 동시에 그들이 음식만 나누어주는 것이 아니라 당신의 축복과 심정과 선물도 같이 나누어 주게 하소서. 아버지, 이 자선단체가 행하는 모든 프로젝트의 일거수 일투족을 주관하여 주시옵고 축복하여 주시옵기를 간절히 바라옵나이다. 이 일을 위해 일하는 모두가 한마음이 되게 도와주시옵고, 음식과 당신의 영적 양식을 필요로 하는 사람에게 당신의 대신자로 달려가는 역할을 할 수 있게 하여 주시옵소서. 아버지, 이 250대의 트럭을 위해 기도 드릴 수 있게 해 주심에 감사를 드리옵니다."

메이 플라워호로부터

셸리 사이어 : 미국의 전통깊은 명문가 출신으로 오랜 세월동안 통일교회를 믿어온 독실한 신자이다.

내 남편의 이름은 랍 사이어입니다. 우린 둘 다 미국인입니다. 우연히 우리 부부의 조상 모두가 미국 건국의 아버지라는 것을 알게 되었는데, 실질적으로 내 남편은 마일즈 스탠디쉬의 직계 후손으로 그분은 메이플라워호에 승선한 영국장교였습니다. 그런 사람들이 왜 통일교회 식구가 되었을까요?

저는 문 목사님 양위분의 사랑과 심정을 부정할 수 없습니다. 그분들에게 완전한 사랑과 완전한 신뢰를 제외하면 그분들에 대해 설명할 길이 없습니다. 아버님이라고 부르게 된 문 목사님은 참으로 여러 측면에서 수퍼맨과 같이 놀랄만한 분입니다. 누가 그분과 같은 삶을 살 수 있을까요? 그는 언제나 완전한 공인이었고, 무엇을 하든 항상 남을 위해 사셨습니다. 하나님에 대한 그의 기도와 사랑과 심정은 너무나 깊고 강렬했습니다. 나를 축복해 주시고 진리를 알려 주신 하나님의 진정한 아들이라는 것 말고는 그분을 표현할 길이 없습니다. 게다가 그분이 아니었다면 절대로 가지지 못할 멋진 남편과 가정을 주시는 축복도 주셨습니다.

미국사람으로서 문 목사님 양위분보다 더 미국을 사랑했던 분은 없다고 생각합니다. 어떤 애국자, 대통령, 인물도 그분들이 가진 미국사랑의 깊이를 따라갈 수 없습니다. 이분들은 가족과 함께 미국에 오셔서 통일교회에 대한 핍박과 몰이해가 있던 1970년대와 80년대에 자녀를 양육하셨습니다. 그 자녀들은 학교에서 반 친구들에게 극도의 괴롭힘을 당하는 고통을 겪은 동시에 낯선 문화에 적응하고 외국어인 영어를 배워야 하는 것은 전혀 다른 문화권을 가진 한국에서 살아왔던 사람에게는 새로운 도전이 아닐 수 없었습니다.

미국의 청소년은 온갖 유혹과 최악의 미국문화에 노출이 되었는데 그것은 쉬운 일이 아니었습니다. 이런 것을 알면서 미국과 세계를 위해 공인의 길을 걷는다는 것은 필설로 형언할 수 없는 희생을 감수하는 길이었습니다. 문 목사님은 한국인이지만 그냥 단순히 한국사람이 아닙니다. 저는 도저히 이해할 수 없는 심정으로 내 조국 미국을 사랑하고, 세계를 가슴으로 사랑한 우주적 가치를 지닌 분입니다.

성인들의 일대기를 써주는 기독교 성인전 작가처럼 통일교인은 문 목사님의 업적에 대해 과장하는 경향이 있다고 통일교 식구가 아닌 사람들의 눈에는 그렇게 보일지도 모른다. 오래 전에 돌아가신 분들에 대해서는 그런 것이 쉬울 수도 있지만, 삼성 갤럭시와 아이폰, 유투브와 페이스북과 동시대를 살아온 사람들이라면 이것은 정말 어려운 일이다. 그리고 문 목사님은 항상 최첨단 방송장비에 의해 일거수 일투족이 기록되었다. 매일 새벽 5시에 열리는 훈독회라는 공식기도회에서의 설교는 점심시간을 건너뛰어 오후에까지 이르는 경우가 태반이었다. 식사나 화장실 가는 것도 잊은 채 설교를 하신 것 중 최장기록은 23시간이었고, 타이기록은 수차례 달성했다. 아울러 인류구원을 위한 청사진을 놓고 회의하는 시간도 그 기도회의 시간과 맞먹는다. 그런 상황에서 어떤 사람은 양해를 얻어 돌아가기도 하지만, 문 목사님이 먼저 자리를 뜨는 경우는 없었다. 어떻게 그런 초인적 생활을 할 수 있는지 모르겠지만 어쨌든 해내었다.

댄버리 교도소에 죄수의 교화를 담당한 목사님은 문 목사님이 원하는 시간에 교도소 내에 있는 예배당을 사용할 수 있게 해주었다. 한 번은 문 목사님이 3시에 쓸 수 있게 해달라고 부탁하자 그 교도소 교화 목사님은 오후 3시로 알아들어 문 목사님은 "새벽 3시요"라고 다시 말했다. 문 목사님은 그의 일생 대부분을 2~3시간 이상 취침한 적이 없었다. 심지어 90대에 이르러서도 마찬가지였다.

감옥 안은 당연히 여러 가지 범죄를 저질러서 들어온 사람으로 가득 찬 최악의 인간시장이었다. 문 목사님이 성경을 들고 휴게실에 나타나자, 한 수감인이 "이게 당신 성경이면 내 성경은 이거야!" 하며 포르노 잡지를 던져 주었다. 물론 처음에는 교도소 안의 수인들은 문 목사님이라 부르지도 않고 그냥 "이봐 문!"이라고 비아냥거리다가 시간이 지나 그의 진면목을 알게 되면서 '문 목사님'이라고 부르며 경의를 표하기 시작했고, 그 중 일부는 '아버님'이라고 부르게 되었다.

그가 석방되던 날 〈뉴욕타임즈〉의 삽화가는 수감인들이 문 목사님에게 절하고 있는 모습과 간수들이 서로 대화하는 장면을 실었다. "나는 문 목사님이 여기 있는 수감자 전부를 통일교인으로 만들 것 같애! 문 목사님이 여기 수감인에게 합동결혼식을 거행하기 전에 여기서 빨리 내보내야 해!" 그 삽화가는 독자에게 재밋거리를 주려고 그 삽화를 게재했는지 모르겠다. 하지만 통일교회 식구들은 무엇이 꽁꽁 얼어붙은 그 죄수들의 마음을 녹여 문 목사님에 대해 그런 존경을 표하며 석별의 정을 나누었는지 그 답을 알고 있다. 그것은 바로 문 목사님은 그곳에서도 '참된 아버지'였던 것이다.

{ 남미에서의 새로운 개척 }

1990년대에 남미에서는 통일교회 활동이 왕성하게 이루어졌다. 그 중에서도 특히 브라질, 파라과이, 우루과이가 핵이었다. 문 목사님은 남미대륙의 심장부이자 세계최대의 습지인 판타날에서 대부분의 시간을 보내며 미개지에서 이상촌을 건설하고자 했다. 문 목사님은 다른 무엇보다도 구급차들을 기증해서 가난한 현지인을 의료사각지대로부터 도왔고, 문맹자들을 위한 교육프로그램을 제공했다.

특별한 능력은 관심에서

알레한드로 소우자 : 중남미에서 5년간 문 목사님의 스페인어 포르투갈어 통역을 담당했다. 그 5년 동안 그는 문 목사님을 밤낮으로 수행했고, 어떤 때는 단독으로 수행하기도 했다. 그는 원래 아르헨티나 출신이고, 한국어를 독파하기 위해 한국에서 7년 이상 살았다.

문 목사님의 통역을 담당했던 나는 문 목사님이 만난 수백 명의 사람에게 통역을 해주었지만 그들을 만난 것조차 기억하지 못할 때가 많다. 하지만 문 목사님의 기억력은 실로 상상을 초월한다.

몇년 전 아내가 아파 병원에 입원해 있다는 한 시장과 15분간 대화를 나눈 적이 있었는데 그 사람과 다시 미팅할 기회가 있었다. 그때 문 목사님께서 말씀하시기를 "콜롬바 시장님! 잘 지내시죠? 병원에 입원하셨던 사모님도 잘 지내시죠?" 그 말씀을 듣는 순간 나는 놀라움을 금치 못했다. 왜냐하면 하루에도 수십 수백 명과 계속되는 문 목사님의 미팅을 통역해온 나로서는 그들이 누군지 조차 기억할 수 없었다.

직업상 문 목사님을 위해 통역을 해드렸지만, 그 시장이 기억나지 않았을 뿐만 아니라 내가 그 부인이 병원에 입원한 사실을 통역해 드렸다는 사실을 전혀 기억하지 못했다. 기억력이 꽤 좋다고 자부하는데도 팔십 넘은 노인을 당해낼 수 없다는 것이 놀라울 따름이었다. 기억력의 문제가 아니라 얼마나 그 사람에 대해 관심을 가지고 걱정을 해주느냐의 차이라고 해야 옳을 것이다. 이것이 바로 참아버님인 문 목사님이 보여주시는 사람에 대한 참사랑과 진심으로 걱정하는 참모습이다.

참아버님이 우루과이 대통령과 회담하고 나서 보트낚시를 같이 했다. 내 눈에 비친 그 보트의 선장은 무식하고, 그냥 평범한 사람이었는데 참아버님은 우루과이 대통령을 대할 때와 똑같이 이 보트선장을 존중해주며 이야기를 하는 것이었다. 지위고하를 막론하고 똑 같은 참사랑의 마음으로, 참부모의 마음으로 대하는 그 모습을 보고 너무나 감동을 받았다. 아울러 우리 부부가 아직 애기가 없는 것을 아시고 무척이나 염려해주시며, 남미를 방문하실 때마다 참부모님은 친부모가 염려하는 것 이상의 관심을 보여주셨다.

참부모님이 말씀하시기를 "내 통역관이 되어 밤낮으로 나를 수행 것은 다른 사람에게 맡겨도 돼요. 하지만 아기를 가지지 않으면 절대로 하나님 아버지가 인류를 사랑하시는 그 심정을 깨닫지 못하니, 아내와의 금슬을 보다 신경써야 해요. 종교도 신앙도 도와줄 수 없는 것이에요. 반드시 아이를 가져서 하나님 아버지가 자식인 인류에 대해 어떤 심정으로 대하고 계신지 알아야 해요"라고 하신 참부모님의 말씀이 내 심금을 울렸다. 참부모님은 자녀를 갖지 못하는 통일교회 식구들에게 다른 통일교회 식구로부터 자녀를 입양하기를 권하신다. 그래서 그들도 역시 부모의 심정을 경험할 수 있게 말이다.

많은 사람들이 문 목사님에 대한 그들의 개인적인 소감을 나누었지만 많은 부분들이 필설로 형언할 수 없는 것들이다. 그것은 그 사람들의 가슴 속에만 남게 된다. 문 목사님이 비밀에 가득 차서 그런 것이 아니라 600여 권에 이르는 설교집에서도 드러나는 바와 같이 하나님과 인간과 우주에 대해 심오한 통찰력을 지니고 있기 때문이다. 하지만 애석한 점은 그분의 말씀을 들으러 참석한 사람들의 영적 지적 수준이 천차만별이라서 그분의 가슴 속에 있는 많은 것을 공유하지 못했다는 점이다. 마치 철없는 자식에 대해 부모는 많은 말들을 가슴에 두고 자식이 철들기를 바라는 것과 같다.

문 목사님의 강점은 바로 하나님과 긴밀한 관계를 형성하고 있는 것에 그 뿌리를 두고 있다. 이 관계가 바로 그분의 인생에 있어서 가장 큰 기쁨의 원천이었다. 하지만 동시에 하나님은 그에게 인류구원을 위해 가정의 희생도 감내하는 고난의 길도 참아내라고 하시기도 하셨다.

"아무 노력없이 복귀원리, 죽음의 의미, 사후의 세계에 관한 진리를 찾아낸 것이 아닙니다. 아무것도 먹지않고 17시간을 계속 기도를 했습니다. 나의 기도는 보통 10시간에서 12시간 동안 이어져서 자연스럽게 내 무릎에 굳은

살이 박힌 것입니다. 하나님이 내 곁에 가까이 계시기에 이제는 그렇게 오랫동안 기도하지 않아도 바로 하나님과 교통할 수 있습니다. 여러분이 보시다시피 아직도 내 무릎에 박힌 굳은살을 확인할 수 있습니다. 내가 기도할 때면 한겨울에도 내가 쏟아낸 눈물로 내 면바지가 흠뻑 젖을 정도였습니다. 내가 그렇게 고생하며 찾은 《원리강론》을 여러분은 어떻게 대하고 있습니까? 영계에 가서 이런 사실을 발견하게 될 때 내 앞에서 고개를 들 수 있겠습니까? 여러분이 모르는 것이 너무도 많습니다."

수도생활을 했거나 봉사활동을 해서 진리와 사랑에 보다 민감한 사람들은 말을 하지 않더라도 이 위대한 성인이 하는 증언을 이심전심으로 느낄 수 있으리라 본다. 다음 이야기는 미국 통일교회의 지혜로운 원로 식구에 의해 씌여진 것인데 본인의 의사에 따라 이름은 밝히지 않는다.

교회 기념일

일년 전에 이스트가든(뉴욕의 통일교회 공관)에서 문 목사님을 뵌 것이 마지막이 되었다. 우리는 세계기독교 통일신령협회(통일교회의 공식명칭)의 52회 창립기념일을 축하하기 위해 모였다. 월요일이어서 50여 명만이 모였다. 목사님은 축하케익을 자르고 하나님께 창립기념일 축하기도를 올리는 동안 우리는 서서 기도에 동참하라고 하시며 한국어로 기도를 하기 시작했다.

기도가 시작되고 약 45초가 지난 후부터 흐느껴 울기 시작하더니, 부끄러운 기색도 없이 10분 동안 대성통곡을 이어가며 기도를 올렸다. 문 목사님의 세살박이 손자가 달려가서 할아버지의 바지를 잡고 같이 울음을 터트리자 손자를 들어안고는 재빨리 눈물을 훔치며 그의 기도를 끝냈다. 그리고 그 손주와 같이 앉아서 놀아주기 시작했다. 내 옆에 있던 한국말을 이해하는 사람에게 왜 저렇게 대성통곡하셨냐고 묻자 지난 50여 년의 세월 동안 이 통일교회의 기반을 닦기 위해 얼마나 많은 고난의 길이 있었는가를 뒤돌아볼 때 하나님의 가호하심에 감사하고 만감이 교차하는 마음이 드셔서 울음을 터트리셨던 것 같다고 했다. 이분에 대해서 측량한다는 것은 상상할 수도 없이 깊고 넓고 큰 것을 느낀다.

지난 2012년 늦은 여름에 이 위대한 분은 하늘나라로 돌아가셨다. 그분의 육신은 13일 동안 특별히 제작된 아치형의 유리관에 보관되어 전 세계에서 오는 수만 명의 정계, 재계, 종교계 등을 망라한 사회지도층과 통일교회 식구의 조문을 받았다. 조문객들의 외형은 통일교회의 통일기 문양의 귀걸이를 한 사람, 기독교의 십자가 목걸이를 한 사람, 불교의 염주를 쥔 사람, 천주교의 묵주를 건 사람, 이슬람교의 히잡을 걸친 사람, 유대교의 성의를 걸친 사람으로 제각각이었지만, 그들은 한마음으로 하나님 아버지 품으로 돌아가신 문 목사님께 존중과 경의를 담아 절을 하며 기도를 올렸다.

이분의 마지막 길인 천주天宙(우주와 사후세계인 영계를 통칭한 말) 성화식聖和式에는 5만여 명이 운집한 가운데 진행되었다. 그중 반은 성화식의 주행사장인 청심평화월드센터에 입장했고, 나머지 분들은 대형스크린이 설치된 야외행사장과 천주청평수련원, 심지어 청심국제중고 잔디축구장에 모여 성화식에 임했다. 또 다른 그룹은 천정궁박물관에서 청심평화월드센터로 운구되는 문 목사님을 향해 도로변에 수천 명이 도열하여 황금색 통일기를 흔들며 목사님의 마지막 길을 환송했다. 그리고 그 자리에 참석하지 못한 많은 사람들은 전 세계로 인터넷 생중계된 성화식에 동참했다.

하얀색은 빛, 순결, 희망을 상징한다. 성화식에 참석한 모든 여성들은 흰색 한복이나 흰색 정장을 입었다. 그리고 남성들은 어두운 정장에 흰색 넥타이를 맸다. 운구차는 하얀색 꽃으로 뒤덮었다.

문 목사님이 가르침을 주시길 성화식은 평화롭고, 기쁘고, 성스러운 의식이 되어야만 한다고 하셨다. 왜냐하면 육신은 흙으로 돌아가지만 일반적으로 영혼이라 불리는 우리의 영인체는 인간의 본향本鄕인 하늘나라로 돌아가서 영생하기 때문이다.

이 성화식은 비록 아름답고 경건하게 진행되었지만 많은 조문객들은 그들의 아버지가 돌아가신 것처럼 슬피 울었다. 그것은 바로 문 목사님이 일생 너무도 많은 것을 주신 것에 대한 감사함과 그분에 대한 세상의 몰이해와 서러움이 교차한 만감의 눈물일 것이다. 비록 문 목사님은 이제 더는 육신의 몸을 쓰고 말씀과 본보기 삶으로 사람들을 지도하고 감동을 줄 수는 없을 것이다. 하지만 그분이 남기신 진리와 참사랑의 유산과 평생 사생결단 전력투구 실천궁행의 마음자세로 일군 전 세계 통일교회의 기반은 퇴색되지 않을 것이다.

'세계를 풍미한 운동'에서 '하찮은 기념비'로 전락될 것이라고 점치고 있는 사회학자들은 통일교인의 잠재력과 회복력에 놀라움을 금치 못할 것이다. 왜냐하면 종교지도자 또는 세계적 재벌의 회장이었다고만 평가하고 있는 문 목사님은 스승이자, 부모이기 때문이다. 또한 수많은 그의 제자들과 가장 효성스러운 자녀들이 그의 지도에 귀를 기울이고, 성심을 다해 그 가르침을 받아들이고 있기 때문이다.

6장
여성의 힘

여성의 아름다움은 무엇을 입고 있는지 어떤 모습을 하고 있는지,
어떻게 머리를 빗는지에 결정되는 것이 아닙니다. 여성의 아름다움은
그 여성의 눈에 담겨 있습니다. 왜냐하면 눈은 마음으로 향하는 관문이고,
사랑이 살아 숨쉬는 곳이기 때문입니다. 아름다운 입술을 가지고 싶다면
친절한 말을 하세요. 사랑스런 눈을 갖고 싶으면 사람의 좋은 점을 찾으세요.
날씬한 몸매를 갖고 싶으면 당신의 음식을 굶주린 사람에게 나누어 주세요.
아름다운 머리카락을 갖고 싶으면 하루에 한 번 어린아이의 손가락이
당신의 머리를 어루만지게 하세요. 누구나 치유를 받아서 회복되어야 합니다.
결코 누구도 버려져서는 안됩니다.

오드리 헵번

문선명 목사님의 최고 수제자는 바로 반세기를 같이 살아오며 내조한 사랑스런 부인, 한학자 총재님이다. 문 목사님 말씀에 의하면, 메시아와 그의 부인은 영적으로 완전한 일체를 이루어야 한다. 문 목사님은 그의 아내를 절대적으로 신뢰했고, 그의 심정과 영혼을 공유했다. 통일교회 식구들은 자신의 아내에게 공공장소에서조차 부끄러움 없이 사랑을 표현하는, 아름다운 천상의 사랑을 수없이 지켜볼 수 있었다. 때때로 아내의 어깨에 팔을 얹고 같이 노래를 부르기도 하고, 사랑스런 눈길로 아내의 눈을 바라보며 뺨에 뽀뽀해 주기도 하는 등 팔구십대의 일반적인 한국노인들은 상상할 수 없는 애정표현을 아내에게 선사했다. 이 모습을 지켜본 전 세계의 통일교회 식구들은 문 목사님이 예의와 존중을 담아 아내를 대하는 것을 보고 크게 고무되었다.

아내에 대한 문 목사님의 태도는 개인적인 취향이나 스타일이 아니다. 그들 부부간에 나누는 사랑과 존중감은 바로 문 목사님의 가르침에 기반을 두고 있다. 즉, 천상의 결혼으로 축복받은 남편과 아내는 동등한 파트너이고, 각자 하나님의 이성 성상二性 性相인 양과 음을 반반씩 나누어 가지고 있다는 것이다. '참부모'란 사랑의 부모이시자 하늘부모님인 하나님의 성품을 그대로 구현한 부부이다. 여성은 오랜 세월 동안 무시당하고 짓밟혀왔지만 문 목사님은 여성시대가 도래됨을 선포하며 남녀 간에 직업과 임금에서의 평등만을 의미하는 것이 아닌 가장 근원적이고 존재론적 차원에서 여성에 대한 역사적인 불평등을 바로 잡으려고 하셨다.

문 목사님은 부인과 함께 팀이 되어 통일교회를 이끌어 왔다. 이런 사례는 남존여비 사상이 지배했던 한국에서도 흔치 않는 경우이겠지만 서양에서도 흔치 않은 경우이다. 한학자 총재님은 남편인 문 목사님을 대신하여 수많은 국제행사의 기조연설을 하셨다.

한학자 총재님은 1943년 1월 6일(음력) 평안북도 안주에서 태어나셨는데 공교롭게도 문 목사님과 생일이 일치한다. 독실한 기독교 신자이셨던 어머님 홍순애 여사님 슬하에서 독실한 기독교인으로 양육되었다. 공산당의 기독교에 대한 박해를 피해 한 총재님이 5세가 되던 1948년에 월남하여 대구에 정착하게 된다. 1950년대 중반 한학자 총재님은 어머님을 따라 통일교회 식구가 되고, 1960년 4월 11일에 문선명 목사님과 하늘의 축복 속에 부부의 연을 맺게 된다. 한학자 총재님은 14명의 자녀를 슬하에 두었고, 40여 명의 손주를 두었다.

다정한 어머니의 모습으로

조 키니 : 통일교회의 뉴욕 공관 시설관리 담당으로 한학자 총재님과 많은 아름다운 추억을 간직하고 있다.

나는 미국 테네시 출신이다. 발가락이 45도 정도 밖으로 향해있어 촌스러운 걸음걸이를 하는 모습은 디즈니 만화에 나오는 구피를 연상시킨다. 이런 나의 모습과 품위있는 재림주인 참부모님의 이미지와는 왠지 연관 지을 수 없다. 우리 어머니는 항상 나에게 품위있게 걸으라고 말씀하셔서 그 말씀을 따르려고 무던히도 애를 썼지만 나의 노력은 그리 성공적이지 못했다.

참부모님이 미국 뉴욕에 있는 통일교회 공관인 이스트가든에 오셨을 때 같이 관광을 한 적이 있었다. 나는 공원의 포장된 길을 따라 참부모님을 앞질러 걸었다. 뒤에서 보시던 어머님의 눈에 나의 촌스러운 걸음걸이가 걸렸는지 아버님과 같이 걸으시다가 내 옆으로 다가와서 양손으로 내 오른팔을 잡고 어깨와 어깨를 맞대셨다. 그리고 "하나, 둘, 셋, 넷, 하나, 둘, 셋, 넷. 자, 이렇게 걸어봐요"하고 구령을 붙이면서 어떻게 제대로 걸음걸이를 하는지 보여주셨다. 내 모친 이상의 관심과 사랑으로 나의 개인적 습관까지 고쳐주려 애쓰시는 어머님의 모습을 보고 놀라움을 금치 못했다.

어머님이 뉴욕에 와 계실 때면 쇼핑센터에 모셔다 드리곤 했다. 최원복 선생님과 김효율 특별보좌관도 동행을 했고, 때로는 참부모님의 몇몇 자제분들도 쇼핑하러 따라나섰다. 쇼핑 그 자체에 대해서는 별 기억이 없다. 왜냐하면 통상적으로 남자들은 쇼핑 그 자체가 따분할 따름이기 때문이다. 쇼핑을 갈 때면 보통 맥도날드나 버거킹에서 한 끼를 때웠다. 육식을 거의 하시지 않는 어머님은 보통 생선버거와 레몬소다를 주문하셨다.

이런 것들을 생생히 기억하고 있는 이유는 어머님께서 점심식사를 맥도날드에서 간단히 해결하시면서 나에게 이런저런 말씀을 해주셨기 때문이다. 어머님과 나눈 대화의 주제는 항상 앞으로의 나의 결혼에 대한 것이었다. "키가 몇 센티예요?" "한국여자 원해요?" "학력은 어떻게 되요?" 등등의 질문을 하셨다. 또한 내 걸음걸이와 촌스러운 옷차림을 어떻게 바꿀 수 있을지에 대한 좋은 제안도 해주시면서 미래에 맞게 될 아내에게 좋은 이미지를 심어줄 수 있도록 해주셨다.

아울러 어머님은 나의 흰머리를 보시며 걱정하시다가 결국 흰머리가 하얗게 뒤덮이자 염색할 것도 권하셨다. 참부모님과의 이런저런 경험을 통해 그분들은 내 부모와 같은 입장으로 다가왔다. 오히려 부모보다 더 친밀한 느낌을 받았다. 내가 알고 있기로는 어머님이 공식적으로 딱 한 번 간증을 하셨는데, 그 자리에 참석하는 영광을 안았다. 그녀의 간증은 후대를 위해 녹음되었지만, 그 당시 내가 느낀 감정을 잊을 수가 없다. 3년 동안 거의 매일 어머님과 대화를 주고받았고, 내 그릇에 음식을 담아주시면서 건강한지 묻곤 하셨다. 특히 내가 어떤 아내를 원하는지 궁금해 하셨다. 어린 아이와 같은 순수한 사랑의 마음으로 항상 다른 사람을 위로하고 사랑을 베푸셨다.

어머님은 언제나 참사랑의 원천이었다. 그녀와 함께하는 것만으로도 주위 사람들은 빛에 감싸지는 것을 느꼈다. 심지어 어머님이 나를 꾸중하실 때도 나는 사랑을 느꼈다. 항상 자상하고 사랑스런 웃음을 띠고 계시기에 어머님께서는 웃음을 위해 태어나신 분인 줄 알았다. 어머님이 간증을 시작했을 때 내가 알고 있던 것과는 정반대로 눈물로 점철된 인생을 살아오셨다는 것을 발견했다. 나로서는 상상하지도 못할 어머님의 다른 면을 발견하게 되어 너무 놀랐다. 어머님은 눈물을 흘리시고 때로는 흐느껴 우시면서 상상도 할 수 없는 고난과 핍박의 길을 극복해 나온 과정을 설명하셨다. 어머님에 대해 나의 생각이 완전히 바뀌는 순간이었다

1976년 어느 날, 참부모님과 몇몇 식구들과 손님이 뉴욕 롱아일랜드의 존스 해변에 갔다. 참부모님이 수영복을 입으신 몇 안 되는 때였다. 두 분은 수행원 없이 해변을 거니셨고, 멀찌감치 떨어져서 따라가기로 마음먹었다. 참부모님과 나뿐인 상황이었다. 참부모님은 젖은 모래해변 위를 걸으셨고, 그 발자국은 다음 파도에 의해 씻겨내려갔다. 나의 즐거움은 파도가 참부모님의 발자국을 쓸어가기 전에 그 위를 밟는 것이었는데 이런 경험을 한 것은 오직 나뿐이라고 생각한다. 이것은 마치 참부모님이 살아생전에 운 좋게도 통일교회 식구가 된 것에 비견되는 겪이 아닐까 한다. 아무도 참부모님의

발자국을 따라 걷는 기회를 얻지 못할 것이다.

문 목사님은 평생 모험정신과 용기가 넘쳐서 다른 사람이 가기를 꺼려하는 곳에 서슴없이 가서 다른 사람이 감히 상상도 하지 못하는 일을 하셨다. 한학자 총재님은 아내로서 문 총재님과 일거수일투족을 같이하시며 온갖 난관을 헤쳐나갔다.

1990년 4월, 처음으로 고르바쵸프 대통령과 단독회담을 위해 소련에 갔다. 고르바쵸프 대통령 관저인 크렘린 궁에 모인 공산당 간부에게 하나님주의를 연설했다. 게다가 무신론자의 수뇌인 고르바쵸프 대통령과의 담판을 통해 소련의 최고 명문대학생 3천 명이 미국, 헝가리, 발틱연안 국가에서 개최되는 통일교회 《원리강론》세미나에 참석하는 데 합의했다.

한 총재님은 몇년 후 기조연설을 위해 다시 모스크바를 방문했다. 크렘린 궁에 오른 점에서는 티나 터너와 머라이어 캐리도 약간의 공통점을 가지고 있지만, 그 팝의 여왕들은 한 총재님보다 몇년 후에 모스크바에 입성했고, 공산주의 국가였던 러시아에서 전하는 그들의 메시지는 한 총재님보다 훨씬 더 적은 논란거리였다. 운이 좋게도 나는 한 총재님의 모스크바대회 준비위원 중 한 사람이어서 무대 뒤에서 어떤 일이 일어났는지 잘 알고 있었다. FSB(소련연방 해체 후 KGB를 대신한 기관)는 한 총재님이 종교지도자요, 더군다나 '공산당의 적'으로 낙인찍힌 문선명 목사의 아내라는 것을 알고 강연회에 어떠한 종교적 교리가 담기지 않도록 신경을 곤두세웠다.

한 총재님의 강연 내용은 강연회가 열리기 직전까지 철저하게 통제되었다. 물론 강연문 내용은 통일원리의 정수를 담고 있어서 하나님, 성서의 인물, 재림주에 대한 언급으로 가득했다. 강연회의 준비위원인 우리는 혹여라도 FSB가 대회장의 전기를 꺼서 6000여 명의 참석자들이 아비규환을 겪지는 않을지, 또는 최악의 시나리오로 한 총재님의 안전에 문제가 생기지 않을지 노심초사했다. 기적적으로 우리가 염려했던 일은 아무것도 발생하지 않고 한 총재님은 끝까지 강연을 마칠 수 있었다.

공산국가 방문 중 가장 긴박했던 순간은 북한에 간 것이었다. 1991년 11월 말, 문 목사님 양위분과 수행원들은 베이징을 거쳐 평양을 방문했다. 베이징에 도착했을 때 어떤 미국사람도 북한입국이 불가능하다는 통보를 받았고, 미국여권 소지자는 중국에 남겨둔 채로 김일성 전용기를 타고 북한을 방문했다. 그런 긴장된 상황에서도 한 총재님은 긍정적인 자세를 잃지 않았다. 중국과 북한의 국경을 통과할 때는 "보세요, 저게 을지문덕 장군이 살수대첩을 일군 청천강이에요"라고 하며 수나라 100만 대군을 물리친 고구려의 영웅에 대해 수행원들에게 말할 정도였다.

통일교회 창설자인 문선명 한학자 총재 양위분은 비행기에서 내려 북한에서 준비한 레드카펫을 밟으며 극진한 환영을 받았다. 북한에 1주일 체류하는 동안 같은 음식이 두 번 나온 적이 없을 정도로 융숭한 대접을 받았다. 보통 공산당 간부의 부인은 공식행사에 모습을 드러내지 않거나 모습을 드러낸다 할지라도 남편으로부터 거리를 두는 것이 상례이다. 두 분에게도 같은 방식을 적용하려 했으나 문선명 총재는 항상 30여 년을 함께 사랑을 나눈 아내의 손을 꼭 잡고 놓아주지 않았다. 방북일정의 종반부에 김일성 주석의 초대로 이루어진 함흥초대소에서의 만찬 때도, 북한을 방문한 대통령의 영부인은 그 만찬장에서 제외되는 것이 상례로 되어있었지만, 이때도 두 분은 김일성 주석과 같이 건배하며 만찬장을 빛냈다.

한 총재님은 1980년대부터 대중강연을 시작했으나 본격적으로 시작한 것은 1992년 '이상세계에서 여성의 역할'이란 제목으로 기조연설을 하고부터이다. 이를 기점으로 100여 개국 이상을 순방하며 600여 차례 이상 대중강연을 했다. 물론 그것은 각 나라의 통일교회 식구와의 만남에서 주신 설교를 제외한 횟수이다. 강연회장은 주로 대학 강당, 각 나라 국회의 사당, UN이었고, 도쿄돔과 같이 5만 석 이상을 수용할 수 있는 장소로부터 아담한 규모까지 다양했다. 1993년에는 153회의 대중강연을 하면서 개인 기록을 달성했다. 그 덕분에 목소리는 쉬고, 밝은 무대 조명으로 인해 시력이 나빠지기도 했지만, 기쁜 마음으로 그 모든 것을 감내했다. 포스트모던주의 속에 가치관의 공백을 겪으며 길을 찾아 헤매던 사람들에게 한 총재님은 깊은 가르침과 감동을 주었다. 한 총재님은 아름답고 기품있는 외모와 강연 스타일 그리고 메시지를 통해서도 깊은 인상을 남겼다.

한 총재님은 해발 4천 미터에 위치한 볼리비아의 수도 라파즈에서 강연회를 한 적이 있었다. 만약의 사태를 대비하여 강연회장 무대 옆에는 산소통이 준비되어 있었다. 강연회가 끝나고 한 총재님을 응원하러 장거리를 달려온 통일교회 식구들을 위한 강연회 승리축하 행사에서도 육신의 한계를 뛰어 넘어 말씀을 이어갔다. 아프리카를 방문할 때면 어김없이 말라리아 예방약을 복용해야 했다. 한번은 일주일에 한 번씩 먹어야 하는 말라리아약을 매일 복용하도록 잘못 처방이 되어 3일 동안 연달아 복용하고, 그 부작용으로 말라리아에 걸린 것 이상의 고통을 겪으신 적도 있었다.

문 총재님 양위분은 환상적인 팀이 되어 많은 구호사업을 창설하고, 수많은 문화, 교육, 평화단체들을 설립했으며, 예술을 사랑하셨다. 몇십 년 전에는 서울에서 리틀엔젤스 예술단을 창단했는데, 수많은 국가수반이 참가하는 UN과 같은 국제무대, 영국 여왕과 같은 왕실 앞에서도 공연을 펼쳤다. 또한 〈뉴욕 데일리 뉴스〉에서 미국의 최고 오케스트라 중 하나로 극찬받았던 뉴욕심포니를 운영해오고 있고, 워싱턴에 유니버셜 발레 아카데미를 설립하여 키로프발레단의 거장으로 하여금 러시아스타일로 무용수를 훈련시키게 하고 있다. 한국에 설립된 유니버셜 발레단은 한국최고의 발레단으로 발돋움했다. 한학자 총재님은 미국에서 가장 멋진 승마대회 경기장 중 하나인 뉴욕에 위치한 승마장the Deer Park Equestrian Center 설립에 견인차 역할을 했다.

한학자 총재님은 문선명 총재님과 더불어 1992년에 세계평화여성연합을 창설하여 그 총재로 봉직하고 계신다. 장장 8개월에 걸쳐 12개국 113개 도시를 돌며 창설대회 기조연설을 하셨고, 세계적인 기반을 닦기 위해 혼신의 힘을 쏟아 오셨다. 세계평화여성연합은 현재 'UN 경제사회이사회 NGO'의 최고 지위인 '제1영역 NGO 자문기관'으로 '여성의 모성애를 바탕으로 참된 사랑의 가정을 이루고 건전한 사회, 평화의 세계를 건설하자'는 창설 정신을 구체적으로 실천하기 위해 81개국에 지부를 두고 왕성히 활동하고 있다.

1993년 7월 어느 날, 한학자 총재님은 미 국회의사당과 UN에서 '평화와 종교적 화해'를 주제로 강연을 함으로써 미국 전역 순회강연의 대미를 장식하게 되었다. 하와이를 포함한 미 전역을 종횡으로 누비는 순회강연 동안 35명의 주지사, 131명의 시장, 25명의 상원의원과 저명한 VIP와 단체로부터 환영을 받았다. 레이건 전 미국대통령의 영애인 레이건 머린 여사, 마틴 루터킹 목사의 부인인 코레타 스콧 킹 여사, 미국 기독교계의 3대 목회자인 제리 파웰 목사님 등 미국의 저명한 지도자들도 한학자 총재님의 순회강연을 예찬했다. 수십여 미국 주정부와 시에서도 한학자 총재님이 주제강연한 날을 '부모의 날', '여성과 세계평화의 날', 혹은 '한학자의 날'로 제정하여 기념하였다.

한학자 총재님이 미 국회의사당에서 주제강연을 할 때는 오린헤치 상원의원이 그녀를 미 상원의원, 하원의원, 고위 공무원, 국회 관련자들 앞에 소개했다. 그리고 UN에서 주제강연을 할 때는 67개국의 대사, 참사, 그리고 100여 개국 UN 대표와 저명인사가 그녀의 강연에 귀를 기울였다. 미국에서의 강연회는 각국 대사, UN 대표, 저명 인사 등이 참석한 UN에서의 연설로 그 대미를 장식했다. 스토얀 가네프 UN 총회 의장이 한 총재님을 소개했고, 67개국의 대사와 100여 개국의 대표가 참석하는 등 성황을 이루었다. 다음은 세계평화여성연합의 총재로서 한 총재님이 행하신 수많은 강연회의 강연문 일단을 소개한다.

"세계 곳곳에서 오신 귀빈, 평화지도자, 미국 50개 주 대표 여성지도자, 세계평화여성연합 회원 여러분! 우선 제 남편인 문 목사님의 성화식에 참석하셔서 문 목사님에 대한 사랑과 존경을 담은 헌화를 하시며 조의를 표하신 194개 지도자 여러분께 깊은 감사를 드립니다. 문 목사님은 구세주, 참부모로 오셔서 하나님의 창조목적인 이상세계 건설의 비전을 선포하셨습니다. 그분은 갈등과 전쟁이 더 이상 존재하지 않는 평화세계를 창건하기 위해 사생결단 전력투구의 심정으로 일생을 바치셨습니다.

1992년 4월 서울 잠실 올림픽 주경기장에서 세계 70여 개국 여성대표와 15만여 명의 한국 여성 지도자들이 운집한 가운데, 하나님의 뜻을 받들어 '여성시대 도래'를 선포하고 여성평화운동의 중추기관으로 세계평화여성연합이 창설되었습니다.

세계평화여성연합의 창설목적은 일반적인 여성기관과는 다릅니다. 여성연합은 외적인 것 즉, 주로 남성에 대해 여성권익확대, 남녀평등, 여권운동, 여성 노동운동을 표방하는 정치투쟁을 목표로 하지는 않습니다. 여성연합은 창조 본연의 하나님의 이상세계 구현을 위해 섭리적 의미를 지닌 전혀 새로운 차원의 세계평화운동인 것입니다.

세계평화여성연합은 지난 20여 년간 지구촌 방방곡곡에서 인종, 종교, 언어 국경을 넘어 참된 모성애를 바탕으로 한 참가정 확립운동과 여성지위 향상을 위한 다양한 지원 및 교육 프로그램, 그리고 국제적인 갈등해소와 화해운동을 전개해 오면서 괄목할만한 발전과 성장을 이룩하였습니다. 이 것은 바로 문 목사님의 세계평화여성연합 창설 연설문의 정신을 계승한 것으로, 이타적 삶에 기반을 두고 전 세계에 참사랑의 모델 운동을 펼치자는 것입니다.

본인은 여성연합 창설 초기부터 세계 각 대륙과 나라들을 순회강연하면서 여성연합의 세계적 조직과 활동 기반을 닦아왔고, 일찍이 세계 160개국에 파송된 1600명의 일본 여성연합 자원봉사회원을 비롯한 전 세계 회원들을 총동원하였습니다. 또한 1993년 9월, 본인의 뉴욕 유엔본부 특별초청 강연을 계기로, 여성연합은 3년에 걸친 노력 끝에 'UN 경제사회이사회 NGO'의 최고 지위인 '제1영역 NGC 자문기관'의 지위를 획득하게 되었습니다. 회원 여러분의 헌신적 활동실적의 결과, 매 4년마다 진행되는 엄격한 재심사에서 2013년 현재까지 그 지위를 지속적으로 재승인 받는 쾌거를 이루게 되었음을 기쁘게 생각합니다. 우리의 참된 가치를 인정받았기에 이런 결과를 얻어냈다고 자신있게 말할 수 있는 것은 바로 UN에 등록된 전 세계 3500개 NGO 단체 중 오직 140개 단체만이 최상위 지위인 '제1영역 NGO 자문기관'으로 인정받고 있고, 한국에서는 세계평화여성연합을 포함하여 오직 2곳만이 이 지위를 갖고 있습니다.

1997년부터 본인의 지도로 매년 한 해도 거르지 않고 개최하고 있는 '중동여성지도자평화회의'는 중동 20여 개국 여성지도자들의 큰 관심과 참여 속에 점차 구체적인 현장 활동으로 확대 발전되고 있어서 참으로 큰 성과라고 하겠습니다.

올 6월 말에 스위스 제네바의 UN에서 인권위원회의 분과로 소속된 제 16차 중동 컨퍼런스를 후원했습니다. 토론주제는 전쟁과 재난에 노출된 어린이에 대한 예방, 보호, 치유, 권한이행을 담았는데 중동 18개국 여성지도자, 세계 각국의 제네바 주재 UN 대사 등을 포함한 외교관, 세계 NGO 대표 등 180여 명이 참석했습니다. 이들은 현재 일어나고 있는 제반 문제점을 심도있게 논의했고, 현장에서 이를 적용할 것을 결의했습니다.

그리고 2000년부터 매년 각 대륙을 순회하며 개최되고 있는 '세계여성지도자워크숍'은 지구촌 곳곳에서의 현장 활동 경험과 지혜를 나누고 미래의 비전을 공유하며 협력하는 아름다운 모임으로 자리매김하게 되었습니다. 거기에 한 단계 더 발전하여 세계본부인 한국을 비롯하여 일본, 미국, 유엔 사무국, 아시아, 유럽, 오세아니아, 캐나다, 중남미, 아프리카, 동북아 등 세계 각 대륙과 나라별로 각각 현장에서 요구되는 다양한 맞춤형 프로젝트를 개발, 운영하면서 여성의 힘이 사회를 바꾸고, 평화세계 건설에 놀라운 성과를 내고 있음을 볼 때, 매우 자랑스럽고 고마운 생각이 듭니다.

이처럼 창립에서부터 오늘날 UN NGO의 최고 지위인 '제1영역 자문기관'을 획득하고 유지하기까지 초심을 잃지 않고 한결같은 마음으로 묵묵히 여성평화의 길을 개척해주신 회원 여러분, 그리고 격려와 동참을 아끼지 않았던 세계여성지도자 여러분께도 무한한 감사와 사랑의 박수를 보냅니다.

지금도 세계 곳곳에서는 전쟁과 질병, 기아, 그리고 자연재해로 인해 무고한 인명이 매년 수천만 명씩 희생되어 가고 있습니다. 종교, 정치, 교육, 문화, 사상 등 어느 분야를 둘러보아도 개인은 물론, 집단으로까지 극도의 이기주의와 아집의 늪에 빠져 철저하게 문을 닫아걸고 있습니다. 소통이 없는 불통의 세계로 전락해버린 것입니다.

결국 인류의 제반문제는 참부모 되는 본인 부부가 하늘로부터 받아 평생 주창하고 교육해온 '하나님 아래 인류 한가족One Family under God'사상 즉, 참사랑의 가르침에 의해 해결할 수밖에 없습니다. 이것만이 인류에게 평화와 행복의 길을 찾아 줄 수 있는 유일한 길이기 때문입니다.

인류역사의 흐름을 섭리사적 눈으로 살펴보면 시대의 변천은 크게 3단계로 대별됩니다. 첫째는 '물정시대' 즉, 물본주의적 물질우선 시대입니다. 그리고 두 번째는 '인정시대' 즉, 인간의 지식과 하늘의 공평한 감정을 앞세워 세계를 지배해왔던 인간중심주의 시대입니다. 그러나 이런 시대는 과도기적 시대입니다. 인간이 타락성을 벗어던지고 본연의 모습을 찾아 하나님을 아버지로 모시고 통일된 한가족을 이루어 사는 시대로 진입하는데 거쳐야 할 과정적인 시대라는 것입니다. 우주의 공법과 원리에 입각해서, 가정을 천도에 맞게 온전히 하고 사회와 나라를 바로 세우는 일에 특별한 사명감을 갖고 나아가야 한다고 봅니다.

무엇보다 우선해야 할 운동이 올바른 가치관 교육과 보다 위하는 참사랑의 참가정 운동인 것을 다시 한 번 강조합니다. 여러분들은 또한 하나님의 조국으로 선포하신 남북한의 통일 및 세계평화에도 이념교육과 참사랑 실천으로 선도적 역할을 해야 하는 것입니다. 전쟁과 갈등은 이기적인 동기에서 영토나 재산 등 남의 것을 빼앗고자 할 때 벌어지는 것입니다. 반면 평화는 남을 위해 자신을 투입할 때 즉, 참사랑을 베풀 때 오는 것입니다.

'위하는 삶의 길'을 가야 할 마지막 단계의 '천정시대'에 냉전의 종식과 더불어 평화와 사회정의에 대한 새로운 희망이 급속도로 전 지구성에 번져가고 있습니다. 새로운 세계적 현실을 외면하거나 직시하지 못하는 지도자들은 해일처럼 밀려오는 변화에 씻겨가고 말 것입니다.

이제 우리는 새로운 기회와 가치관을 맞이하는데 과감히 나서야 할 때라고 믿습니다. 우리 모두 참된 자유와 평화와 행복이 넘치는 통일의 세계를 건설하는 참된 어머니의 길, 참된 아내의 길, 참된 딸의 길, 그리고 참된 여성 지도자의 길을 갑시다."

한학자 총재님은 각 국가로부터 많은 상훈을 수여받았다. 인도주의적 업적과 세계평화에 기여한 공로로 각국의 대학으로부터 명예박사 학위를 수여하게 된다. 그 학교들을 열거하자면, 미국 뉴저지의 블룸필드대학교, 아르헨티나의 라 플라타대학교, 타이완의 문화대학교를 비롯 다수의 대학이 있다. 아울러 브라질 문교부는 그녀에게 '브라질 메달'을 안겨주었다.

한 총재님의 이력은 남존여비가 횡행하던 시절을 극복하고 이루어진 점으로 볼 때 정말 경이로운 일이다. 한국의 여권 신장론자들에게는 남성에게 종속된 여성이 기나긴 고통이었지만, 한 총재님은 그런 고정관념과 편견을 극복하고 비약할 수 있었다.

한 총재님은 순결과 기품을 조화시킨 여성의 리더십을 창출했다. 한학자 총재님의 '학'은 '鶴(학)'의 의미이다. 동아시아 신화에서 백학은 장수, 영성, 고결, 불멸을 상징한다. 한 총재님은 문 목사님과 더불어 교육, 문화, 평화운동의 기반을 공공히 하기 위해 리더십을 발휘했을 뿐만 아니라, 전 세계 통일교회 활동을 뛰어넘는 새로운 영감과 발전과 축복을 안겨주며, 아시아나 기타 지역의 남성 회의론자에게 놀라움을 안겼다.

2부

지상의
사랑

7장

결혼에 대한 새로운 고찰

한 사람이 다른 사람을 사랑하는 것이야말로 어떤 과업보다 어려운 일일 것이다. 그외 다른 일들은 단지 그것을 위한 준비에 불과하다.

릴케

●
●
●

결혼은 인류역사만큼 오래된 것이다. 그러나 유구한 세월 동안 결혼에 관한 기술을 축적할 많은 기회가 있었음에도 불구하고 부부관계는 많은 문제와 씨름하고 있고, 오히려 예전보다 더 복잡한 국면을 맞고 있어 보인다. 사랑과 결혼은 행복하기 위해, 좋은 느낌을 가지기 위해 존재하는 것이 아닌가? 만약에 결혼이 그렇게 바라는 것이라면 도대체 왜 그토록 힘든 것일까? 인터넷 서점에서 결혼 상담이나 행복한 결혼생활 등과 같은 주제로 검색하면 그와 관련된 엄청난 양의 책을 보고 놀라움을 금치 못할 것이다.

그 유명한 존 그레이의 《화성에서 온 남자 금성에서 온 여자》 시리즈가 출판된 이후 결혼과 연애 관련 책들이 인기를 끌었다. 하빌 헨드릭스가 말하길 만약 결혼적령기에 이른 사람이 그의 책을 읽었다면 그 사람은 원하는 사랑을 얻을 것이라고 했다. 게리 체프만은 자신의 책 《5가지 사랑의 언어》를 읽으면 영원한 사랑을 얻는 비밀을 알 수 있게 된다고 믿었다. 그리고 마크 군거는 자신의 독자에게 보다 행복한 결혼생활을 영위하는 것이 가능하다고 말한다.

어쨌든 일반적인 부부관계는 의사소통 문제와 좌절로 가득 차 있을 뿐만 아니라 결혼생활은 그들에게 기쁨과 웃음을 주는 만큼 많은 슬픔과 눈물을 가져다 준다. 새천년을 맞이하면서 많은 사람들이 결혼이라는 의식이

해체되어야 한다고 주장하기도 한다.

　비록 결혼은 많은 문제를 안고 있지만, 인생에서 전형적으로 중요한 의례로 남아 있다. 하지만 더 이상은 아닌 것 같다. 현대사회에서 결혼은 족쇄로 작용한다. 자유주의자들은 왜 종이 쪼가리 한 장에 지나지 않는 결혼증명서가 부부관계를 즐기고 자녀를 생산하는데 필요한지에 대해 의문을 제기한다.

　오늘날 스웨덴에서는 50퍼센트 이상의 아기가 정식으로 결혼하지 않은 커플 사이에서 태어나고 있다. 많은 스펙을 쌓아나가며 경쟁해야 하는 현대사회에 있어서 결혼은 그렇게 매력적인 선택사항이 아니다. 뉴욕, 런던, 서울 또는 동경에 사는 매력적이고 경제력도 갖춘 젊은 여성이 독신으로서 누리는 여유와 로맨틱한 즐거움과 꽤 괜찮은 수입을 포기하는 대신, 일중독에 걸린 남편에게 속박당하는 것도 모자라 자녀들의 수영강습, 피아노 레슨, 학원수강 등을 위해 기사노릇을 하는 것을 선택하려고 할까?

　통계에 따르면, 여성의 초혼은 스웨덴이 34세, 한국은 31세를 나타내고 있다. 젊은 사람들(사실 그렇게 젊지도 않지만)에 의해 반증되는 것은 결혼 전 싱글일 때 가능한 한 모든 즐거움을 만끽하고 전문직을 위해 매진하다가 결혼이라는 선택을 하면서 싱글로서 은퇴(?)를 하려고 한다. 머지않은 장래에 연애와 사랑은 결혼과 별개로 존재할 것 같다. 충실한 남편이나 아내로서가 아닌 문란한 생활을 즐기는 싱글이 인터넷이나 영화에서 추앙되고 있다. 로맨틱 코미디 영화에서는 실제로 사랑이 존재하지 않고 그들이 주는 메시지는 분명하다. 사랑과 즐거움은 바로 정상적인 결혼생활이 아닌 외도 안에 있다고 말한다. 할리우드 영화는 그렇다 치더라도, 정기적인 행사인양 서로 못 잡아먹어서 으르렁거리는 부모의 모습을 지켜보는 십대 청소년들은 무슨 생각을 할까? 기성세대들이 보여준 결혼의 모습 대부분은 그다지 감동적이지 않았다.

하얀빛을 띠는 솔리몽에스 강이 검은 빛깔을 띠는 네그루 강으로 합쳐지며 아마존 강 유역은 엄청난 양의 물이 한몸을 이룬다. 결국 두 강물은 마치 우유와 커피를 반반씩 섞은 부드러운 멜랑주처럼 되지만 난류亂流로 변하지는 않는다. 이와 마찬가지로 서로 정반대인 남녀가 서로에게 호감을 갖고 만남을 갖기 시작해서 이루어진 결혼은 종종 부드러운 멜랑주로 변한 두 강물보다 지속적으로 더 큰 감동을 선사한다. 가끔은 결혼하고 직면하는 문제들이 크나큰 도전으로 다가오기도 한다. 따라서 많은 사람들이 결혼에서 손을 떼기도 한다. 이혼을 회피한 Y세대는 X세대보다 더 나은 것도 없다.

남녀 간의 전쟁은 그다지 새로운 것도 아니다. 예수님이 탄생하기 전에도 로마의 시인 오비디우스는 그의 유명한 《사랑도 가지가지》라는 시집에서 "나는 당신 없이도 살 수 없고, 당신과도 살 수 없다"라고 썼다. 신혼의 달콤한 시기를 지난 대부분의 부부는 이 시인이 무슨 말을 하고 있는지 이해할 수 있을 것이다.

결혼생활에서 생존이 아닌 번성을 꿈꾸는 것은 불가능한 것일까? 통일교회의 관점에서 보면, 결혼이란 싱글에게 스릴을 선사하기 위해 존재하는 호감 가는 부속물이 아니라는 것이다. 결혼은 뜻깊고 의미있게 살아야 할 인생의 중요한 구성요소라는 것이다.

통일교회에서 거행하는 축복결혼식과 일반적인 결혼식에는 중요한 차이가 있다. 《원리강론》에서 설명하길, 하나님은 반드시 아름다운 결혼 속에서의 사랑과 성공적인 가정생활에 동참하여야 한다고 한다. 행복한 가정은 하나님을 중심한 가족이다. 그 가족은 소위 '사위기대'를 이룬다. 좀 기술적인 용어로 들릴 수 있겠지만 그 이론은 무척 단순하다.

《원리강론》에서 그 사위기대란 하나님, 남편, 아내, 그리고 자녀를 이룬 것이다. 그 사위기대는 선의 가장 기본적인 토대가 되는 것으로 하나님의 창조목적을 구현한 것이다. 달리 말하면, 하나님은 기능적으로 완전한 가정의 정식 일원이라는 것이다.

인간은 전 우주 조화의 중심체로 창조되었다. 남성과 여성이 전체적으로 성숙해지고 남편과 아내로서 일체가 되는 것은 양과 음의 이성二性이 합쳐지는 것을 의미한다. 그런 남성과 여성이 하나가 되어 조화롭게 나아가면 전 우주의 양과 음이 조화를 이루어 이에 화답하게 된다. 참된 사랑을 하는 남성과 여성의 마음과 몸이 부부로서 완전한 일체를 이루게 되는 그곳이야말로 하나님과 인간이 완전히 하나가 되는 곳이기도 하다. 이것이 바로 선 중심으로 창조의 목적이 이루어지는 곳이다.

하나님은 창조의 최고 걸작품으로서 남성과 여성을 만드셨다. 성경의 창세기에 따르면, 하나님은 그들이 생육하고 번성해서 온 땅에 가득 차고, 그 땅에 있는 피조만물을 다스리라고 축복하셨다. 그리고 바다에 있는 물고기와 공중에 나는 새와 이 땅 위에서 움직이는 모든 것을 다스리라고 하셨다.

《원리강론》에서는 하나님께서 주신 이 세 가지의 신성한 선물을 삼대축복三大祝福이라고 한다. 그것은 한 남성과 한 여성이 우선 그들 개개인에게 주어진 책임을 완수하고, 부부로서 사위기대를 완성한 가정을 이룬 토대 위에서 달성되는 것이다. 그런 가정으로 가득 찬 세상이 천국이 되는 것이다. 그 천국은 하나님과 인간이 완전한 기쁨을 만끽하는 완전한 선善만이 존재하는 아름다운 세상이다. 이것이 하나님이 우주를 창조한 목적이다.

하나님의 제1 축복은 바로 개성을 완성하는 것이다. 한 남성과 한 여성으로서 자신을 완성시키기 위해서는 그 마음과 몸을 하나님을 중심으로 하나로 만들어야 한다. 이렇게 함으로써 하나님의 심정을 체휼하고, 하나님의 뜻을 이해하며, 그것을 이루어 드리고 싶어한다. 왜냐하면 그것이 최선인 것을 알기 때문이다. 이것은 종교적으로 강요된 규칙도 아니고, 하나님이 임재하시는 가슴 깊은 곳에서 우러나오는 소명에 대한 자연스럽고 자발적인 반응이다.

거기에는 만연한 식욕부진, 비만, 알콜중독, 약물중독, 포르노중독, 게임중독, 도박중독 등에 빠지는 현 세계와는 달리 마음과 몸의 투쟁이 벌어지지 않는다. 대신 거기에는 마음의 평안, 육신의 건강, 그리고 심신 간의 자연스럽고 행복한 공조체제가 이루어질 것이다. 개성 완성의 경지에 이르면 카펫에서 발이 걸려 넘어지거나, 커피를 쏟거나, 빨래감이 줄어들거나, 버스를 놓치거나 하는 일을 피할 수 있다는 것이 아니다. 단순히 말하자면 그 사람의 말과 행동이 완전히 진실한 마음과 순결한 심정에서부터 우러나온다는 뜻이다. 즉 순수하고 이타적인 동기로 진실되고 무조건적이고 영원한 사랑을 할 수 있다는 것이다. 하나님, 남성, 여성은 그들 안에 평화를 얻을 것이고, 그로 말미암아 서로간에 평화를 얻을 수 있게 된다.

하나님의 제2 축복은 개인적으로 사랑할 자질을 갖춘 즉, 제1 축복의 이상을 이룬 한 남자와 한 여자에 의해 이루어지게 된다. 가정에서 하나님을 중심으로 한 부부와 자녀의 형태인 사위기대를 완성하기 위해서는 남성과 여성은 부부로서 사랑의 일체가 되어 자녀를 낳고 양육하게 된다. 그리하여 그 자녀는 자연스럽게 부모에게 투영된 하나님의 완전한 이미지를 보고 자라는 것이다.

결국 이 축복받은 가정은 상호협력적이고 화평한 지역사회, 번영하는 국가, 평화 세계의 모델이 되는 것이다. 하나님의 제1 축복을 완성한다는 것은 제2 축복 완성을 위한 전제조건이 되는 것이다. 이것이 왜 중요하냐면 인격적 결함을 안고, 이중적 도덕기준을 가지고, 말과 행동이 상충되는 사람이 있는 한 행복한 가정과 세계평화를 꿈꾸는 것은 허상에 불과하다. 그러나 하나님의 제1 축복과 제2 축복이 구현되면 하나님, 남편, 아내, 자녀 상호 간의 관계는 행복해지고 자신에게도 만족을 느끼게 된다.

하나님의 제3 축복의 의미는 자연과 인간 관계의 완성을 의미한다. 이것을 이루려면 하나님을 중심으로 전 세계의 축복받은 가정이 피조만물을 다스린다는 것이다. 이것은 오늘날 우리가 목격하는 환경오염, 삼림파괴, 오존층 파괴, 환경으로 인한 재난 등 자연에 대한 인간의 독재를 의미하는 것이 아니다. 오히려 자원에 대해 선한 마음을 가지고 책임있는 관리를 함은 물론, 자연에 대해 사랑과 존중의 마음을 가진 사람들에 의해 자원을 유지 발전시키는 것을 의미한다.

본래 전인적인 인간은 자연과의 만남을 통해 깊은 자극을 받는다. 하나님의 창조가 반영된 창조본성의 자연을 느끼면서 그들은 형언할 수 없는 기쁨을 느낀다. 그렇기 때문에 그런 사람은 근시안적인 생각이나 황금만능적인 욕심으로 자연에 해악을 끼치거나 자연을 이기적인 목적으로 부당하게 사용하지 않는다. 만약 하나님의 창조목적이 이렇게 이루어졌다면, 악과 죄의 흔적조차 없는 이상세계가 이 지구 상에 세워졌을 것이다.

문 목사님의 설명에 따르면, 남성과 여성은 하나님의 이성 성상을 투영하여 창조되었기에 완전한 일체와 조화를 이루어야 한다고 했다. 따라서 결혼의 위대함과 신성함을 찬양해야 한다. 남성과 여성이 서로 사랑을 할 수 있는 유일한 길은 결혼을 통해서 뿐이다. 남성과 여성이 이런 일체를 이루어 하나가 되면 하나님을 닮게 되고, 하나님은 그 부부 안에 임재하게 되는 것은 자명한 일이다. 왜냐하던 하나님의 성상대로 우리를 창조했기 때문이다.

그럼 왜 여성은 결혼하는가? 남성과의 결혼을 통해 우주의 반쪽이 나머지 반쪽과 합쳐져서 관계를 맺게 되는 것은 우주 전체를 합한 가치와 같게 된다. 그래서 결혼을 하는 것이다. 남성과 여성이 사랑으로 서로 껴안는 자리는 우주가 하나로 합쳐지는 순간인 것이다. 창조 당시에 하나님에 의해 구상된 원래의 우주, 하나님의 이상이 구현된 우주는 이런 식으로 나타나는 것이다. 그런 사랑을 중심하여 하나님의 창조 이상은 달성되고, 완성된 남성과 여성을 통해서만이 사랑은 완전해질 수 있다.

따라서 결혼은 매우 심각한 일이다. 결혼은 하늘과 땅, 동과 서, 북과 남, 높고 낮음高低이 함께 하는 것이다. 남성과 여성은 하늘과 땅이 응축된 핵이다. 참사랑을 통해 부부가 하나될 때 전체 우주도 같이한다. 남성과 여성은 사랑을 위해 태어났다.

하나님이 천지를 창조하듯이 결혼을 한다 할 때에 만물이 얼마나 아름답게 보일까? 저들도 나와 같이 이렇게 사랑을 통해서 산다는 것을 보게 될 때, 하나님이 창조한 그런 모든 근원적인 느낌을 재현해, 전체 만물과 더불어 자기 상대와 통일적 감정을 느낄 수 있는 것이 사랑이라는 것이다. 하나님이 창조할 때와 같은 근원적인 것을 느끼는 것이다. 천지 만물을 지을 때 하나님이 느끼던 모든 이상형을 내가 전부 다 감지할 수 있다는 것이다. 참사랑을 중심 삼고 보게 된다면, 이 참사랑의 몸뚱이와 연결돼 있는 피조물이다. 참사랑을 들고 잡아 끌면 모든 하늘땅이 끌려온다는 것이다. 아무리 먼 것도 참사랑이 끌면 끌려오고, 아무리 가깝던 것도 멀리 보게 하려면 참사랑으로 멀리 가게 할 수 있다. 이 이상은 눈부시게 아름다워서 그런 참되고 심오한 사랑을 우리 가슴 깊이 원한다.

하지만 우리가 맞이하는 현실은 놀라운 정도로 다르다. 현실에서는 여러 가지 갈등이 존재하고 있다. 미국에서의 인종문제, 중동지역에서의 종교분쟁, 아프리카에서의 종족 간 분규, 남북한의 대치상황 등은 그 일부에 지나지 않는다. 흑인과 백인, 유대인과 이슬람교인, 공산주의자와 민주주의자의 역사적인 적대관계를 극복하고 평화의 다리를 놓는 것은 여간 어려운 일이 아니다.

하지만 어떤 인간관계도 남녀관계로 파생되는 갈등, 몰이해, 혼돈, 소통 부재, 불신보다 심한 것은 없다. 이런 핵심문제는 신혼초에는 부부생활의 즐거움이나 사랑에 눈이 멀어 덮어지기 일쑤여서 이런 적대적인 상황을 알아채기란 싫지 않다. 하지만 모든 부부는 어쩔 수 없이 남녀 간의 사랑의 한계를 경험하며 마음의 벽에 부딪치게 된다. 아이러니하게도 배우자에 대한 가장 깊은 사랑은 결국 실망과 원한, 소외가 되어 돌아온다. 결혼의 목적은 영원히 아름다운 사랑에 대한 완성을 위함이다. 하지만 결혼식을 할 때는 상상도 못했던 일인데, 결국 많은 부부가 혐오의 경지를 맛보며 파국으로 치닫게 되는 것을 목격하게 된다.

그 외 많은 부부들은 결국 천생연분이라고 하는 커플조차 더 이상의 관계진전이 어려운 포화상태를 경험하게 되어 더 이상 관계가 깊어지거나 사랑이 무르익는 것은 불가능해 보인다. 커플들은 대처하는 것을 배우고 "아무도 완벽하지 않다"는 말에 동의하게 된다. 아울러 그들의 배우자도 결국 인간에 지나지 않는다는 것을 받아 들이며 완벽한 천생연분의 사랑을 꿈꿨던 것도 포기하게 된다.

의미있는 인간관계를 맺기 위해 어려움을 극복하고 성장해 나가는 것은 불가피한 일이다. 하지만 오늘날 우리가 목격하는 것처럼, 절대로 부부관계는 짜증나거나, 한계에 직면하거나, 엄청난 고통을 동반하도록 되어 있지는 않았다. 어떻게 그것이 가능하단 말일까?

남성과 여성은 어떻게 하면 서로를 무조건 진실하게 사랑할 수 있는지 알지 못한다는 것이다. 나의 반쪽인 배우자를 완벽하게 사랑하는 것을 배우는 것이 왜 그토록 어려울까?

결혼이 이토록 골칫거리가 된 이유는 바로 타락의 결과로 서로 소외되었기 때문이다. 인간타락 때문에 하나님은 결혼에 임재하실 수 없다. 결혼생활에서 하나님 사랑의 부재가 바로 모든 문제의 핵심이다. 인간이 하나님으로부터 소외되었기에 남성과 여성은 서로 소외되는 것이다.

인류학, 심리학, 종교 등에서 다양한 관점으로 인간을 규정한다. 많은 점에서 그 관점들은 엄청난 차이를 보인다. 어떤 사람들은 이성적 동물이란 진화론적 용어를 사용해서 인간을 규정하고, 어떤 사람들은 천성적으로 신성한 근원을 가진 영적 존재라는 것이다. 이렇게 다른 관점을 가졌음에도 불구하고, 어떤 사람의 가정에 대해서는 양쪽 모두가 정말 중요하게 생각한다는 공통점이 있다.

명문가문이나 견실한 가정의 사람들은 결손가정이나 범죄이력을 가진 선조들이 있는 사람들에 비해 성공할 기회를 더 많이 갖는다. 전자의 경우와 후자의 경우는 출발선이 하늘과 땅 차이다.

성경에 따르면, 선조들의 죄가 3대 4대 후손에게까지 영향을 미친다고 한다. 정신분석학의 아버지 프로이드와 이후 대부분의 정신분석학자, 상담가들은 어떤 부모로부터 양육 받느냐에 따라 행복하고 생산적인 인생이 될지가 좌우된다는데 동의한다.

전통적인 사회조직에 속해 있는 사람에게는 조부모의 양육상태도 그 질문에 추가될 것이다. 한국가족에 있어서 가장 소중한 유산은 바로 족보이다. 어떤 가문 사람인지를 보고 그 사람에 대한 평가가 이루어져, 결혼에 있어서도 큰 척도가 된다.

{ 혈통의 중요성 }

"아담과 해와가 선악과를 따먹지 않고 완성했더라면 천지를 창조한 대왕마마의 아들딸이 되는 것입니다. 대왕마마의 아들딸이니까, 그 직계의 장손장녀는 뭐가 되는 거예요? 왕자 왕녀가 되는 것입니다. 하늘나라를 대표한 지상나라 왕국을 치리治理할 수 있는 기반이 되는 거예요. 왕권은 둘이 아닙니다. 하나라는 것입니다.

아담 해와가 어떻게 되었느냐 하면, 아담 해와가 관계되어 가지고 하나님과 하나 되어야 할 것인데, 종과 하나되어 버렸다는 거예요. 결국 하나님의 핏줄을 이어받아야 할 이 인간들이 종의 핏줄을 이어받았다 이거예요. 그러니까 타락한 인간들은 아무리 하나님을 아버지라고 해도 실감이 안 난다는 것입니다. 그러니 자기 아버지 어머니가 한 거와 마찬가지로 사탄의 본성을 이어받아 자기를 중심 삼아 모든 것을 생각하게 되고, 하늘이고 무엇이고 높은 것은 전부 자기하고 연결시키는 거예요.

혈통적으로 보자면, 여러분은 즈상이 다르다는 겁니다. 왜 양자밖에 못 되었느냐 하면 아버지 어머니가 다르다는 겁니다. 그렇기 때문에 타락이 혈통적으로 되었다는 논리가 생긴 것입니다.

타락이 뭐냐? 혈통을 잘못 이어받은 것입니다. 그릇된 사랑으로 타락했다는 논리를 세워도 가당합니다. 인간이 거짓 사랑의 부모, 거짓 사랑의 조상, 거짓 사랑의 혈통을 통해 태어났기 때문에 참사랑의 부모, 참사랑의 조상, 참사랑의 혈통을 통해 다시 태어나야만 하나님의 자녀, 하나님의 백성이 되는 것입니다. 예수님 보혈의 귀함도, 성만찬 의식도, 모두 혈통 전환을 통해서 하나님의 자녀가 되는 섭리를 형상적 상징적으로 나타내는 것입니다. 부모가 나옴으로 말미암아 부모에서부터 혈통이 나오는 거예요. 부모가 나오지 않으면 혈통이 전환되지 않는 것입니다.

새로운 핏줄을 이어받아야 돼요. 이어받으려니 메시아가 아버지로 와서 사탄세계를 이긴, 사탄이 간섭할 수 없는 초세계적인 기반에서 해와를 모시고 이걸 탕감복귀해야 됩니다. 이래 가지고 부부의 인연을 중심 삼은 가정을 중심 삼고 아들딸을 중심 삼고 횡적으로 접붙이는 놀음이 벌어져야 됩니다. 그래서 통일교회에서 축복을 해주는 거예요. 통일교회는 다릅니다. 통일교회는 핏줄이 어디서부터? 하나님으로부터 시작했다 이거예요.

아담 해와의 타락 이래 역사를 두고 하나님의 가슴에 가장 아픈 한으로 남아져 내려온 것이 무엇인지 아십니까? 하늘의 혈통권을 잃어버리고, 형제권과 소유권마저 잃어버린 사건입니다. 생명과도 바꿀 수 없는 이 핏줄을 잃어버렸습니다. 참생명과 참사랑의 열매를 맺지 못했다는 겁니다. 지구성을 덮고 있는 65억 인류가 하늘과는 아무런 관계가 없는 사탄의 열매로 전락하고 말았다는 것입니다.

여러분, 생명보다 귀하고 사랑보다도 소중한 것이 혈통입니다. 생명과 사랑이 합해서 창조해내는 것이 혈통입니다. 이 중에 생명이 없어도 안 되는 것이요, 사랑이 없어도 혈통은 창조될 수 없는 것입니다. 사랑, 생명, 혈통 중 그 열매가 혈통이란 말입니다. 하나님의 핏줄 속에는 참사랑의 씨가 들어가 있고, 참생명의 몸이 살아 있습니다.

따라서 이 핏줄과 연결이 되면 하나님께서 이상하신 이상인간 즉, 인격완성도 가능하고, 이상가정도 생겨나는 것이며, 더 나아가서는 하나님의 조국, 이상국가도 출현하는 것입니다. 평화 이상세계 왕국은 이렇게 창건되는 것입니다.

여러분, 혈통의 중요성은 아무리 강조해도 부족하다는 것을 명심하십시오! 부자지간의 관계야말로 모든 관계 중 최고 최상의 관계이기 때문입니다. 하나님의 혈통을 전수해주어 영존시킬 수 있는 유일한 길이 바로, 부모와 자식 간의 혈통관계밖에 없다는 사실을 확실히 알아야 할 것입니다. 인류는 이제 그렇게도 끈질기게 괴롭혀온 거짓 사탄의 혈통을 과감히 잘라내고, 참부모님의 참된 혈통의 뿌리에 접붙임을 받아야 할 때가 왔습니다. 더 이상 돌감람나무로 일생을 마치는 우를 범해서는 안 된다는 말입니다.

그렇다면 어디에서 우리가 돌감람나무의 신세로부터 탈출할 길을 찾을 수 있는 것입니까? 하늘의 참된 혈통을 갖고 오신 참부모님을 통해 축복결혼을 받는 것이 바로 참감람나무에 접붙임을 받는 은사입니다. 혈통을 바꾸지 않고는 씨를 바꿀 수가 없기 때문입니다. 혈통전환을 하여 인류를 다시 하나님의 자녀로 찾아 세우는 최상의 방법은 교차-교체 축복결혼입니다.

축복결혼은 인종, 문화, 국경, 종교의 벽을 뛰어넘어 하나님 아래 인류 한가족을 만드는 대역사이며, 모든 원수 관계의 고리를 끊고 새로운 차원의 천적 혈통을 창조하는 대혁명입니다. 즉 축복결혼은 하나님께서 이 현상세계를 섭리하시기 위해 실체를 쓰시고 현현하신 평화의 왕, 참부모님을 통해 역사하시는 인류 재창조의 거룩한 혈통전환 의식입니다.

이제 인류는 참부모님께서 허락하신 성주식을 통해서 혈통전환을 하고 새로이 축복을 받아 참된 가정을 찾아 세울 수 있는 길이 활짝 열렸습니다. 교차-교체 축복결혼을 통해 절대 성의 삶을 완성하는 것이 바로 이 땅에 평화 이상세계를 실현하는 궁극적 방법이요, 수단인 것을 확실히 가르쳐 주어야 하는 것이 여러분의 소명적 책임입니다." _문선명, 평화의 메세지

어떤 종교에서는 독신생활의 미덕을 강조한다. 카톨릭은 신부와 수녀, 불교는 승려과 비구승을 통혀 독신생활을 지속해 왔다. 왜냐하면 기독교

와 불교의 창시자는 남녀관계에 근본적으로 문제가 있다는 것을 알았기 때문이다. 그 가르침을 따르기 위해서는 결혼이 허락되지 않았다. 심지어 어쩔 수 없이 결혼을 해서 차선책의 신앙길을 택할 경우라도 그것은 일반적인 기독교의 결혼서약에서 '죽음이 우릴 갈라놓을 때까지'라고 명기된 것과 같이 한시적일 뿐이다.

예수님이 그의 제자들에게 말씀하시길, 하늘나라에서는 결혼할 일도 결혼하게 될 일도 없이 하늘나라의 천사처럼 지내게 될 것이라고 했다. 달리 말해서 결혼한 부부도 하늘나라에서는 헤어져 독신으로 산다는 뜻이다. 왜 그럴까? 사랑하는 부부가 지상에서 누리는 행복한 동고동락이 영원까지 이어져야 하는 것이 당연한 일 아닐까? 예수님의 말씀에 따르면, 그렇지 않다는 것이다. 영원한 사랑도 없고, 참사랑도 없다.

마태복음 22장 30절에는 다음과 같이 예수님의 말씀이 기록되어 있다. "부활 때에는 장가도 아니 가고, 시집도 아니 가고, 하늘에 있는 천사들과 같으니라."

달리 말하면 독신으로 산다는 말인데 왜 그럴까? 사랑하는 부부가 함께 정서적으로 감성적으로 성적으로 영원히 사랑을 느끼면서 같이 살아야 하는 것 아닐까? 하지만 분명한 건 그렇지 않다는 것이다. 영원한 사랑도 참사랑도 없다는 것이다.

하지만 문 목사님은 남자로 태어나 천지조화, 음양의 합덕을 모르고, 사랑을 모르고 독신수행을 한 사람이 천지 대도의 중심인 사랑의 도리를 어떻게 알겠냐고 반문하며 이제 새로운 시대가 도래했다고 알린다.

오늘날 결혼한 성직자들

밀링고 대주교 : 2001년 뉴욕, 문선명 목사님 내외분의 주례로 거행된 축복결

혼식에서 잠비아 출신의 밀링고 대주교는 신부를 맞이했고, 이때 세계의 언론이 그를 주목했다.

천주교에서 유아세례를 받은 후 나는 오로지 교회를 위해 일생을 바쳐왔다. 1958년 서품을 받은 이후 독신생활을 하며 온 정성을 다해 하나님을 섬겨왔고, 예수그리스도의 복음을 전파했다. 그 과정에서 나는 천주교에서 사제보, 본당 신부, 루사카의 대주교, 이민자를 위한 교황의 특별대리를 역임했다. 나는 세상의 어떤 지위도 구한 적도 없고, 오직 주님과 그분의 교회와 그분의 자녀를 섬길 것만을 간구해왔다.

2001년 5월 27일 일요일, 나는 축복결혼식을 통해 사랑스럽고 신실한 하나님의 종인 성마리아와 결혼하게 되었다. 독신생활을 하는 천주교 성직자로서 내게 결혼이란 한참 관심 밖의 일이었다. 이것은 오로지 예수님의 명령과 문선명 목사님 양위분의 지원과 조언에 따라 전혀 계획에도 없었던 일을 대담하게 결정했던 것이다. 나의 아내와 나의 요청에 따라 문 목사님 양위분은 여러 교파에서 모인 성직자의 축복결혼식 및 결혼서약을 집례하시며 신성한 결혼식을 선포해 주셨다.

주님의 뜻에 따라 결혼한 이유는 다음과 같다. 창세기 1장 27절을 보면 하나님이 자기 형상대로 사람을 창조하시되 남자와 여자로 창조하셨다고 되어 있다. 예수님께서는 다시 이 구절에 대해 언급하신 말씀이 마태복음 19장 4절~6절에 걸쳐 실려 있다.

"예수께서 대답하여 이르시되 사람을 지으신 이가 본래 그들을 남자와 여자로 지으시고 말씀하시기를 그러므로 사람이 그 부모를 떠나서 아내에게 합하여 그 둘이 한몸이 될지니라 하신 것을 읽지 못하였느냐."

예수께서 말씀하시길, 하나님의 창조목적을 이루는 길이 바로 결혼에 있다고 하셨다. 하나님께서 남성과 여성의 이미지로 계시기에 하나님의 성품을 완전히 구현하기 위해서는 오직 남녀 부부를 통해서만 가능한 것이다고 하셨다. 아담을 창조하신 후 하나님이 말씀하시길, 사람이 혼자 사는 것이 좋지 아니하니라고 말씀하셨고, 창세기 1장 28절에 실린 것처럼 인간에게 준 첫 계명이 바로 생육하고 번성하여 땅에 충만하라는 것이었다.

여전히 사제로서 독신서약은 하나님의 섭리에서 심오한 의미를 지닌다. 우리의 첫 조상이 하나님을 거역했고 금단의 열매를 범했다. 타락 후 인간은 그들의 나체를 부끄러워하며, 그들의 하체를 가리고 하나님으로부터 숨었다. 그들은 에덴동산에서 추방당했고, 그들의 결혼과 가정생활은 하나님과는 아무런 관계가 없었다.

인류는 이 타락한 인류조상으로부터 죄악의 혈통을 이어받았다. 요한복음 8장 44절을 보면 예수님께서 말씀하시길 "너희는 너희 아비 마귀에게서 났으니 너희 아비의 욕심대로 너희도 행하고자 한다"고 기록되어 있다. 인간 시조인 아담과 이브가 거짓 사랑의 씨를 뿌렸기에 하나님을 온전히 섬기는 길에 있어서 그런 인간적인 욕망은 희생되기를 요구하신다. 사도바울은 하나님을 섬기는 일과 결혼하는 것에 대한 갈등을 설명하며 독신생활을 찬양했다. 따라서 나에게 있어 독신서약이란 그야말로 하나님께 내 모든 정성을 다 바치는 것이었다.

그러나 하나님은 신성한 남성과 여성이 하나가 되는 바로 그것이 삼위일체의 참된 반영이라는 것을 보여 주셨다. 마치 하나님 아버지가 예수님과 성신과 일체를 이룬 것 같이 하늘에 계신 아버지도 결혼을 통해 하나가 된 부부와 완전한 일체를 구현하실 수 있는 것이다. 차츰차츰 결혼이란 성스런 의식을 통해 태초에 부여된 결혼의 성스런 목적이 부활되는 것이다. 기독교 2천년의 막바지에 많은 신도들은 성직자의 독신생활이 그 목적을 다했음을 깨달고 있다. 우리는 하나님의 형상을 드러내야 하는 남성과 여성의 원래 목적을 성취할 시대를 맞이했다.

하나님의 이상적 결혼과 가정을 이루어 드릴 수 있도록 주님의 인도하심과 내 양심에 따를 것을 결의하며, 아프리카 구원을 위한 내 언약과 온 세계의 복음화를 위해, 새천년을 맞이하는 교회에 경종을 울리는 소임을 다하기 위해 기도를 올린다.

2천 년 전 하나님이 예비하신 바로 그 사람들이 그때를 알지 못하였다. 비록 예수님은 천국이 왔음을 선포했고, 새로운 복음을 설파했지만 과거에 얽매여 살았던 소위 선택받은 자들은 예수님을 마귀라고 불렀다. 예수님이 성전을 정결케 하셨을 때 그 당시 종교지도자들은 자신의 권위가 실추되는 것만 염려했다. 그들은 볼 수 있는 눈도 들을 수 있는 귀도 없었다. 이와 같은 과거의 죄악을 되풀이하지 않도록 주의해야 겠다.

어떤 사람들은 내가 조종당해서 통일교회로 개종했다고 믿고 있겠지만 다시 한 번 단언하건대 내 결정은 나의 선택에 의한 것이다. 나는 주 예수그리스도의 명령을 최우선으로 받든다. 전 인류를 위한 이상가정의 이상을 고양시키고자 문 목사님 양위분은 나의 천주교 신앙을 부정하거나 버리라고 한 적이 없다.

그분들에게 내 결혼을 일임했다. 왜냐하면 하나님께서 그분들에게 하나님을 중심한 결혼과 가정생활을 통해 하나님의 왕국을 창건할 수 있도록 사명을 부여하셨기 때문이다. 이 지구성에 하나님의 나라를 건설하는 것은 참사랑을 통해서만이 가능하다는 것과 하나님을 중심한 가정을 통해서만이 사랑이 이루어진다는 것을 목격했기 때문이다.

문 목사님 양위분은 주님의 역사를 대행하고 계신다. 이분들이야말로 하나님이 보내신 분이란 것을 자신 있게 증언할 수 있다. 청소년기에 예수님의 소명으로부터 그분의 사역은 시작되었다. 종교와 인종의 벽을 허물어 모든 사람을 하나로 만들기 위해 전력투구하는 문 목사님을 목격해 왔다.

나는 참으로 기나긴 시간동안 예수님께 이분들에 대해 문의를 드렸는데 주 예수그리스도는 답을 주시기를, 그분들은 참부모님의 자격으로 모든 종교를 초월하여 하나님을 중심한 참사랑의 가정을 이 땅에 이루는 분이라고 하시며, 그분들의 특별한 사역에 감사 드릴 수 있도록 인도해 주셨다.

문 목사님 양위분의 가르침과 사역에 대해 잘 알아보지도 않고 정죄하는 사람들이 반드시 기억해야 할 것은 말그대로 모든 선지자와 성자들은 당대에 오해를 받고 환영받지 못했다. 사도행전 7장 51절에서 52절에 나오는 스테반의 말에 귀를 기울여야 한다.

"목이 곧고 마음과 귀에 할례를 받지 못한 사람들아 너희도 너희 조상과 같이 항상 성령을 거스르는도다. 너희 조상들이 선지자들 중의 누구를 박해하지 아니하였느냐 의인이 오시리라 예고한 자들을 그들이 죽였고 이제 너희는 그 의인을 잡아준 자요 살인한 자가 되나니."

비록 나를 사랑하는 사람에게는 마음이 무겁지만, 내가 걷는 길을 이해하지 못하기 때문이라고 생각한다. 나의 영혼과 온 마음을 바칠 기회를 얻고 하나님의 성업을 위해 하나님이 다시 한 번 내게 주신 은혜를 자유롭게 사용할 수 있게 되어 기쁨이 충만하다. 나의 인생과 나의 사랑을 주 예수그리스도와 성모마리아에게 빚지고 있다. 영원한 감사와 존경을 요한 바오로 2세 교황에게 바친다.

나는 내가 사랑하는 교회에 헌신하고 있고 헌신할 것이다. 문 목사님 교회에 들어간 것이 아니다. 왜냐하면 문 목사님의 사역은 한 교회나 한 나라나 한 인종만을 위한 것이 아니고 모든 인종, 국가, 종교 간의 벽을 무너뜨리고 이 지상에 하나님의 왕국을 실현시키는 것이기 때문이다.

예수님께 드린 기도에 주님이 응답하시길, 하늘나라는 인간의 정성과 노력에 의해 성취되고, 그것은 반드시 참사랑과 참가정에 기반을 두어야 한다고 하셨다. 예수님은 이 성업에 기름 부어주셨고 내가 가는 길을 의롭다 하셨다.

2006년에 밀링고 대주교는 4명의 결혼한 성직자를 주교로 임명했다. 아울러 결혼 때문에 천주교에서 추방당한 많은 천주교 성직자와 천주교 간에 쌓인 응어리를 풀고자 오늘날 결혼한 성직자를 위한 기구를 출범시켰고 축복결혼식도 거행했다. 천주교 신자에 국한하지 않고 유대인과 이슬람교인에게 축복결혼식의 문을 개방했다.

밀링고 대주교는 "내가 확신하는 것은 뭐라도 즉시 해야 한다는 것이다. 왜냐하면 15만 명의 사제가 번민 속에 고통받고 있기 때문에 이대로는 안된다"고 말하며 강력히 주장하길, 천주교는 현실 세계와 동떨어져 있어서 사람들을 이끌 수 없다고 했다. 밀링고 대주교는 천주교 성직자에게 새로운 비전을 제시하고 있다. 그것은 바로 천주교 성직자로 하여금 지금처럼 독신으로 성직을 수행할지 아니면 결혼해서 가족과 더불어 어쩌면 독신 때 보다 신도들을 보다 더 잘 섬길 수 있는 길을 본인 스스로 선택하게 하자는 것이다.

결혼한 사제는 성직자라는 권위뿐만 아니라 본인의 결혼생활 경험을 바탕으로 신도들에게 다가갈 수 있다. 결혼한 사제로서 그는 그의 책무를 매우 성실히 수행할 수 있으리라 본다. 이것으로 인해 많은 긍정적인 변화를 가져올 것으로 기대하고 있고, 결혼한 성직자의 복지와 안정에도 기여하게 될 것이라고 생각한다.

{ 축복결혼 }

"축복이란 말은 뭐냐하면 복을 비는 겁니다. 빌 축祝 자입니다. 복을 비는데 무슨 복이 제일 귀한 것이냐? 사랑의 복이 제일 귀한 것입니다. 통일교회는 그런 의미에서 축복이란 말을 쓰는 것입니다. 제일 귀한 것이, 우주의 공약을 대표한 제일 핵심적인 이러한 기원이, 남자 여자가 결합하는 데서부터 시작됨으로 말미암아 그 축복이 제일 위대하다는 것입니다. 그 위대한 것이 복을 비는 데에 있어서 최고의 복이기 때문에 통일교회는 결혼식을 축복이라고 합니다. 축복은 전 세계를 주고도 바꿀 수 없는 가치가 있습니다. 때로는 내가 축복해준 것을 후회할 때가 있습니다. 축복은 한 남자 한 여자가 하나님의 뜻을 중심 삼고 참사랑을 실행하는 참아버지, 참어머니가 되라고 해준 것입니다.

에덴동산의 아담의 아들은 누가? 아담 해와가 결혼시켜 주는 것입니다. 하나님의 명령에 의해서 아담 해와가 해주는 거예요. 마찬가지라구요. 그래서 우리 통일교회는 어머니 아버지가 축복해주는 거예요. 그런 결혼식 봤어요? 거 완성 안 되었다 이거예요. 그건 뭐냐? 사랑의 전수식이예요, 사랑의 전수식. '우리가 하나님의 사랑을 갖고 이렇게 살듯이 너희들도 우리의 사랑을 하나님의 사랑 대신 받아 가지고 이렇게 살라' 하며 사랑의 전수식을 하는 것이 결혼식이라는 거예요.

통일교회를 중심 삼고 이루어지는 합동결혼식은 통일교회에만 한정되는 결혼식이 아닙니다. 이것은 모든 인류가 반드시 거쳐가야 할 공식적 노정인 것입니다. 이것을 확실히 알아야 되겠습니다.

앞으로 인류는 어디로 가야 할 것이냐? 모든 인류는 축복의 문을 통하지 않고는 천국에 갈 수 없습니다. 수많은 사람들이 기독교를 믿지만 그 기독교 자체도 축복이라는 문을 통하지 않고는 하늘로 갈 수 없습니다. 이렇게 말하면 기독교에서는 통일교회 레버런 문은 독선적인 발언을 많이 한다고 불평합니다. 이런 생각을 하는 사람, 또 그렇게 말하는 사람도 있는지 모르겠지만 그것은 그 사람들의 말이고, 통일교회에서 말하는 축복 결혼은 타락한 인류에게 있어서는 반드시 가야 할 길입니다. 아무리 반대하더라도 영계와 육계를 연결해 가지고 천국에 들어가야 할 중차대한 문제가 되는 것이 이 축복 결혼이라는 것입니다." _문선명

부모의 사랑은 인생에 있어 필수적인 요소이다. 고아로 자라면서 어린 시절을 보냈던 사람은 자존감 형성과 이 세계를 바라보는 가치관에 결정적 영향을 주는 부모의 사랑을 별로 경험하지 못한다.

1990년대 초반, 이제 막 도착한 통일교회 러시아 선교사는 모스크바나 성피터스버그의 고아원을 정기적으로 방문하기 시작했다. 그들이 만난 고아원 어린이들은 사랑에 굶주려 있었다. 고아원 보모들의 외적인 보살핌만으로는 부모로부터 받지 못한 따스함과 사랑의 빈자리를 메꿀 수 없었기 때문이다.

한국의 십대 미혼모로부터 양육이 포기되어 매년 양부모의 품으로 입양되는 몇천 명 입양아의 처지도 또 다른 안타까운 사례이다. 비록 대다수의 입양자들이 스웨덴, 네덜란드, 미국 등 선진국으로 입양되어 양부모로부터 지극한 보살핌을 받는다. 그들은 풍족한 삶을 영위하는 것처럼 보이지만 속으로는 자기를 포기한 친부모를 만나 연결고리를 다시 맺고 싶어한다. 결국 많은 입양자들이 자신의 친부모를 찾으러 자신의 모국으로 돌아오는 것을 목격한다. "나는 왜 버려졌을까?", "내가 속할 곳은 어디인가?"

와 같은 가슴이 찢어질 듯한 속앓이는 사그러들지 않는다.

　진짜 문제는 바로 타락의 결과로 우리 인류는 어린 시절에 모두 고아가 되고, 태초의 부모인 하나님의 사랑 즉, 우리의 뿌리로부터 격리되는 트라우마를 경험하고 있다는 것이다. 타락할 때 우리 모두는 하나님의 참사랑, 무조건적 사랑, 완전한 사랑으로부터 단절된다.

　우리 모두는 예외없이 시간을 갖고 깊은 생각에 잠기면 뭔지 모를 내적인 공허함을 느끼게 되고, 내 존재의 진공상태를 경험하게 된다. 기독교인과 무슬림은 죽어서 천국, 낙원을 약속하며 이 문제를 해결하고, 불교인들은 일체의 집착을 버려야 한다고 가르친다. 여전히 일부 마르크스주의자들은 자본가들로부터 사유재산을 박탈하면 프로레타리아 천국이 온다고 약속하고 있다.

　실용주의자들은 그 공허함을 인지하지 못하거나 인지하려고 하지 않는 대신 〈사운드 오브 뮤직〉에서 퇴역해군 대령으로 7남매를 둔 홀아비 역을 맡았던 크리스토퍼 플러머처럼 많은 일들을 벌여 바쁜 일상 속에 빠져들기를 선호한다. 허무주의자들은 모든 것이 덧없다고 결론을 내린다. 어떤 인간도 완벽하게 행복하고, 완벽하게 평화롭고, 완벽하게 사랑받지 못한다는 것이다.

　하나님의 참사랑이 없이는 모든 인간의 가슴 속에는 공허함이 존재한다. 사람들은 이 빈 공간을 여행이나 경기에서 승리, 투자, 명상, 알콜중독, 부페에서 끊임없이 먹는 것, 골프, 몸짱, 얼짱, 페이스북 친구, 섹스, 상담, 치유, 긍정적 사고, 끌어당김의 법칙, 여자친구, 남자친구, 아름다운 부인, 멋진 남편 등으로 채우려고 하지만, 그 어떤 것도 완벽하거나 영원하게 그 공허함을 채워주지 못한다. 심지어 정직하고, 책임감 강하고, 사랑이 넘치는 사람으로 비교적 건강한 결혼생활을 영위해서 어느 정도 안정적인 가정을 꾸린 가장 훌륭한 사람일지라도 이것을 피해가지는 못한다.

이 지상에서 천국은 그 누구에게도, 그 어느 곳에도 존재하지 않는다. 그래서 사람들은 그들의 실패를 곱씹으며 어쩔 수 없어 보이는 것을 수용하고, 현실주의자로 바뀌면서 살아남는 법을 배운다. 몇몇 사람들은 그 공백을 메우는데 굉장히 능숙하기도 하지만 어쨌든 불편한 시간과 때로는 고통스런 방법으로 그 공백의 존재를 반증하게 된다. 신혼부부가 아무리 그들의 사랑이 인류역사상 전무후무한 참사랑으로 영원까지 함께 할 것이라고 확신한다 하더라도 인생이라는 현실에 부딪히면 물거품처럼 사라지는 것을 목격하게 된다. 부모가 자식을 양육함에 있어 자신의 모든 사랑을 쏟아붓는다 하더라도 스트레스가 많은 불안한 상황에서는 참을성의 한계에 직면하게 되고, 부적절한 반응을 보이게 되어 자녀를 양육함에 있어 최고를 주고 싶어하는 순수한 의도에 역행하는 자신을 발견하게 된다.

미국의 밴드 익스트림Extreme은 그들의 히트송 〈마음에 구멍이 난 Hole-hearted〉에서 "내 마음의 구멍을 채울 수 있는 것은 오직 당신뿐입니다. 동그라미가 네모에는 맞지 않네요"라고 했다. 이 네모가 바로 인간이 궁극적으로 성취할 행복의 기본인 사위기대이다. 그 정점은 하나님으로 하늘 부모님이자 인생의 근원이고, 사랑의 샘이자 순수한 인류혈통의 근원이시다. 문 목사님은 직접적으로 경험한 것을 바탕으로 하나님에 대해 설명한다.

"하나님은 모든 인류의 부모이십니다. 하나님은 세계 최고의 부모라고 칭송될 수 있는 사람의 사랑을 뛰어넘는 절대사랑을 가지고 계십니다. 그 사랑으로 하나님은 전 인류를 감싸실 수 있는 것입니다. 하나님은 부모의 사랑으로 인류를 창조하셨습니다. 그 사랑 없이는 우리는 죽습니다.

여러분은 하나님이 계심을 하루에 몇 번이나 자각합니까? 24시간 가운데 몇 번이나 하나님이 계시다는 것을 느낍니까? 모심으로 구원을 받겠다고 하는 사람들이 24시간 가운데 한두 시간 정도 모셔 가지고 되겠습니까? 공기보다도 절박하게 필요한 것이 하나님입니다. 물보다도 절박하게 필요한 것이 하나님입니다. 밥보다 더 귀한 것이 하나님입니다.

그런데 여러분은 그렇게 느껴져요? 하나님은 망상적이고 관념적인 하나님이 아닙니다. 추상적인 하나님이 아닙니다. 생활적 주체성을 지니고 늘 우리가 살고 있는 생활의 주인으로서 함께 있는 것입니다. 모심만을 받는 것이 아닙니다. 공동적인 사랑을 중심 삼고, 공동적인 생활을 하고 있는 하나님입니다. 꿈같은 얘기입니다."

하나님은 하나님, 남편, 아내, 자녀를 기반으로 두는 사위기대四位基臺의 정점에 계신다. 하나님의 아들인 남성과 하나님의 딸인 여성이 하나님의 무한한 사랑 속에 영원히 성장해서 부부로 사랑의 영역을 확대하게 되는 것이다. 《세계 경전》에는 다음과 같은 경구가 실려있다.

"남편은 자신 앞에 서 있는 아내가 바로 하나님의 딸인 동시에 인류의 딸인 것을 알아야 한다. 아내를 하나님이 사랑하는 딸이자 인류가 사랑하는 딸로 사랑할 수 있다면 남편 자격이 있다. 아내를 존중하지 않는 남자는 참된 남편이 아니다. 아내에 대해 그런 마음을 가지고 있는가? 아내는 자신의 남편이 자신만의 남편이라고 생각하면 안 된다. 우선 그는 하나님의 아들이고, 다음으로 그는 세계의 모든 남성을 대표하는 사람이다. 아내는 그런 남편을 전 세계 모든 사람이 사랑할 수 있는 것보다 더 사랑해야 하고, 하나님이 그를 사랑하는 것보다 더 사랑해야만 한다."

그런 부부는 서로 사랑이 마를 날이 절대 없다. 왜냐하면 그들의 가슴이 하나님의 참사랑으로 영원히 다시 채워지기 때문이다. 그 사랑의 우물은 절대 마르지 않고, 사랑의 불길은 절대 꺼지지 않는다. 우주가 커가고 있듯이 사랑도 영원히 커진다. 사위기대가 토대인 자녀는 그들의 부모인 참부모를 통해 살아있는 하나님의 형상을 보게 된다. 그들은 절대 사랑에 목말라하지 않는다. 왜냐하면 그들의 부모는 무한한 하나님의 사랑을 받을 수 있는 통로이기 때문이다.

궁극적으로 부부간 사랑의 한계를 돌파하여 부부간의 전쟁을 종식하고 부부간에 참되고 아름답고 영원한 사랑을 가꿀 수 있는 길이 있다. 그것이 바로 국제 축복결혼식으로 연령에 상관없이 미혼이든 기혼이든 약혼자이든 누구나 동참할 수 있다. 부부간의 불신, 이혼, 가정해체, 그리고 부부간을 가로막는 모든 벽들을 일소할 방법이 있다. 그것은 바로 축복받은 가정에서의 참사랑이다.

8장

천생연분

사랑이란 사랑하는 사람끼리 서르를 바라보는 것이 아니라
사랑하는 사람과 함께 같은 곳을 바라보는 것이다.

쌩떽쥐베리

가정, 학교, 교회, 방송, 대중문화 등에서 심각하고 깊게 다루기를 망설였던 주제 중 하나가 남녀 간 사랑의 문제이기에 진공상태처럼 흡인력을 발휘한다. 소위 전문가에 의해 사랑을 주제로 말도 안되는 콘텐츠가 매일 영화, 드라마, 잡지 등을 통해 쏟아져 나오는 것은 놀라운 일이 아니다. 한술 더 떠서 스타와 토크쇼 진행자는 그런 행태를 더욱더 부추겨서 남녀 간의 사랑 문제에 대해 무지와 오해만 난무하게 되는 것도 놀랄 길이 아니다.

미국에서 《성경》 다음으로 많이 읽히는 책이라고 하는 모건 소캇 펙의 놀라운 책 《아직도 가야할 길》은 사랑에 대한 잘못된 관념을 일소한다. 저자는 말하기를 가장 강력하고 널리 알려진 사랑에 대한 잘못된 관념은 바로 '사랑에 빠지는 것'을 사랑이라고 믿는 것이라고 했다.

로맨틱한 사랑의 신화에서는 세상의 모든 젊은 남성 또는 여성을 위해 태어난 한 젊은 여성, 또는 남성이 등장한다. 이 가정에 따라 모든 사람들은 나의 반쪽 사랑을 찾는 여행을 떠나고, 혹자는 신문에 나오는 오늘의 연애운 또는 점성술을 펼쳐 보기도 한다. 아직도 사랑에 빠지지 않았다면 나의 이상형을 찾을 만큼 운이 있었던 것은 아니라 생각한다. 따라서 모든 사람들은 사랑의 반쪽을 찾는 여정을 떠나야 한다.

ㅋ많은 사람들이 신문의 연애운 또는 점성술 페이지를 먼저 펼쳐보고,

그들의 연애운을 확인한다. 아직 사랑에 빠지지 않았다면 그것은 바로 '천생연분'을 만날 만큼 아직 운이 따르지 않았기 때문이라 생각한다.

특히 서양에서 점성술을 신봉하는 이런 자기 중심적인 믿음은 그리스 신화에 그 뿌리를 두고 있다. 플라톤은 그의 《향연》에서 남녀 양성의 세계, 한때 자웅동체였던 '원생의 사람'을 묘사한다. 이들이 자라서 야망을 갖게 되고, 쿠테타를 일으켜 올림푸스 산의 신들보다 우세해지려고 한다. 이에 신들은 화가 나서 이 폭도들을 멈추기 위해 무엇을 해야할지 논의했다. 제우스는 인류를 없애는 간단한 해답 대신 모든 폭도들의 몸을 반으로 자르자고 제안한다. 이렇게 하면 폭도들의 힘을 효과적으로 약화시켜 계획한 반란을 와해시킬 수 있다는 묘안이었다. 제우스의 제안은 만장일치로 올림푸스 신들에게 받아들여져 모든 사람들은 둘로 쪼개지게 되었다. 가혹한 형벌을 가엾게 여긴 제우스는 자신의 잃어버린 반쪽과 성관계를 맺게 해서 일시적이나마 둘이 다시 한 번 하나가 되게 했다. 따라서 이 별난 제우스의 중재를 계기로 남성과 여성은 그들의 '잃어버린 반쪽'을 찾아 헤매는 운명에 빠지게 된다.

모건 소캇 펙에 의하면 문제는 사랑에 빠지는 경험은 언제나 일시적이라는 것이다. 누구와 사랑에 빠지든 간에, 언젠가는 식어버리게 된다. 이것은 우리가 사랑했던 사람을 사랑하는 것을 반드시 멈춘다는 의미는 아니다. 그러나 사랑에 빠지는 황홀경을 경험하는 것은 지나간다는 것이다. 신혼은 항상 끝난다. 사람들이 공통적으로 가정하길 사랑이 식어버린다는 것은 그 사람이 바로 나의 천생연분이 아니었기 때문이라고 한다. 그들은 엄청난 실수를 저지르고 있다. 그리고 나서 알맹이 없는 천생연분 찾기를 이어간다. 그렇게 사람들은 불운한 관계를 이어간다. 어떤 사람은 현대의 데이트 장면을 이혼을 위한 리허설이라고 묘사한다.

전 우주에 오직 단 한 사람의 천생연분이 있다고 생각하는 것은 당신이 누구와 결혼을 하든 상관없다는 것은 아니다. 결혼 상대자를 결정하는 것은 한 사람의 인생에서 가장 중대사이다. 형편없는 선택을 할 가능성이 있는 만큼 현명하게 선택할 가능성도 있다. 어떤 커플은 천상의 인연인 것 같은데 반해 다른 커플은 억지 춘향의 모습으로 어려움을 겪는다.

전통적으로는 마을의 원로나 영적지도자에게 배우자의 중매를 부탁했다. 2세기 전까지만 하더라도 심지어 좀 더 자유분방한 서양에서도 결혼을 앞둔 사람들은 배우자를 고르는데 부모님에게 도움을 요청하거나 결혼하고 싶어하는 사람에 대해 부모님의 승낙이 필요했다. 몇몇 사람이 아직도 그런 전통을 따르고 있다.

하지만 산업화된 현대사회에서는 많은 젊은이들이 부모의 걱정이나 바램을 무시하거나, 부모 스스로 자녀의 결혼상대자 결정에 의견표출을 하지 않고 모든 판단을 자녀에게 일임하기도 한다. 이것은 그 유명한 세계관과 맥락을 같이한다. 로맨틱한 신화에 등장하는 사랑에 빠진 사람은 자신의 천생인분이 누군지 아는 사람이다. 통계적으로 보면 이 사랑의 관점에 대해서 부정적이다. 가족 간의 유대는 느슨해졌고 개인의 선택이 우선시된 오늘날 이혼율은 급격히 증가하고 있다.

과거에는 항상 문 목사님이 직접 배우자가 될 사람을 정해 주었다. 통일교회 식구들이 증언하길 그분은 인간에 대해 신비로우리만치 놀라운 통찰력을 가지고 있어서 모든 남성이나 여성에게 최적의 배우자를 찾아줄 수 있다고 한다. 문 목사님은 그 배경에 대해 이같이 설명한다.

"한국에서는 오랜 경험과 연구가 축적된 중매에 대한 전통이 오래 전부터 있어 왔습니다. 한국에는 이 분야를 연구한 많은 중매 전문가가 있어 일생에 걸쳐 많은 부부를 탄생시켰습니다. 나를 통해 부부의 연을 맺게 된 사람들 중 많은 사람들이 이 중매전문가를 찾아가 내가 맺어준 배우자를 보여주면 너무나도 완벽한 중매라며 자신들도 이보다 더 중매를 잘 설 수 없다고 한답니다. 내가 상대를 골라 주는 것이 여러분이 선택하는 것보다 더 나을지도 모릅니다. 나는 보면 금방 알 수 있어요. 이 여자는 욕심이 많다는 등을 말이에요.(웃음) 한 가지 일을 3일동안 계속 생각하고 그러지 않아요. 보면 금방 알 수 있으니까요. 거기에 어울리는 남자를 맺어 주어 어떻게 본인보다 훌륭한 후손을 얻게 하느냐 하는 것입니다. 그것을 위해 선생님이 결혼시켜 주는 것입니다.

선생님에게는 그러한 역사가 있습니다. 8세 때부터 그런 일을 했다구요. 마을에서 유명했습니다. 저 집 둘째 아들 … 눈이 작다고 '쪼끔눈이'라고 했다구요. 그게 별명이라구요. 어디 어디의 쪼끔눈이는 뭐든 알고 있다고 소문이 난 거라구요. 어린아이인데도 그랬다구요. '야, 오늘은 나쁜 일이 일어난다' 하면 나쁜 일이 일어난다구요. 3일 후 많은 비가 내린다 하면 비가 내리는 거라구요. 그러니 모든 마을 사람들이 감탄했다구요.

그래서 사진을 가져와서 '이 남자와 이 여자가 결혼하면 어떠냐?' 하고 물어 봤습니다. 그 사진을 던져 버리면 나쁘다는 뜻입니다. 보고 그냥 주면 좋다는 뜻이구요. 그런 풍습이 되어 있었다구요. 가까이 있는 사람들을 그렇게 많이 해주었습니다. 던졌는데도 결혼하면 반드시 안 좋다 이거예요. 처음에는 나쁘지 않다고 했던 사람도 반드시 나빠지는 거예요. 그러한 역사를 가지고 있다구요. 불가사의하지요. 그거 새빨간 거짓말일지도 모른다구요.(웃음) 그런 경험이 있다구요.

그리고 다년간 많은 사람을 교육해 왔습니다. 많은 사람을 통해 테스트를 해왔습니다. 저런 여자는 이렇기 때문에 이렇다 하고 말하면 바로 맞아요. 싹 눈을 보면 알아요.(웃음) 실험해보는 겁니다. 정말입니다. 그런 경험이 있기 때문에 그런 면에서는 챔피언이에요. 보면 금방 안다구요.

나는 세계의 선을 볼 줄 압니다. 개인적인 선이 문제가 아닙니다. 척 보면 압니다. 여러분은 아들딸 결혼 상대를 10년이 가도 고르지 못하는데, 나는 1초에 열다섯 쌍까지 맺어 줬습니다. 그런 머리를 가지고 있어서 세상을 훤히 알기 때문에 그런 놀음도 하는 것입니다. 그거 믿을 만하지요? 3만 쌍을 결혼시켜 줬으니 말입니다. 뚜쟁이라는 말이 있지요? 세상에서 하는 말로 하면 뚜쟁이입니다. 그렇지만 뚜쟁이가 아닙니다. 결혼은 본래 참된 부모가 시켜주게 돼 있는 것입니다. 그런데 참된 부모를 잃어버렸기 때문에 세계적인 부모의 입장에서 이걸 수습해서 전부 다 접붙여 줘야 하는데, 그것을 하는 방법은 나밖에 알지 못하니 내가 처리해 주지 않을 수 없는 것입니다.

부모가 아들딸 손목을 끌어다가 데이트하라고 장려하면 그건 망국지종입니다. 동물들도 자기 상대를 찾아 가지고 짝을 맺을 줄 압니다. 만물의 영장이라는 인간들은 자기 상대를 알게 되어 있습니다. 척 보면 아는 것입니다. 참 재미있는 것이 뭐냐 하면, 통일교인들은 벌써 기도하게 되면 자기 상대를 안다는 것입니다. 다 통해요. 문 총재가 어디에 가나 하는 것도 알고 있습니다. 다 알고 삽니다. 한국에 가려고 하면 벌써 한국에 갈 것을 알아요. 여기 미국을 떠나는 것도 압니다.

그러니까 자기 상대도 전부 다 영적으로 봅니다. '이러이러한 사람이 내 상대다' 하는 걸 몇 번씩 봤는데, 약혼 때에 신비스럽게도 문 총재가 그 사람과 맺어 준다는 것입니다. 훌륭하지요? 그 수만 명의 상대 가운데서 어떻게 자기가 본 사람을 뽑아다 맞춰 주느냐 이거예요. 내가 아무 것도 아닌 것같이 해 주는데 자기가 본 사람을 상대로 결정해 줬다는 일이 수두룩합니다. 그러니 내가 보통이 아니란 말이지요. 저 꼭대기의 하늘나라에까지 통할 수 있는

줄이 있기 때문에 그런 놀음도 하는 것입니다.

　한 예를 들지요. 대양주에 조그만 섬나라가 있는데, 거기에 자기가 대양주를 중심한 왕이 되겠다고 준비하는 남자가 있었어요. 그 왕 되겠다는 녀석이 누군지 나도 몰랐지요. 그런데 그 대양주에 있는 통일교회 교인인 한 여자는 기도 가운데 '네 상대는 이런 사람이다. 배포가 두둑해 가지고 너희 나라의 왕이 되고 싶어한다' 하는 가르침을 수년 전부터 받았다는 것입니다. 그래 약혼식장에서 그 여자는 이쪽에 박혀 있고 남자는 저쪽에 보이지 않는 곳에 있는데, 이 여자를 보고 찾아가서 '네 상대가 여기 있다' 하고 찾아준 것입니다. 무엇이 있어서 그걸 찾아내겠어요? 그러니 그 여자는 그 남자가 수년 동안 영계에서 가르쳐 준 상대인 줄을 알고는 '만세! 만세!' 하는 것입니다. 그것이 가능한 것입니다."

　통일교회의 2세나 3세들조차 90대에 이른 문 목사님에게 자신에게 맞는 최상의 배우자를 찾아달라고 했다. 문 목사님의 성화 후에는 문 목사님의 아내, 한학자 총재님이 그 역할을 대신하고 있다. 평생을 문 목사님과 함께 신랑신부를 짝지워 주었던 한 총재님도 인간에 대한 심오한 통찰력을 가지고 있다. 통일교회가 확장됨에 따라 부모나 목사님에게 짝을 찾아달라고 하는 경우나 혹은 본인 스스로 찾는 경우도 있다.

첫사랑을 아내로 맞다

　데이비스 그렉 : 어린시절 첫사랑과 축복결혼하여 두 공주님을 낳았고, 현재 자신 소유의 라디오 선교를 하고 있다.

　내가 일리노이에서 초등학교를 다닐 때 하루는 한 소녀가 우리 마을로 이사를 왔다. 나는 어린 남학생으로 또래의 어린 여학생에게 관심을 가지던 때였다. 이 어린 소녀는 좀 특별했다. 그녀는 검은빛 머리카락에 검은빛 눈동자를 한 동양인으로 9살 소년의 눈에는 엄청나게 이국적으로 보였다. 그녀의 이름은 수잔이었고, 그녀가 '나의 특별한 소녀'가 될 것임을 꿈꿨다. 근데 몇 달이 채 안 되어 그녀는 이사를 갔다. 그렇게 나의 짝사랑은 끝났다고 생각했다.

나는 베이비붐 세대로 자그마한 마을에서 자랐고, 고등학교 대학교 때에는 주변에서 일어나는 잡다한 일들을 목격하며 인생에 대해 환멸을 느끼게 되었다. 인생에 대해 많은 질문과 생각을 갖기 시작하면서부터 방랑기에 접어들게 되었다.

1974년 뉴욕에서 '광적인' 메시아 운동을 하는 많은 통일교인을 만나게 되었다. 나는 통일교회의 가르침인 《원리강론》을 접하고 가슴이 뛰었다. 특별히 우리의 하늘부모님인 하나님이 그의 자녀인 우리가 결혼해서 하나님 사랑의 심정을 경험한다는 것은 나에게 큰 감동으로 다가왔다. 하지만 통일교회와 인연이 되기 전에는 결혼에 대해 별로 생각을 하지 않았고, 내가 누군가를 찾아 결혼을 하리라는 희망을 별로 갖지 않았다.

내 영혼의 참아버님인 문 목사님이 나에게 구원의 손길을 뻗치셨다. 특정 연령 이상이 되거나 통일교에 입교한지 몇 년 이상 된 사람은 즉시 뉴욕으로 가서 합동 축복결혼식의 예비 신랑신부가 되라는 초대를 받았다. 나는 몇십 명의 다른 통일교회 식구들과 함께 뉴욕으로 가는 비행기에 몸을 싣고 우리 인생의 제2막을 펼칠 준비를 했다. 이 합동 축복결혼식이 어떤 느낌일지 어떻게 준비를 해야 할지 등등으로 마음은 들뜨고 설레었다.

배우자의 매칭 과정은 신비롭게 진행되었다. 먼저 참아버님이 뉴요커 호텔의 그랜드볼룸에 가득 찬 예비 신랑신부 사이를 거닐다가 돌연 어디선가 신호를 받은 것처럼 갑자기 멈춰서서 특정한 남성 혹은 여성을 일어나게 해서 다른 특정 이성과 마주 보게 하여 서로 만남을 갖도록 했다. 잠정적인 배우자와 시간을 갖게 하는 미스터리한 과정이었다. 그러면 우리는 참아버님이 주선해준 사람에 대해 동의하고 영원한 반려자로 받아들이거나 다른 사람을 찾아달라고 다시 요청을 할 수도 있었다.

몇몇 사람은 다른 사람을 찾아달라고 하기도 했다. 하지만 나를 포함한 대부분의 사람들은 하나님이 참아버님을 통해 정해주는 사람을 감사히 받아들일 준비가 되어 있었다. 나는 하나님께 기도드리길 "하나님 아버지! 제가 아내를 선택할 필요없이 당신이 정해주셔서 정말 감사합니다"라고 했다.

나는 그 모든 과정을 기다리는데 엄청나게 여유로웠다. 아니 하나님께서 참아버님을 통해 나에게 천생연분을 골라주실 것이라는 믿음이 있었기에 오히려 초연했다고 표현하는 것이 더 정확할 것이다. 그렇게 기다리고 기다렸는데 나의 반쪽은 나타나지 않고, 오히려 후보자의 숫자는 점점 줄어들고 있었다.

그날 세 번째 매칭이 시작되자 내 친구와 내가 속한 교회 목사님은 매우 강한 어조로 내게 말했다. "그렉, 좀 더 적극적이어야지. 네 자신의 미래잖아." 그것은 나의 운명을 바꿀 하늘로부터의 메세지였다. 그들의 충고를 심각하게 받아들이고 내 마음가짐을 초연한 입장이 아닌 간절한 입장으로 바꿨을 때 하나님이 나에게 최고의 신부감을 안겨줄 것이라는 것을 깨달았다.

그렇게 마음을 고쳐먹자마자 갑자기 마치 꿈꾸듯 몇몇 남자들과 함께 일어나서 일본 여성들 쪽을 바라보라는 참아버님의 말씀이 들렸다. 바로 이거였다. 그동안의 모든 기도와 몽사와 교회에서 배운 교훈 등이 내 가슴 속에 홍수처럼 밀려왔다.

그리고 참아버님께서 정말 찰나의 순간보다도 더 짧은 시간에 수줍음 많고 얌전한 단발머리의 검은 눈동자 아가씨 한 명을 지목했다. 그순간 나는 마치 벼락에 맞아 감전된 것 같았다. 갑자기 내 주위의 모든 시간이 멈춰버리며 그녀가 바로 나의 영원한 반려자라는 것을 직감했다. 그다음 나를 깨운 것은 참아버님이 나를 가리키며 그 여성이 어떠냐고 한 말씀이었다. 나는 그랜드볼룸 뒤쪽에 서 있었지만 하늘의 인도하심을 따라 구름 위를 걷는 기분으로 앞으로 나아갔는데 무슨 일이 일어나고 있는지 제 정신이 아니었다. 그리고 그 여성도 앞으로 나와서 같이 참아버님 앞으로 가는데 갑자기 "나는 당신을 알고 있어요"라고 말하는 것이었다.

우리는 이 매칭을 받아들일지에 대해 의논하고 서로 미래에 대해 논의할 수 있는 별실로 인도되었다. 그 순간 나는 갑자기 벙어리가 된 것 같았다. 한마디도 뻥긋할 수 없게 된 나 자신에게 너무나 놀랐다. 정말 내가 할 수 있었던 것이라고는 그녀의 눈을 깊이 바라보는 것과 흘러내리는 눈물을 참는 것이었다.

하지만 내 마음 깊은 곳에서는 말이 필요가 없다는 소리가 들려왔다. 우리 사이엔 질문이 필요없었다. 검은빛 머리카락과 검은 눈동자의 아시아 미녀, 수미코는 나의 사랑스런 아내가 될 것이란 속삭임이 들려왔다. 더군다나 그녀는 나를 알고 있다고 했다. 그래서 나는 내 기억을 더듬어 혹시 예상치도 않은 상황에서 만났거나 스친 적은 없는지 교회활동을 같이 한 적은 없는지 생각해 보았지만 도무지 떠오르지 않았다. 어쨌든 우리는 서로를 영원한 반려자라고 받아들이고 참부모님 앞에 가서 인사를 올렸다.

나중에 알게 된 것이지만 수미코의 별명이 바로 초등학교 때 만났던 나의 첫사랑 '수잔'이었다. 마침내 그 오랜 시간이 지나 검은빛 머리의 검은 눈동자를 가진 순수한 마음의 '특별한 소녀'를 신부로 맞이하게 된 것이다. 이게 우연일까? 나는 그렇게 생각하지 않는다. 하나님은 우리 마음 깊숙한 곳에 숨겨놓은 비밀을 아시고 그것을 들어주시려고 하신다고 믿는다.

2012년 7월 1일은 우리가 부부의 연을 맺은지 30년을 기념하는 날이었다. 우리 가족은 참부모님인 문 목사님 양위분께 이 엄청난 축복과 영원한 사랑을 주심에 진심으로 감사를 드린다.

남편은 제2의 구세주

샐리 사이어 : 1979년 뉴욕에서 축복결혼을 했다.

통일교회의 식구가 된 이래 가장 최고의 순간은 바로 문 목사님이 내게 신랑을 소개해 준 1979년 매칭이었다. 그 매칭은 맨하탄에 자리한 뉴요커 호텔에서 진행되었다. 나를 보다 나은 사람으로 만들어주는 남편의 사랑과 지원에 특히 힘을 얻고 또 얻는다.

문 목사님의 가르침 "나의 배우자가 나의 제2의 구세주이다"라는 말씀이 남편을 볼 때마다 정말 실감이 난다. 남편은 항상 사랑과 나에 대한 믿음으로 나에게 용기를 불어넣어 준다 남편 없이는 지금 같이 성숙한 나의 모습은 없을 것이다. 축복결혼식을 즐여서 축복받았다고 통일교회에서는 표현하는데 정말 나에게 축복은 축복으로 다가왔다.

누가 최고의 남편감인지 아신다

다그마 : 바다를 사랑하는 독일인 다그마는 아르헨티나 신사 알프레도 코랄스와 합동결혼하여 현재 가족과 함께 부에노스아이레스에서 살고 있다.

문 목사님은 어떻게 천생연분을 골라 주실까? 인생의 중대사인데… 내가 산을 움직일 만한 믿음을 가지고 있고, 하나님 아버지를 정말 믿는다면 그분은 나에게 천생연분과 연을 맺어주실 것이다. '그럴꺼야, 그렇지 않을꺼야' 든가 '어떻게 되나 보자'라는 마음가짐으로 임한다면 그냥 자리를 뜨는 것이 좋다. 모든 것이 얼마나 확신을 갖느냐에 달려있는데 나는 엄청난 확신을 가지고 있었다. 문 목사님이 복도를 오르락내리락 하다가 나를 뚫어지게 보았다. 그 순간 내 모든 영혼이 그분에게 빨려들어가는 느낌이 들었다. 나를 바라보는 눈빛에서 나의 힘들었던 과거를 이해하고 있었다. 그 눈빛은 평생 잊을 수 없는 눈빛이었는데 알고 보니 나만 경험한 것이 아니었다.

천생연분을 찾아주는 '매칭'은 문 목사님이 잠시 휴식을 가지자고 하지 않는 한 밤새 진행되어 새벽까지 이어지곤 했다. 그 정도의 시간이 흐르면 보통 대다수의 사람들은 짝이 맺어진다. 정확하게 그날 몇 명의 예비 신랑신부가 있었는지 정확하게 기억은 나지 않지만 대략 300명은 넘었던 것 같다. 매칭은 숫자놀음이 아니다. 1000명의 예비 신랑신부가 모였다고 해서 반씩 갈라서 500쌍의 신랑신부가 '짠!'하고 탄생하는 것은 아니다. 그렇게 간단한 일이 아니다.

그렇기 때문에 항상 매칭되지 않은 사람들이 생긴다. 왜냐하면 문 목사님이 그들을 위한 천생연분을 찾지 못했기 때문이다. 그렇다고 매칭 초기 단계에 천생연분이 이미 다 사라지는 상황은 더군다나 없다. 때로는 그들을 위한 천생연분이 교통체증으로 못 도착했을 수도 있고, 그들에게 맞는 천생연분이 아직 매칭에 참석하지 않았을 수도 있다.

매칭이 된 부부들이 삼삼오오 친구들과 이야기를 나누는 장면은 정말 아름답다. 매칭이 다 끝나면 성주식聖酒式을 위한 무대가 준비되는데, 부부가 진짜 포도주를 마시게 되는 우리 교회에서 가장 종교적인 의식이다.

성주聖酒를 받는 방법도 특별하다. 문 목사님 양위분을 대표하는 교회의 원로 부부들이 성주가 담긴 아주 작은 일인용 잔을 담은 용기를 들고 몇 줄로 서서 성주식을 기다리는 부부 사이로 들어가서 선다. 신부가 성주가 담긴 일인용 잔을 받아 성주의 반을 마시고, 신랑은 그 잔을 건네받아 나머지 반을 마신다. 그리고 신랑이 그 빈잔을 신부에게 돌려주면 신부는 그 원로에게 잔을 돌려주는 순서로 진행된다.

이 성주식을 통해 사탄의 혈통이 하나님의 혈통으로 바뀌는 것이다. 공포영화의 한 장면을 연상시킨다고 생각할지도 모르겠지만 하나도 무서워할 것 없다. 예수님이 돌감람나무는 참감람나무에 접붙임을 받아야 한다고 한 것처럼 이 성주식은 참감람나무에 접붙이는 의식이다.

모든 신혼부부가 예방접종을 받는 것을 상상해보자. 만약 모두가 같은 예방접종을 받는다면 그에 대한 특정 병은 다시는 활개를 치지 못할 것이다. 세계 모든 사람들이 천연두 예방접종을 하기 때문에 천연두가 지구상에서 박멸되었다는 기사를 읽은 적이 있다. 예방접종을 한다고 자동적으로 훌륭한 사람이 된다는 의미가 아니라 그 고약한 병과 더 이상 상종하지 않아도 된다는 말이다.

마찬가지로 성주식을 통해 모든 부부들은 원죄로부터 치유되고 원죄에 대한 예방접종을 하게 되는 것이다. 만약 지구상의 모든 사람들이 성주를 마신다면 천연두처럼 원죄도 지구상에서 박멸될 것이다.

축복결혼식은 성주식과 비슷하게 진행되는데 결혼식에는 멘델스존의 결혼행진곡과 성가가 어우러져서 성스러운 영적 분위기를 형성한다. 그리고 서로에게 외도하지 않을 것, 모범 시민이 될 것, 자녀를 하늘과 인류를 위해 양육할 것을 맹세한다.

그다음 순서로는 문 목사님의 한국어로 된 긴 기도가 시작되는데 비록 기도내용을 이해하는 사람은 그리 많지 않지만 대부분의 신랑신부가 운다. 살아계신 하나님이 그토록 고대하던 이 순간, 우리가 그토록 고대했던 이 순간, 우리의 꿈이 실현되는 이 순간 등으로 이루어진 기쁨의 감정이 복받쳐서

울음을 참을 수가 없게 된다.

이 축복결혼식에 참석하기 위해 흘린 피와 땀과 눈물은 이루 형언할 수가 없다. 울음을 참지 못하고 결혼식장에 서 있는 느낌은 마치 올림픽에서 금메달을 목에 걸 때와 같은 느낌이다. 올림픽 시상대에서 금메달을 목에 걸고 휘날리는 태극기를 바라보며 애국가를 따라 부를 때 그동안 흘렸던 모든 피와 땀이 눈물이 되어 두 뺨을 적신다. 쓰러지면 또 다시 자신을 일으켜 세우곤 했던 자신과의 싸움이 주마등처럼 스쳐 지나가며 주체할 수 없는 뜨거운 눈물을 흘리던 선수들의 모습이 오버랩된다.

그 순간이 되면 축복결혼식에 참석한 신랑신부는 정말 축복을 받았다는 느낌이 든다. 우리는 전 인류를 대표해서 정말 전 인류에게 물 붓듯이 내리는 성령을 받는다. 축복결혼식에 참석할 때 우리는 젊었고 순수했고 생애 최고의 순간을 맛보았다. 축복결혼식에 참석한 우리가 바로 미래였다. 우리는 문화, 인종, 국가, 언어를 초월해서 온전히 하나가 된 것을 느꼈다. 우리는 인류 대가족으로 우리만의 특별하고 독특한 방식으로 모두가 평등하게 모두가 아름답게 변했다. 축복결혼식에 참석한 신랑신부들은 서로에 대해 거의 알지 못했지만 그것은 문제가 되지 않았다. 전 세계의 인류가 나아갈 길을 제시한다는 희망에 벅차 있었다. 그렇게 모든 것이 좋았다.

그렇다면 사랑은 어떨까? 지난 일요일, 남편과 축복결혼식 14주년을 맞이하여 두 아이를 데리고 공원으로 가서 애들용 영화, 우리 부부용 영화를 빌려 봤다. 애들은 영화가 너무 재미있다고 했고, 우리도 역시 영화를 재미있게 봤다. 그것이 바로 사랑이다. 사랑은 그냥 우연히 생기는 것이 아니라 만들어지고, 다듬어지고, 가꾸어야 하고, 그 상태를 유지시켜야만 한다.

미국에 있을 때 분재나무 하나를 키웠다. 나는 분재를 어떻게 다뤄야 하는지 잘 몰랐지만 사랑했다. 창가에 분재나무를 놓아두고 물을 주며 말을 걸었다. 나의 아기나 다름 없었다. 그래서인지 쑥쑥 자라고 무성해졌다. 그것이 바로 관계의 속성이다. 누군가 잘 가꾸어 주지 않으면 시들어 버리고 만다.

통일교인들은 통일교회의 축복결혼식 후 태어난 축복자녀라고 불리는 2세에게는 원죄가 없다고 믿는다. 따라서 그 부모들이 원죄를 벗는 의식으로 행하던 성주를 마시는 의식이든가 기타 몇몇 의식은 행하지 않아도 된다. 자녀의 결혼은 어느 부모에게도 중요한 행사이다. 하지만 통일교회 부모에게 있어서 자녀의 결혼이란 배우자와 일체를 이루어서 행복할 뿐만 아니라 확대된 가족에서 하나님의 순수한 혈통이 계승되는 것이기에 진실로 중대한 행사이다.

참사랑은 기적을 낳고 – 통일교회 2세 축복결혼 ①

오르 경선 : 아버지는 미국인이고, 어머니는 독일인이다. 어머니는 첫 번째 통일교회 아프리카 선교사 중 한 명으로 1970년 중반에 아프리카 잠비아에서 교회를 세운 사람의 일원이다. 3자녀가 아프리카에서 태어났고, 넷째 다섯째는 미국 사우스캐롤라이나에서 태어났다. 그중 오르 경선은 아프리카의 라이베리아에서 태어났다. 그의 부모님은 네덜란드와 오스트리아 부모의 슬하에서 태어난 젊은 처자를 그와 축복결혼시켰다.

나는 항상 우리 부모님의 순수함, 서로를 향한 절대적인 사랑, 자녀에 대한 헌신과 사랑에 감탄했고 감사를 드린다. 그것이 바로 《원리강론》의 가르침인 것이다. 우리 부모님이 찰떡궁합이라서 그렇게 된 것이 아니라 하나님과 참부모님과 깊은 관계를 맺고 있는 것이 삶에 깊이 투영이 되어 주변 사람에게까지 사랑의 빛이 비치는 것이다.

우리 부모님은 축복결혼을 받은 사람이라는 이름에 걸맞게 정말 축복받은 부부가 되었다. 이런 부모님의 모습을 보고 자란 나는 자연스럽게 나의 신부와도 이런 가정을 꾸며야겠다는 열망이 생겼다. 축복결혼을 할 수 있는 성년이 되었을 때 부모님께 나의 배우자를 찾는 것을 부탁드렸다. 왜냐하면 우리 부모님이라면 최상의 아내를 찾아주실 것이라는 백 퍼센트의 믿음이 있었기 때문이다. 하지만 다른 통일교회 2세들과는 달리 나의 상황은 우리 부모님의 며느리 찾는 일을 쉽지 않게 만들었다.

나는 소위 신체 장애를 가진 사람이다. 내 모습은 몇 년 전에 발생한 비행기 사고로 한쪽 팔을 잃었고, 흉터투성이였다. 생사의 갈림길에서 살아난 후, 나의 인생을 의미있게 보내야겠다고 결심했다. 아울러 이 사고를 통해 하나님과 미래의 신부에 대한 나의 믿음은 더욱 공고해졌다. 어떤 여성이라도 나의 상황을 받아들이기는 쉽지 않기에 우리 부모님은 이런 나를 받아들일 수 있는 여성을 찾아야만 했다.

대학교 1학년이 끝나고 며칠 후 부모님은 가능성 있는 아가씨를 찾았다고 알려주었다. 그 말을 듣고 마음을 가라앉히려고 애썼다. 몇 주 후에 형언할 수 없는 축복의 순간이 다가왔다. 바로 그녀가 나를 찾아온 것이다. 부모님으로부터 그녀의 이름이 담긴 사진을 받았던 순간의 감동은 그녀를 실제 만난 순간에 비하면 하늘과 땅차이였다. 우선 그녀의 목소리가 옆방에서 들렸다. 첫눈에 반했다는 말도 있지만 나의 경우는 첫 목소리에 반해 버렸고, 그 순간 그동안 경험하지 못했던 사랑의 감정이 활화산처럼 폭발해서 넘쳐났다. 그리고 나의 영원한 반려자를 놓치지 않아야겠다는 생각을 했다. 그래서 나는 온 정성을 다해서 그녀에게 사랑의 폭포수를 쏟아부었고, 이에 감동을 받은 그녀는 마침내 한 달도 남지 않은 축복결혼식에 동참하여 나의 아내가 되기로 결심했다.

나도 우리 부모님처럼 축복받은 가정을 가꾸어 나갈 수 있게 된 것이었다. 우리 부부는 얼마 전에 멋진 아들을 낳았다.

내 생애 최고의 날 - 통일교회 2세 축복결혼 ②

캐일리 : 같은 미국인 데이비드와 축복결혼을 했다.

축복결혼식 자체가 정말 꼭 마술과 같았다. 우리는 2008년 5월 17일에 축복결혼식에 동참한 부모님으로부터 태어난 80여 명의 통일교회 2세 중 17쌍이 부부로 탄생하게 되었다.

웨딩드레스로 갈아입고 축복결혼식장의 엘리베이터에서 내렸을 때 나를 바라보던 신랑의 얼굴을 잊을 수가 없다. 그 표정과 눈길이 바로 내가 평생동안 기다려왔던 사랑이었다. 가장 친한 친구들이 웨딩드레스를 입고 그들과 함께 영원을 함께할 신랑 옆에 서 있던 모습 또한 정말 아름답고 사랑스러웠다. 그리고 축복결혼식을 축하해 주기 위해 초대된 각 종교의 대표가 올리는 결혼축하 기도와 축사도 큰 기쁨으로 다가왔다. 그리고 결혼식장에서 내 뒤 거의 선채로 축복해 주며 축가를 불러주던 나의 모든 가족들을 사랑한다.

축복결혼식에 이은 연회도 내가 본 것 중 가장 아름다운 장면이었다. 연회장은 사랑이 넘쳤고 축하연에 참석한 가족들로 성황을 이루었다. 정말 완벽 그 자체였다. 축복을 받는 우리는 너무나 들떠 있었고, 이 축복결혼식에 참석한 것이 아주 특별하게 느껴졌고, 평생 부부간의 정절을 지키며 고결한 가정을 일굴 것을 다짐했다.

이것이야말로 하나님이 계획하신 것이란 느낌을 받았고, 이런 축복을 내려주신 모든 분들께 진심으로 감사드린다. 참사랑의 아름다움을 창조해 주신 하나님 아버지, 우리가 축복결혼식에 참석할 수 있게 허락해 주신 참부모님과 우리 부모님, 그리고 내 생애 최고의 결혼식이 되게 만들어주신 모든 분들… 우리 부부는 그 감사함을 결코 잊지 않을 것이다.

만약 내가 갖지 못한 것에 더 관심이 간다면 정말 나와는 반대인 사람에게 훨씬 더 끌린다는 것이 말이 되는 이야기이다. 바로 대다수의 통일교회 식구들이 그런 경우에 해당된다. 그들은 사회적 배경이 다른 사람은 막론하고 완전히 인종, 국적, 종교를 뛰어넘어 결혼한다. 문 목사님은 세계평화를 위한 첩경은 바로 역사적으로 원수였던 나라나 사람들끼리 결혼하는 것이라고 생각한다. 그래서 그는 한국인과 일본인을, 미국 백인과 미국 흑인을, 독일인과 프랑스인을, 아프리카 사람과 유럽 사람을 부부로 맺어준다. 이에 대해 문 목사님은 그의 평화메세지에서 다음과 같이 설명한다.

"하늘의 참된 혈통을 갖고 오신 참부모님을 통해 결혼축복을 받는 것이 바로 참감람나무에 접붙임을 받는 은사입니다. 혈통을 바꾸지 않고는 씨를 바꿀 수가 없기 때문입니다. 참부모님으로부터 결혼축복을 받고 이상가정을 이루어 죄 없고 순수한 참된 씨를 받는 최선의 길은 교차-교체 축복결혼입니다. 인종, 문화, 국경, 종교의 벽을 뛰어넘어 하나님 아래 인류 한가족을 만드는 대역사입니다.

하나님의 눈에는 피부색의 차이가 없습니다. 하나님의 눈에는 국경이 존재하지 않습니다. 하나님의 눈에는 종교와 문화의 벽이 보이지 않습니다. 이 모두가 수만 년 동안 인류에게 거짓 부모로 군림해온 사탄 마귀의 속임수에 지나지 않는 것입니다.

한번 생각해 보십시오. 실체 하나님으로 역사하고 있는 나의 가르침을 따라 만일 미국과 러시아가 초국가적 차원에서 교차-교체 축복결혼을 결행한다면 어떤 결과가 나올 것 같습니까? 두 나라는 영원한 절대주인인 하나님과 한가족이 될 것입니다. 수 억의 친손자, 외손녀가 살고 있는 나라를 향해 어찌 적대감을 품을 수 있으며 총칼을 겨눌 수가 있겠습니까?

모든 인류는 하나가 되어야 합니다. 통일교회에서는 국제 축복결혼을 통해서 서양인은 동양인과, 흑인은 백인과 서로 부부의 연을 맺게 됩니다. 인종을 초월해서 거행되는 이 축복결혼식이야말로 인류역사상 가장 아름다운 장면입니다. 인종의 장벽을 초월하지 못할 때 문제가 생깁니다. 인종을 뛰어넘을 수 있는 이상이 나오지 않는 한 인류는 파멸의 길을 걷고 말 것입니다. 하나님의 눈에는 전 세계 사람들이 형제자매일 뿐입니다. 하나님 아래 하나가 되지 못할 이유가 없습니다.

전 세계의 인종이 하나 되는 가장 빠른 지름길은 국제결혼밖에 없습니다. 두 가지의 전혀 다른 문화권과 환경으로부터 선택된 남녀가 하나님의 사랑에 의해 사이좋게 하나가 되어야 합니다. 이것이 완전한 조화와 통일인 것입니다. 이와 같은 이상을 실현하는 것이 우리들입니다. 위대한 일을 성취하기 위해 우리들은 거대한 사랑의 힘을 찾아야 합니다. 다만 최고 사랑의 힘에 의해서만 그와 같은 힘을 발휘하는 것입니다. 사회의 움직임과 환경에 따라서 농락될 만한 사랑은 아닙니다. 최고의 사랑만이 국경을 넘고, 인종의 경계를 넘고, 문화의 경계를 넘고, 지식의 경계를 넘는 것입니다."

원수와 결혼하라

마이클 젠킨스 ; 미국통일교회 협회장. 예수님은 '네 원수를 사랑하라'는 가르침을 주며 이스라엘을 점령했던 로마를 용서하고 품으라고 했다. 통일교회 식구들은 참사랑의 힘이 그보다 차원 높은 일보를 내딛을 수 있음을 발견하고 있다. 2000년부터 9년간 미국 통일교회를 책임졌던 마이클 젠킨스

협회장은 다음과 같이 설명한다.

"문화와 인종을 초월하는 국제교차 축복결혼식은 매우 감동적이고 고무적인 경험이었다. 그중 미국인 흑인남편과 미국인 백인신부 커플은 더 특별하게 다가왔다. 왜냐하면 아직도 미국에서는 흑백 간의 갈등이 뿌리깊게 자리하고 있기 때문이다."

특이한 점은 그 부부의 모친 모두가 치명적인 병을 앓고 있었다는 것이다. 한 어머니는 매우 심각한 종양으로 목숨이 경각에 달려있었고, 또 다른 어머니도 뇌졸중으로 오랜 세월 고통받고 있었다. 하지만 그 와중에도 교회활동의 선두에서 열심이던 두 부인의 정성에 하나님이 축복하시어 지금은 건강히 생활한다. 그분들의 자녀가 축복결혼식에 흑과 백이 아우러진 모델 부부로 참석하게 되었다.

매칭 과정에서 참부모님은 테일러 군을 앞으로 나와 서게 하고, 예비신부들에게 다가가 진심으로 흑인형제와 축복결혼식을 하기를 원하는 사람은 손을 들어 보라고 했다. 많은 사람들이 손을 들었지만 참아버님은 바로 졸린 양을 지목했다. 참으로 아름다운 장면이었다. 그 부부가 축복결혼식장에서 참부모님께 꽃다발을 증정하는 커플로 선정되었다. 축복결혼식을 통해 자신의 문화를 초월하여 부부의 연을 맺는 수많은 사람들을 목격했다.

나 역시 나의 축복결혼식의 경험에 대해 예비 신랑신부들과 공유했다. 내 아내는 일본에서 왔고, 나는 미국출신이다. 우리 집안 사람들이 가진 일본에 대한 적대감을 피상적으로만 알고 있다가 내가 축복결혼식을 위해 일본인과 매칭이 되었다는 것을 연락하고 나서 확실히 깨닫게 되었다. "저 결혼하게 되요"라고 하자 아버지는 "집안에 경사가 났구나 정말 축하한다!"라고 하시며, 신부의 이름이 뭐냐고 물으셨다. 내가 사까다 레이꼬라고 대답했더니 "그럼 일본사람이잖아"라고 하실 때 밀려오던 엄청난 분노와 실망감이 느껴졌다. 그때 나는 정말 충격을 받았다.

그랬다. 우리 아버지는 2차 세계대전 때 필리핀에서 일본군에 맞서 싸우셨다. 아버지는 우방인 한국을 언제나 사랑하셨지만 일본에 대해서는 항상 적을 대하는 느낌이셨던 것이다. 내가 일본인 아내를 처음 집으로 데려왔을 때 아버지의 분노는 폭발해서 아내에게 화를 내셨다. 일본은 불구대천의 원수이었던 것이다.

그렇게 시간은 흘러 부모님께 손주를 안겨드렸을 때에야 손주를 사랑하는 마음은 어쩔 수 없으셨던지 처음으로 마음의 문을 여시고 손주의 재롱을 만끽하시며 핏줄에 대한 애정을 쏟으셨다.

이제는 우리 집안 전체가 아내와 일본을 사랑하게 되었다. 내 일생에서 최고로 잘한 일이 바로 일본인 아내를 얻은 일이라고 아버지는 말씀하실 정도이다. 이것이 바로 원수와 화해하고 품을 수 있는 축복결혼식의 힘이다.

국경을 초월한 사랑

사이델 엘리자베스 : 1977년 박사 과정에 있던 사이델 디이트리히와 매칭이 되어 축복결혼을 하게 되었다. 현재 조직신학 교수로 재직 중인 남편과 1남 2녀를 슬하에 두고 있다.

내 고향은 이탈리아와 접경지에 있는 프랑스 동남부 프렌치 알프스에 있는 사부아이다. 친구들에게 세계를 돌아다니며 뭔가 멋진 진리를 발견할 것이라고 말하곤 했는데 친구들은 어리둥절한 눈으로 나를 바라보았다.

나는 일도 하고 공부도 하러 그리스, 영국, 프랑스, 이태리의 밀라노로 갔다. 밀라노에서는 수녀였던 친구와 아파트를 같이 썼다. 우리는 둘 다

20대 초반이었고, 내 머리 속에 '하나님은 계시는가? 사후의 세계는 있을까? 내 참사랑의 반쪽은 어디서 찾을 수 있을까?' 등의 질문으로 가득 차 있을 때 그녀는 이미 수녀로서 종교적 삶을 경험했다.

그런 나의 고민을 듣고 그녀는 나의 고민에 답을 줄 곳을 알고 있다고 말했지만 종교에 별로 관심이 없던 나는 귀담아 듣지 않다가 한번 들러보기로 했다. 그 친구가 건네준 통일교회 전화번호에 바로 전화를 걸었는데 다음 주 수련회에 참석해 보라고 친절하게 안내해 주었다. 수련회에 참석해 보니 많은 사람들이 나와 함께 기쁨을 누리려고 와 있는 듯한 느낌이 들만큼 분위기가 너무 좋았다. 통일교회 건물에 들어가서 벽에 걸려있는 한 남자의 사진을 보며 "도대체 이 사람은 누구지?"라는 의문을 가지게 되었는데, 그분의 가르침을 이해하면 그분이 누군지 알게 될 것이라고 답을 해주었다. 사진 아래에는 "내가 어떻게 기도하는지 알려 주겠노라"라고 씌여 있었다. 그렇게 통일교회와의 인연은 시작되었다.

1977년 참아버님은 매칭과 축복결혼식이 있다고 발표했다. 나에게 내 남편 디이트리히가 소개되었을 때, 그의 눈을 깊이 바라보았다. 그 순간 나는 터널을 통과해 천국에 도착하여 하나님과 하나님의 깊은 사랑을 느꼈는데 그것은 마치 영적인 체험을 하는 듯했다. 하나님은 내 남편을 통해 나를 보고 계신 것이었다.

그 이틀 동안의 축복결혼식 행사 때 나는 하늘이 아니라 이 지상에서 천국을 깊이 경험했다. 그 후 며칠간 내 얼굴에는 미소가 멈추지 않았는데 얼마나 많이 미소를 지었던지 내 얼굴에 경련이 나기도 했다. 뉴욕의 뉴요커 호텔에서 거행된 74쌍 축복결혼식 때 이미 우리는 참된 형제자매처럼 가깝게 느껴졌다. 참부모님을 통해 하나님의 사랑을 맛본 축복결혼식 행사는 내 인생의 정점이었다.

우리 부부는 오스트리아-독일 출신과 프랑스 출신의 결합으로 각 나라 사이에 어떤 원한관계가 있었는지 잘 알고 있었다. 따라서 세계평화와 이 지상에 천국을 이루기 위해 일어선 하늘 용사의 일원으로서 용서와 회개를 통한 새 출발을 통해 과거사를 치유하는 것이 우리 부부가 해야 할 일이라는 것을 잘 알고 있었다.

은혼식 기념 크루즈 여행

하웰 부부 : 이들은 1982년 7월 1일 뉴욕 매디슨 스퀘어가든에서 거행된 2075쌍 축복결혼식에 동참했다.

새벽 세시반이다. 25년 전에 있었던 우리 부부의 축복결혼식과 얼마 전에 맞았던 우리 부부의 은혼식에 대해 생각하고 있는데 아마 회상록을 작성할 시간인 것 같다.

지난 날을 돌아볼 때 우리 부부는 극과 극을 달리는《화성에서 온 남자, 금성에서 온 여자》의 주인공이라 해도 참 잘 어울릴 것 같았다. 우선 아내는 천주교 신앙을 했던 이태리 사람이고, 나는 영국의 웨일즈 출신으로 천주교에서 이단으로 정죄된 개신교를 신앙으로 삼았다. 그것만으로는 극과 극인 점이 부족해서 아내는 외향적, 사회적, 정치적 성향이 강한 반면 나는 내성적, 성찰적, 종교적인 성향이 강하다. 정말 극과 극인 조합으로 언제 부딪혀 불꽃이 튀길지 모르는 상황이었다.

축복결혼식이 거행되기 일주일 전인 1982년 7월에 문 목사님은 우리 두 사람을 매칭해 주시며 '잘 하면 환상적인 커플이 되겠구나' 하는 눈빛을 보이셨다. 지난 세월 동안 극과 극인 우리 부부 사이에 아무런 갈등이 없었다면 거짓말일 것이다. 하지만 우리 부부가 지난 세월 동안 일군 것은 서로에 대한 사랑, 관용에서부터 시작해서 심지어 노력하는 서로의 모습과 성격에 존경을 표하는 경지에까지 이르는 놀라운 결실을 얻게 되었다.

특히 아내의 앞만 보고 달려가는 능력에 항상 감동을 받는다. 그것은 그녀가 고향인 시칠리아 섬사람이 가지는 고집과 억센 면을 타고 났을 뿐만 아니라 그녀의 삶에 대한 긍정적이고 낙천적인 자세에서 비롯되어 나에게 보물처럼 다가왔다. 다른 여자 같으면 내가 정말 힘든 상황이었을 때 다 떠났을지도 모르지만 아내만큼은 내 곁에서 내조해 주었다. 이제는 그런 아내의 성품을 보호하고 지켜줄 경지에 이르렀다. 이것이 바로 내가 그녀에게 사랑한다고 말하는 방법이다.

25년의 세월이 흘렀다. 먼저 지난 세월 동안 함께 해주신 하나님께 감사와 경외를 표하고 희로애락을 같이한 우리 부부를 위해 큰 경축행사를 준비해야겠다고 느꼈는데, 알고 보니 같이 축복결혼식에 동참했던 많은 부부가 같은 생각을 갖고 있었다.

그래서 논의 끝에 결정된 일이 25년에 했던 축복결혼 서약을 다시 하고 일주일 간 알래스카 크루즈 여행을 떠나는 것이었다. 이렇게 멋진 날에 걸맞은 축하행사를 물색하는데 마침 한 크루즈 여행사와 연락이 되어 예약을 했다. 25년 전 같이 축복결혼식에 참석했던 커플 중 30여 쌍이 크루즈 여행에 동참하게 되었다.

시애틀을 출발한 크루즈선은 캐나다 해안을 따라 빙하가 장관인 곳을 통과해서 브리티시 콜롬비아까지 가는 항로였다. 특히 안개가 자욱한 물길, 눈으로 덮였던 울창한 숲, 깨끗한 공기, 고래, 독수리 등으로 장식한 알래스카를 통과할 때의 장관은 형언할 수 없었다. 아울러 30여 쌍의 친구들과 같이 식사를 하며 환담을 나누던 시간, 특히 선상에서 새벽기도회를 같이 하며 25년 전 축복결혼식 때 참아버님의 주례사를 다시 읽으며, 매칭과 축복결혼식 때의 추억을 회상하는 시간은 참으로 행복 그 자체였다.

　우리 부부가 크루즈 여행을 통해 공통적으로 느꼈던 소감은 한마디로 지난 25년간 부부로서 걸어왔던 것에 대한 기쁨과 감사의 극치를 맛본 것이다. 아울러 아내와 같이 항해해 온 지난 25년간의 또 하나의 크루즈 여행을 회상해 볼 때 한 장면 한 장면이 말 그대로 장관이었다.

9장

절대 성
: 좋은 성과 나쁜 성

나의 사랑스런 아내의 나신이 처음으로 내 눈 앞에 펼쳐졌을 때,
온몸과 마음에서 '와~'라는 경외스러운 감정이 솟아났다. 왜 '와~'였을까?
만약 섹스란 것이 종족번식을 위한 본능에 지나지 않는다면 성적으로 흥분하여
빨리 섹스를 하려고 했을 텐데 왜 그러지 않았을까? 생물학적인 성욕에
충실하면 종족번식이란 목표는 충분히 달성할 수 있다. 하지만
왜 '와~'였을까? 왜 성은 성스러움과 길접한 관계가 있는 것일까?

스캇 펙, 아직도 가야할 길

섹스. 이 단어 자체만으로 엄청난 반향을 초래한다. 어떤 사람은 본능적으로 부정적인 반응을 보인다. 또 다른 사람은 이 말에 흥미를 보이거나 성적인 자극을 받는다. 많은 사람들이 이 매혹적이고 혐오적이고 죄를 짓는 듯한 욕망을 어떻게 다루어야 할지, 잘 알지 못한다. 이보다 사람들을 강하게 자극시키는 말이 어디 있을까? 나는 이 책의 2장에서 이 비논리적이고 사고뭉치인 성의 모순성을 근본적으로 적나라하게 밝혔다.

그 어느 시대보다 특히 오늘날에는 나쁜 섹스와 좋은 섹스, 홍등가의 변태적인 섹스와 사랑하는 부부간의 아름다운 성관계 사이에서 혼란스러워한다. 안타깝게도 많은 사람들이 이 경계를 명확하게 구분하지 못한다.

많은 사람들이 완전히 전자에 속하거나 후자에 속하고 있다. 사랑스런 밤을 함께 했던 남편이 성인물에 빠지는 것은 자신도 어찌할 수 없기 때문이다. 테이블 위에 놓여진 결혼기념 사진 속의 아름다운 신부는 다른 남자의 품에 안겨 위로를 받고자 하는 또 다른 자아를 가지고 있다. 왜냐하면 모든 일이 내 의지대로 되는 것만은 아니기 때문이다.

악평을 받았던 1967년의 영화 〈사랑의 여름Summer of Love〉에서 캘리포니아의 히피들은 누구와 언제 어디서건 이유 여하를 막론하고 섹스를 해도 된다고 전 세계 사람들에게 알렸다. 1960년대와 1970년의 서구사회를 휩쓸었던 그 '성혁명'은 결국 성에 대한 전 세계 사람들의 인식을 변화시켰다. 1964년 비틀즈는 〈네 손을 잡기를 원해〉를 불렀던 반면, 1987년에 이르러 조지 마이클은 〈너와의 섹스를 원해〉라고 노래했다. 성해방은 주류가 되어 도덕적으로 용인되는 행동의 근본적인 변화를 가져왔다. 그것은 나이를 불문하고 이루어졌고, 특히 젊은층 사이에서 폭발적으로 증가했다.

2008년에 이르러 미국의 소아과 저널에 실린 연구에서는 그 유명한 미국 드라마 〈섹스 앤드 더 시티Sex and the City〉와 〈프렌즈Friends〉가 임신이나 성병과 같은 부정적인 면은 거의 보이지 않고, 오직 불륜을 미화했다고 평가했다. 그 연구에 의하면, 이런 성충동을 일으키는 영상을 접한 12세에서 17세 사이의 소녀들은 그런 것을 접하지 않은 같은 또래의 소녀들에 비해 2배 높은 임신율을 보였다. 그런 영상을 본 10대 청소년은 더 쉽게 누군가를 임신시킨 것으로 드러났다.

왜 그런 프로그램이 대박을 터트렸을까? 바로 '섹스'때문에 사람들의 주의를 끌게 된 것이다. 축구, 마약, 성형수술, 컴퓨터 소프트웨어, 스마트폰 등 그 무엇보다 섹스는 지구상 최대의 이슈이자 최고의 상품이다. 그리고 그 생산라인은 아주 감상적인 로맨틱 코미디로부터 포르노에 이르기까지, 여성의 가슴을 노출시키고 술을 파는 술집으로부터 성노예에 이르기까지 전 영역에 걸쳐있다.

성을 팔고 그에 따른 참혹한 결과도 전개되어 결혼과 가정은 붕괴된다. 많은 사람들에 의해 혼외 정사는 인생에서 당연한 것으로 받아들여지고, 이혼율을 보면 부부가 그들의 결혼에 대해 그리고 그들의 자녀에 대해 별로 책임감을 못 느끼는 것을 반영한다.

{ 하나님 중심한 부부관계 }

1970년대에 처음으로 《원리강론》을 접했을 때, 사랑을 잘못 사용했을 때 초래되는 파괴적인 결과를 듣고 엄청난 충격을 받았다. 동시에 하나님 중심의 영원한 결혼이 가능하다는 것에 감동받았다.

미국사회를 돌아보았을 때 "우리가 해야 할 일은 하나님을 사람들에게 소개시켜 하나님을 중심한 가정을 이루게 인도하는 것이다. 그러면 하나님, 남편, 아내, 자녀가 구성원을 이루는 안정적인 사위기대四位基臺가 조성될 것이다"라고 생각했다.

그로부터 40여 년이 흐른 오늘날 세계는 어떻게 변했을까? 하나님의 설 자리도, 그렇다고 인간의 설 자리도 없는 그런 세상이 되었다. 점점 더 많은 여성들이 그냥 하룻밤의 잠자리를 통해 아이를 낳고 있어서 누가 아빠인지도 모르는 상황이 전개되고 있다. 사실 미국 20대 여성의 출산 중 그 절반 이상이 혼외정사를 통해 태어난다. 이것은 미국만의 문제가 아니라 대다수의 선진국도 마찬가지 길을 걷고 있다.

남성은 전형적으로 성관계를 맺을 때 공격자의 성향을 가진다고 알려져 있지만 의사결정권을 갖는 여성들은 그들의 섹스파트너가 굳이 미래의 애기아빠가 될 필요는 없다고 생각한다. 그들이 갖는 생각은 아마도 '섹스를 같이 즐기기에는 충분히 만족스럽고, 혹시 애기도 만들 수 있겠지만 애기의 아빠가 되는데는 좀 만족스럽지 않잖아'일 것이다. 하지만 내가 궁금한 것은 그 애들은 무슨 생각을 하고 있는지 물어봤냐는 것이다. 인공 수정을 통해 태어난 아이들은 그들의 아빠가 누군지 궁금해한다는 것을 잘 알고 있다. '나는 누구이고 어떻게 태어나게 되었는지 부모는 누군지 등등 그들이 가지는 단순한 욕망을 우리 사회는 잊고 사는 것 같다. 그들의 진정한 정체성은 자신의 모든 세포의 절반에 해당되는 DNA를 준 아버지와 복잡하게 연결되어 있다. 엄마와 아기와의 관계는 자동으로 설정되지만, 누가 아빠인지는 유전자 검사를 해보기 전까지는 명확하지 않다.

역사적으로 결혼의 궁극적 목적은 디리 누가 아빠가 될지 정하기 위함이었다. 미래에 태어날 자녀의 엄마와 결혼하게 되는 것이나 마찬가지인 것이다. 아빠가 될 그 남성과 그의 자손과의 연결고리는 자연스럽게 그 남성으로 하여금 미래의 아기들을 보호해 주고 지원해 준다는 것을 보장받는 일인 것이다. 따라서 결혼의 목적이 성인들의 로맨틱한 성적 선택의 결과물로 자녀를 생산하거나 하지 않거나 상관이 없는 것이 되어 그 근본 목적이 바뀌게 된 것이다.

그렇다면 무엇이 우선시 되어야 할까? 로맨틱한 성적 선택의 결과물일까, 아니면 자녀의 잠재적 공동창조주로 부부 상호 간에 그리고 자녀에게도 일부일처를 언약하는 것을 장려해야 하는 것일까?

뭔가를 놓고 고민할 때마다 처음으로 돌아가는 것이 유용하다는 것을 발견했다. 따라서 우리 사회도 우리 모두의 뿌리로 돌아갈 것을 제안한다. 《원리강론》에서 가르치는 바와 같이 모든 것은 양성과 음성의 이성성상으로 이루어져 있다. 인간은 남성과 여성의 성적결합으로부터 유래된다.

몇 년 전 예일대 의대교수인 알렉산더 박사는 미 항공우주국을 위해 인체를 꼼꼼히 살펴보게 되었다. 그 결과 그는 신성하다고까지 표현했던 놀라운 인체의 패턴을 발견했다. 그가 출연한 TED 프로그램 중 수정란에서 인간으로 발달되기까지의 전개과정과 수정에서부터 출산까지의 과정을 그린 것을 보면 인간은 수십억 불의 예산을 투자해서도 만들 수 없는 엄청난 과학의 집합체라는 것을 알 수 있다. 게다가 우리 각자는 다른 이

성과 더불어 애기, 즉 새로운 인간을 창조할 힘을 가지고 있다는 것이다.

성혁명은 점점 전 세계 사람들에게 영향을 미쳐 성에 대해 터부시하는 환경이 사라지고 있다. 서양에서는 침실에서만 제한적이었던 성이 공공장소에서 언급되는 것에 대해 현대에는 해박한 지식을 가졌다는 증표로 멋지게 받아들여진다. 이 새로운 시도는 실제로 성에 대한 솔직한 대화와 교육이 가능하게 했지만, 위에서 언급한 여러가지 부정적 결과도 초래했다. 가장 인상적인 것은 성에 관한 새로운 차원의 대화가 가정, 직장, 학교, 식당 등에서 오가지만 기대했던 남성과 여성의 해방을 가져다 주지는 않았다. 그리고 새로운 성윤리관은 예상했던 성취감과 행복감도 안겨 주지 않았다.

어쨌든 이런 변화를 환영하는 진보주의자들은 성이 문제 덩어리의 주제라고 생각하지 않는다. 그들은 끈덕지게 성에 대해 어느 정도의 겸양을 촉구하는 그들의 도덕적 직관을 무시하며 곤혹스러운 감정에 익숙해졌다. 전통적인 성윤리에 반하여 행동했던 사람들은 성을 인간이 경험할 수 있는 최상의 상태로 끌어올리는 대신 아이러니하게도 홍등가, 술집, 싸구려 모텔 수준의 상태로 전락시켰다. 이 사람들이 놓친 것은 양심의 역할이 인간의 행동과 삶을 이끌고 안내하는데 중추적 역할을 한다는 점이다. 특별히 성윤리에 있어서는 특별히 더 그러하다.

{ 양심의 역할 }

"음과 양, 성상과 형상이라는 플러스 마이너스는 상대적이지 상충적일 수 없습니다. 그러나 오늘날 타락한 인간에게는 마음의 소리도 있고 몸의 소리도 있습니다. 마음과 몸이 하나가 안 되어 있어요. 하나님을 닮아서 태어나야 할 남자나 여자의 마음과 몸이 어떻게 되어서 잘라졌느냐 이거예요. 이것이 문제입니다. 하나님은 절대적인 분이기 때문에 우리 인간에서의 표준상인 몸과 마음이 절대적으로 하나 되어 가지그 하나님의 전체 세계에 동화될 수 있고, 하나의 중심적인 역할을 해야 할 것인데도 불구하고, 우리의 몸과 마음이 어떻게 갈라졌느냐 이거예요. 몸과 마음이 갈라진 것이 마음대로 되었다면 하나님이 없는 것이고, 이상이니 통일이니 평화니 행복이니 하는 것의 기지를 찾을 수 없습니다.

심신일체는 양심과 육신이 공명권에 서 있는 것을 말합니다. 소리굽쇠의 주파수가 같을 때, 하나를 땡 치면 그 반대의 소리굽쇠가 울려요. 그것과 마찬가지로 참사랑으로 양심을 치면 육신이 울리는 것입니다. 알겠어요? 참사랑으로 육신을 땡 치면 양심이 공명권을 만들게 되는 거라구요. 거기에는 교육이 필요 없습니다. 그 한가운데 들어가면 가르쳐야 될 모든 것을 알게 되어 있다구요. 몸보다 마음에 더 힘을 가하게 되면 결국 몸이 마음에 순종하게 되어 있습니다. 하지만 실패하게 되면 몸이 마음보다 더 강한 상태가 되어 지금 처해진 상태보다 더 낮은 자리로 떨어진다는 것입니다. 두 가지의 갈림길이 여러분 앞에 놓여 있습니다.

우리 인간들은 일생을 사는 동안 자신과 제일 가깝고 천하를 주고도 바꿀 수 없는 주인이 있는데도 불구하고, 그걸 모르고 죄에 사로잡혀 사는 불쌍한 무리였다는 것을 알아야 합니다. 그 주인이 바로 자신의 양심입니다. 이 양심이 얼마나 여러분을 위해서 충고를 했으며, 밤이나 낮이나 나쁜 생각을 할 때는 '야 이놈!' 하고 지치지 않고 고개를 넘고 강을 건너 끌고가려고 얼마나 안달했습니까? 이처럼 마음은 참된 주인의 모습을 지니고 나를 보호하려는 데도 배반한 몸뚱이, 하나밖에 없는 우주로부터 귀한 스승으로 점지하여 받은 선생님인데도 불구하고 이를 여지 없이 천대한 이 몸뚱이,

또 내 본연의 사랑을 이어줄 수 있게 한 부모 대신 보내 준 것이 양심입니다.

이제 우리가 누구의 말을 들을 때는 지났습니다. 어떤 진리보다도 천만 배 훌륭한 스승의 말보다도, 내 마음의 말을 듣고, 들어도 또 듣고 싶어 그 마음을 찾아가야 합니다. 그러면 나도 알 수 없는 무한대의 무엇이 나옵니다. 그것이 창조의 내용입니다." _문선명

성은 생리적 감정적 요구다. 물론 신부, 승려, 수녀 등과 같이 종교적 이유에서 섹스를 포기한 사람들도 있다. 그러나 성의 육체적 정신적 축복에 대해선 오늘날 잘 정리가 되어 있고, 남성이나 여성이나 성생활을 즐기지 않을 때 실제적으로 엄청난 희생을 감수해야 한다.

우리는 자연산 만병통치약으로 알려진 세로토닌, 옥시토닌, 엔도르핀 등과 같은 호르몬 분비물에 익숙하다. 이 물질은 성관계 도중이나 성관계 이후에 신체에 분비되어 남성과 여성이 극도로 멋진 기분을 맛보게 해서 평온함, 배우자와의 일체감에 젖게 만든다. 육체적 정신적 건강에도 유익한 점은 세밀히 연구하고 검증되었다. 분명히 성은 미스터리한 생물학적 심리학적 상호작용이고, 남녀 간의 육체적 정신적 삶의 원동력이다.

가치중립적 의학 토론과 중학교 생물 시간에 다루어진 성에서 별로 깊이 고려되지 않은 것은 성행동을 이끄는 양심의 역할이다. 남성과 여성이 육체적 기쁨과 정신적 만족을 완전히 경험할 수 있을 때는 오직 서로만을 영원히 사랑하고, 평생토록 서로에게 헌신한다는 전제조건하에 이루어진 성애性愛에서만 가능하다. 비록 일반적으로 남성이 여성에 비해 성충동이 강하지만 남녀 모두 강렬한 성적 욕망을 가지고 있고, 타고난 성충동이 있어서 충족되어야만 한다. 물론 이 부도덕한 세계에서는 성충동을 충족시킬 여러 가지 방법이 있다.

세속적인 작가는 보통 인간은 단지 동물로서 다른 사람에게 피해가 가지 않는 범위에서 자신의 본능적 욕구를 만족시킬 수 있다는 허황된 전제로 시작한다. 하지만 하나님에 의해 축복받은 결혼, 사랑과 성의 창조주가 임재된 부부간의 사랑만이 궁극적인 육체적 기쁨과 정신적 만족을 제공할 수 있다. 즉 부부간의 성은 매번 그들의 몸과 마음과 정신과 영혼을 함께 이어준다. 오직 정결한 결혼 안에서의 성만이 마음의 평안을 가져다 준다. 배우자와 함께 깊은 만족감을 주는 성애는 말 못할 친밀감을 생성한다. 남녀의 인생에서 성적 충족은 필수적인 요소이기 때문에 그것을 맑은 정신과 함께 배우자에게 주는 것은 그들 사랑의 의미가 되는 것이다.

　　절대 성絶對性이란 개념이 서양에 소개된 것은 1996년 8월 1일 워싱턴 DC에서 행한 문 목사님의 강연회에서 비롯된다. '우주의 근본을 찾아서'란 제목의 강연회로 그동안 문 목사님과 인연이 된 미국의 유명한 지도자들도 참석한 강연회였다. 그때 생식기를 27회 이상 언급했는데 대중강연에서 이렇게까지 과감하게 19금 용어를 분명한 어조로 자세히 언급한 것을 본적이 없었기에 많은 이들이 불편한 심기를 드러냈다. 많은 사람들이 문 목사님의 강연회에 몇 번 정도는 참석한 경험이 있어서 이러한 파격적인 강연 스타일에 익숙해 있었지만 말이다.

　　하지만 문 목사님은 이에 대해 아무런 변명도 하지 않았을 뿐만 아니라 고상한 척하는 그의 제자를 꾸짖고, 이런 내용의 강연을 고개를 꼿꼿이 세우고 분명하게 이야기해야 하는 이유를 설명해 주었다. 그는 상대를 가리지 않고 난잡한 성교를 즐기는 사람과 소수 과격분자가 너무 오랜 세월 동안 성에 관한 논의의 주도권을 쥐고 있었고, 잘 속아 넘어가는 취약한 젊은이들을 그들의 무책임한 철학과 도덕관념이 없는 주장의 포로로 삼았다고 꼬집었다.

누구든지 자신들의 그럴듯한 주장에 반론을 제기하면 멍청한 원리주의자나 편협한 반동주의자로 몰아세웠다. 프리섹스라는 이 표현은 성적 권리, 삶의 다양성, 재생산의 자유 등 열린 사고를 가진 듯한 용어로 포장되었다. 그럴듯한 말로 들리지만 실상 그 가면 속에는 쾌락주의 세계관을 앞세워 포르노, 십대 미혼모, 어린이 매춘, 여성 인신매매, 에이즈의 만연을 부채질했다. 이에 반해 절대 성이란 하나님을 중심으로 부부 사이에 이루어지는 절대, 유일, 영원, 불변한 성관계를 말한다.

{ 혼전 프리섹스와 혼전 절대순결 }

"하나님의 가장 큰 고통이 바로 프리섹스입니다. 프리섹스로 가득찬 세상은 하나님의 뜻과는 상반되는 것입니다. 사랑은 온전한 마음의 자극으로부터 옵니다. 하지만 프리섹스는 순수한 마음이나 순결과는 전혀 상관이 없습니다. 얼마나 많은 사람들이 외도나 이혼으로부터 고통 받고 있습니까? 하룻밤 만나서 즐기는 사랑에 하나님이 계실 수 있겠습니까? 프리섹스로 생기는 무책임한 임신의 결과는 어떻습니까?

미국과 같은 서구사회의 경우 혼전 성관계는 어쩔 수 없는 일이란 가정 하에 어린 학생에게 콘돔을 나누어 주며 안전한 성관계를 가르치는 것은 커다란 착각입니다. 동성연애, 프리섹스, 마약, 알코올 중독이 있는 곳에서 참사랑은 요원한 것입니다.

선악과가 뭐예요? 뭔지 알아요? 여자의 음부를 말하는 거예요. 한국말로 '나 그 여자 따먹었다' 이러지요? 따먹었다고 그러지요? 한국말이 묘하다는 거예요. 남자들은 그런 말을 하지요. '저 여자 따먹자'고. 그건 성경도 모르는 사람들이 그러는 거예요. 그건 마음에 직고하는 거예요. 모든 것이 양심에 직고해야 돼요. 끝날엔 다 직고해야 됩니다.

하나님이 경고할 게 뭐 있겠어요? 하나님으로서 제일 이상적인 아담 해와를 지어 놓고 경고할 조건물이 뭐 있겠느냐 이거예요. 선악과예요? 그 시시한 것을요? 젊은 남녀들한테 경고하는 게 뭐예요? 어머니 아버지가 경고하는 게 뭐예요? 나가서 주의해라 이거예요. 주의! 그렇잖아요? 마찬가지 이치예요. 하나님에게서 주의해야 하는 것은 뭐냐? 하나님은 돈이 필요치 않아요. 지식이 필요치 않아요. 권력이 필요치 않아요. 그것들은 언제나 마음대로 자유자재로 소유할 수 있는 것이예요. 그렇지만 사랑만은 하나님도 마음대로 못해요.

사랑을 나누는 성기가 지극히 거룩한 말인데도 불구하고 왜 쌍소리라고 합니까? 왜 쌍소리라고 그래요? 천지의 대도를 파괴했기 때문입니다. 지금 세상은 에이즈라든가 프리섹스로 말미암아 독사의 입에 손을 넣을 것같이 위험한 시대입니다. 미남자를 찾는 여자는 에이즈에 걸리고, 미인을 찾는 남자는 전부 다 에이즈 걸리게 돼 있습니다. 이건 살아서 지옥으로 직행하는 것입니다. 이걸 방어할 길이 없어요. 순결을 지켜야 되는 것입니다. 남녀의 순결을 지키고 보호하는 것은 우주를 보호하는 것과 같습니다. 왜냐하면 남녀 간의 사랑의 질서가 우주의 근본이기 때문입니다.

하나님이 허락한 참된 자유는 책임성을 전제로 합니다. 만일 책임성이 없이 개개인이 사랑의 자유만 주장하고 실천한다면 얼마나 큰 혼란과 파국이 오겠습니까? 지고한 사랑 이상을 이룰 인간의 완성은 사랑에 대한 책임성을 지닐 때 가능한 것입니다. 인간이 하나님을 닮아 완성하고 절대자의 아들이라 딸이라 불릴 수 있는 인격자의 위상을 확보하는 데는 하늘이 정해놓은 절대적 기준의 길을 걸어야 한다는 뜻입니다. 그중에서 가장 중요한 것이 바로 절대 성의 기준입니다.

첫째는, 결혼식 때까지 지켜야 할 절대 성 즉, 절대순결의 기준입니다. 인간은 누구나 태어나서 성장과정을 거치게 됩니다. 부모의 사랑과 보호 아래 비교적 안전하고 무난한 유소년 시절을 거친 후 주변 사람들은 물론 만물만상과 더불어 새로운 차원의 관계를 맺고 역동적인 삶을 영위하는 청소년기에 들어가는 것입니다. 외적으로 성인이 되고 내적으로 인격완성을 통한 절대인간의 길로 들어서는 순간인 것입니다. 그런데 여기서 인간이라면 누구나 예외 없이 지켜야 할 절대-필요조건이 있는데 이것이 바로 순결입니다. 순결이 인간에게 절대모델 성의 필요조건인 것은 하나님께서 창조이상을 이루기 위해 당신의 자식에게 주신 숙명적 책임이요 의무이며 천도의 길이 바로 절대모델 성을 완성하는 길이기 때문입니다.

하나님께서 인간 시조인 아담 해와를 창조하시고 주신 유일한 계명이 무엇이었습니까? 하늘이 허락하는 때가 되기 전에는 서로의 성을 절대적 기준에서 지키라는 계명이자 축복이었습니다. 선악과를 따먹으면 반드시 죽고, 따먹지 않고 하늘의 계명을 지키면 인격완성은 물론 창조주이신 하나님과 대등한 공동 창조주의 대열에 서게 되며, 더 나아가서는 만물을 주관하여 영원하고 이상적인 행복을 구가하는 우주의 주인이 될 것이라는 《성경》의 말씀이 바로 이 점을 놓고 말한 것입니다. 혼전순결을 지켜 참된 자녀로서 하늘의 축복하에 결혼하고, 참된 부부가 되어 참된 자녀를 생산하고, 참된 부모가 되라는 축복이었습니다. 이것은 하나님의 창조원칙인 절대 성을 떠나서 행해지는 것이 아니라는 사실을 확인시켜주는 내용인 것입니다. 즉 하나님의 이 계명 속에는 인간이 하나님의 자녀로서 역사를 통해 개성을 완성하고 만물의 주관 위에 세우기 위해서는 하나님의 창조이상 모델 성을 상속시켜 줘야 하는 깊은 뜻이 숨어있었던 것입니다.

둘째는, 부부간에 생명보다 귀하게 지켜야 할 절대 모델 성 즉, 절대정절의 천법입니다. 부부는 하늘이 정해준 영원한 반려자로서 자녀를 생산함으로써 참사랑, 참생명, 참혈통을 창조하는 공동 창조주의 절대, 유일, 불변, 영원성의 본원지인 것입니다. 혼자서는 천년을 살아도 자식을 낳을 수 없는 것이 천리이기 때문입니다. 혼전 순결을 지켜 순수한 하늘의 부부로 맺어진 사람들이 어찌 천도를 벗어나 외도를 할 수 있겠습니까? 동물과는 달리 하나님께서 인간을 당신의 자식으로 창조하신 그 뜻을 안다면 상상도 할 수 없는 창조주에 대한 배신과 배역背逆이요, 스스로 파멸의 무덤을 파는 길입니다. 인간 타락의 결과로 빚어진 창조 이상권 밖의 결과입니다.

여러분, 절대 성은 이처럼 하늘이 인간에게 부여하신 최고의 축복입니다. 절대 성의 기준을 고수하지 않고는 인격완성 즉, 완성인간의 길이 불가능하기 때문입니다. 더 나아가서는 하나님께서도 인격신, 실체신의 위상을 세우기 위해서는 완성인간을 통해 참된 가정적 절대 성 기반을 확보하지 않고는 불가능하기 때문입니다. 절대자이신 하나님께서 우리의 삶을 직접 주관하시고, 우리와 동고동락하시기 위해서는 당신의 대상이요, 자녀로 창조한 인간이 하나님처럼 절대 성적 기준에서 완성을 본 가정의 모습을 갖추어야 한다는 뜻입니다. 절대 성을 중심 삼은 가정이라는 테두리 속에서라야 조부모, 부모, 자녀, 손자 손녀, 이렇게 3대권을 포함한 인간 본연 삶의 이상적 모델 성 관계가 창출되는 것입니다. 이 기대 위에서라야 하나님의 영생은 물론 인간의 영생도 가능해진다는 것을 확실히 아시기 바랍니다.

인간은 본성적으로 자기 상대의 자기에 대한 사랑이 나누어지기를 원치 않습니다. 부부간 횡적인 사랑의 관계는 부모와 자식 간의 종적인 사랑의 관계와 달리, 나누어지면 이미 그 온전성이 파괴됩니다. 이는 부부간에 절대적인 사랑의 일체를 이루게 되어 있는 창조원리 때문입니다. 사람은 자

기 상대를 절대로 위해야 할 사랑의 책임이 있습니다." _문선명

도덕을 중시한 철학자들과 세계 종고의 창시자들은 성에 관한 바른 이해를 전달하고 잘못된 성으로 파생되는 위험을 최소화하려고 애썼다. 그래서 그들은 높은 도덕적 삶의 자세를 견지하라고 가르쳤다. 예수님께서는 구약에서 배운 대로 간음하지 말라고 가르치며, 어느 누구라도 여인을 음탕하게 바라보면 이미 그 마음 속에서는 간음을 한 것이라고 경고했다. 전통적으로 성에 관한 논의는 대체로 부정적이었고, 성적 만족을 제한하려 했으며, 여성에게는 더 엄하게 적용되었다.

빅토리아 시대에 현숙한 부인은 어처구니없게도 성을 즐기지 않는다고 생각했는데 더 황당한 일도 있었다. 심지어 오늘날에도 여성의 할례는 많은 아프리카와 중동의 이슬람 국가에서 널리 행해지고 있다. 여성의 성적 만족을 제거하거나 제한하기 위해 행해지는 이 할례를 통해 여성의 음핵 일부나 전체가 절단되고 때로는 외음부까지 잘리기도 한다. 유니세프에 따르면, 약 1억 2천만 명의 여성과 소녀가 이 전통에 따라 할례를 받았다. 생식기 절단으로 알려진 이 여성 할례에 대한 전 세계적인 항의는 늘고 있다.

놀랍게도 이것과는 반대인 남성 생식기에 대한 할례 또는 포경시술은 한정된 지역에서 행해지지 않고, 소위 선진국에서도 대체로 별다른 비판없이 이루어지고 있다. 의학적 이유로 행하여진 것이 아닌 종교적 전통에 따라 이루어진 남성의 할례였다.

신실한 유대교인들은 몇천 년 동안 이 의식을 거행해 왔다. 아브라함을 뿌리로 하는 유대교 기독교 이슬람교의 유사성으로 인해 이 전통은 이슬람교와 기독교에 널리 받아들여지게 되었다. 이것은 결국 현대 의료행위에도 영향을 미쳤다. 왜냐하면 북미와 유럽 등에서 새로운 유행을 창출하고 이를

유행시키는 사람들은 전통적으로 기독교인이었기 때문이다.

남성의 할례가 논의될 때, 이런 근본적인 사실에 대해서는 외면해 버린다. 대체로 의료계는 남성이 할례를 할 경우 건강에 도움이 된다고 한다. 예를 들어 미국 질병통제예방센터에서 언급하길, 남성이 포경수술을 받을 경우 여성과의 성관계 때 에이즈를 일으키는 HIV(인간 면역결핍 바이러스)에 감염될 위험 그리고 성병에 감염될 확률이 줄어든다고 했다. 이 가정에서 남성이 여러 명의 여성 파트너와 불륜관계를 맺게 되면 HIV나 성병에 감염될 확률이 높아질 것이라는 점은 간과한 것이다.

HIV나 에이즈, 그리고 다른 성병을 예방하는 가장 좋은 방법은 남성 생식기에 대한 포경수술이나 할례가 아니라 일부일처의 결혼생활이다. 하지만 이것은 세속적으로, 그리고 미국 질병통제예방센터와 같은 가치중립적 기구에서는 환영받지 않는 도덕적 관점이다. 남성과 여성은 하나님의 온전한 형상을 닮아 창조되었기에 건강을 위해 어떤 남성이든 여성이든 할례나 포경을 할 필요는 없다. 오히려 그런 시술로 인해 부부의 성적 친밀감이 줄어들 것을 고려해야 할 것이다.

{ 남성할례와 성의 만족 }

하버드 대학을 졸업한 윌슨 박사는 UTS에서 구약을 가르치고 있다. 지금부터 축약해서 공유할 윌슨 박사의 남성할례에 대한 소논문은 통일교회의 공식적 입장은 아니다. 하지만 통일교회의 석학으로 존경 받고 있는 그의 관점은 심각히 고려해야 할 사항이다. 우선 윌슨 박사의 소논문(할례의 문제) 서론에서 밝힌대로 이것은 유대교 신자를 겨냥해서 논쟁거리를 만들려는 의도는 전혀 없다. 다음은 서론의 일부이다.

　할례(포경)받은 유대인으로 통일교회에 입교했던 내가 이 주제를 정한 것은 나의 유대교 형제들의 건강과 행복을 정말 걱정하고 있기 때문이다.《원리강론》은 유대교의 전통인 할례를 인간타락으로 빚어진 원죄에 대한 효과적인 속죄의 조건으로 바라보고 있다. 타락으로 인해 하나님은 온전히 결혼을 신성한 의식으로 만들 수 없었지만, 적어도 할례를 통해 조건적으로라도 가능하게 만들었다. 이 논리는 과거에는 의미가 있었을지도 모르지만 축복결혼을 통해 하나님의 혈통으로 태어난 통일교회 축복자녀들에게는 적용될 수 없다. 타락의 결과로 파생된 성직자의 독신생활처럼 가치가 있었던 할례는 이제 오랜 타락역사의 유물로 폐기되어야 한다.

　위대한 유대인 성자 마이모니데스는 의사로서 할례에 대해 다음과 같이 기술했다. "할례하는 이유 중 하나는 성관계를 제한하는데 있고 생식기를 약화시키기 위함이다. 물론 할례는 성적 흥분을 약화시킨다. 할례로 인해 출혈이 될 때 생식기는 약해지고, 할례 후 생식기의 표피는 사라지게 된다."

　마이모니데스는 할례를 변호할 목적으로 글을 썼다. 즉 할례는 성적 쾌감과 성능력 감소를 초래하여 하나님이 바라는 삶을 고양시킬 수 있다고 믿었다. 의사로서 많은 임상경험을 한 그는 이런 사실을 알았다.

　여러 과학적 연구에서 할례나 포경은 성기능에 손상을 입히고 성적 만족감을 떨어뜨린다고 한다. 원래 남성 생식기는 할례된 생식기보다 4배나 더 민감하다고 한다. 미국, 한국, 중국의 남성을 연구한 결과에 의하면, 포경을 한 남성은 성적 만족감과 성생활의 질이 감소되고, 그 배우자도 같은 경험을 한다.

　남성 생식기의 포피包皮는 민감한 조직으로 남성 생식기 신경말단의 30퍼센트를 포함하고 있다. 이 신경말단은 포피의 표면 융기 부분에 포진되어 있어 성관계 시 최대로 자극을 받도록 만들어져 있다. 즉, 해부학적으로 볼 때 남성 생식기의 포피는 성적 만족을 주는 기능을 가지고 있다는 것이다. 다양한 의학연구가 보여주듯이 포피는 성적인 만족을 가져다 주는 반면, 포피를 절단하는 할례는 성적 흥분을 사그러지게 한다. 사실 포피는 성관계 시 남성 생식기가 제대로 기능을 발휘하기 위해 필요한 것이다.

포피는 여성을 자극한다. 할례한 배우자와 성관계를 가지는 여성이 보다 쉽게 질 건조증을 경험한다. 질 건조증은 성관계 시 여성에게 고통을 안겨주고 질 내부에 찰과상을 일으키는 결과를 초래하기도 한다. 아울러 할례한 남성의 배우자는 오르가즘에 별로 못 이르는 반면, 할례를 하지 않은 남성과 성관계를 하는 여성의 경우 수차례 오르가즘을 경험하기도 한다고 보고된다. 이것은 놀라운 증거로 포피는 창조주가 성생활을 위해 없어서는 안될 신체의 일부로 디자인한 것이다. 즉, 포피는 부부가 성애의 이상을 이루어 하나님에게 기쁨을 돌리는 데 필요하도록 만들어졌다는 것이다. 마치 다리는 걷기와 달리기를 위해, 뇌는 생각하기 위해, 입과 성대는 말하기 위해, 성기는 사랑을 하기 위해 창조되었다는 것이다.

많은 종교인들이 인간의 성과 하나님을 결부시키는 것에 놀라움을 금치 못할 것이다. 그들은 하나님의 신성한 영역과 인간 세상의 세속적인 영역으로 구분된다고 믿는다. 특히 성에 관해서는 더욱더 그렇게 생각한다. 왜냐하면 그들은 타락의 관점으로 인간사를 바라보고 있기에 이런 관점을 갖는 것도 이해가 안 가는 것은 아니다. 하지만 성을 전혀 다른 각도에서 바라보면, 성에 대한 과거의 도덕적 정죄감도, 현대의 도덕적 무관심도, 근본적 관점의 변화가 필수적이다. 이를 위해서는 열린 사고와 순수한 마음이 요구된다. 이런 관점에서 문 목사님은 청중에게 도전장을 내민다.

{ 성스러운 생식기 }

"하나님이 제일 정성을 들여 만든 것이 생식기라는 것입니다. 그게 맞아요, 안 맞아요? 왜 이상한 눈으로 봐요? '통일교회 교주가 생식기 얘기를 한다' 하는 눈으로 보고 있어요?(웃음) 목사가 그런 얘기를 할 수 있어요? 다 침 뱉는다구요? 생식기에 대해서 침 뱉는 남자 여자가 있어요? 남자가 여자의 생식기에 침을 뱉고, 여자가 남자의 생식기다 침을 뱉어요? 생식기는 거룩한 것입니다. 거룩, 거룩, 거룩한 생식기라구요. 거룩한 것입니다. 타락하지 않은 완성한 아담의 자리입니다. 거룩한 장소예도. 정말 거룩한 궁전입니다. 최고의 궁전이에요. 생명의 본 성전이 생식기요, 사랑의 본 성전이 생식기입니다.

사랑의 왕궁, 생명의 왕궁, 혈통의 왕궁이 어디냐? 남자 여자의 중요한 기관이라구요. 알겠어요? 이것은 하나님의 창조 당시의 성소예요. 성소, 성소였다 이거예요. 그렇잖아요? 이것을 침범 받으면 모든 것이 깨져 나가는 것입니다. 이 한 곳에 세 가지의 귀한 것이 연결되는 거예요. 사랑도 연결되고, 생명도 연결되고, 혈통도 연결되지요? 중대한 요소의 기원지가 성기입니다. 이것은 본래 하나님의 창조이상으로 볼 때 제일 귀한 지성소입니다. 성소, 지성소예요. 지성소는 아무나 들어가는 곳이 아닙니다. 대제사장, 책임진 사람 외에는 그 뚜껑을 마음대로 열 수 없는 것입니다. 성경 아가서에 나오는 봉한 샘이란 그걸 말하는 거예요.

자기의 생식기는 절대적입니다. 회개하라, 절대적인 왕터가 있는 곳이 어디냐? 생식기다 이거예요. 보기에는 아무 것도 아니예요. 근원이 잘못 작동하면 천하가 망하고, 가정이 파괴되고, 전부 다 하늘땅이 깨져 나간다는 걸 알아야 됩니다. 남자의 생식기는 수직을 향하게 되 있지 옆으로 있지 않아요.

남자가 여자보다도 절개를 지켜야 됩니다. 에덴에 있어서 해와가 절개를 못 지키고 타락했어요. 아담이 끌려갔어요. 이게 문제라구요. 그걸 부정해야 됩니다.

그러면 결혼은 뭐냐, 반쪽 되는 남자와 여자가 생식기를 하나 맑음으로 말미암아 서로를 완성하는 겁니다. 남자는 여자의 사랑을 중심 삼고 완성하는 거예요. 남자는 여자를 완성시키고, 여자는 남자를 완성시키는 것입니다. 그것은 참사랑을 중심 삼고 완성시키는 것이요, 참생명의 결탁이 벌어지는 거예요. 참사랑으로 하나 되는 거예요. 사랑이 중심이 되고 생명이 활성화되어 둘이 합하는 자리가 그 자리입니다. 남자의 피, 여자의 피가 한 도가니에서 하나될 수 있는 자리가 그 자리라구요. 그 자리에서 아들딸이 태어납니다. 그 자리는 아들딸보다드 귀하다는 걸 알아야 돼요. 남편보다도, 하나님보다도 귀하다는 것을 알아야 됩니다.

이런 말 하니까 이단자라고 한다구요. 그 자리가 어떻다구요? 자식보다 귀하고, 남편보다 귀하고, 부모보다 귀한 자리라구요. 그것이 없으면 부모도 무가치한 것이고, 남자도 무가치한 것이고, 아들딸도 무가치한 거예요. 무가치하게 되는 거예요. 그렇게 귀한 것이기 때문에 꽁꽁 보화 중의 보화 같이 세상의 어느 누구에게 보'지 않고, 일생 동안 잠궈 가지고, 쇠를 채워 가지고 다니는 거라구요. 그 쇠의 열쇠는 남자면 여자가 갖고, 여자의 열쇠는 남자가 갖고 있는 것입니다. 둘밖에 없습니다. 그것을 절대적으로 하나만 갖지 않은 건 쌍년이에요, 쌍년. 지옥에 가는 거라구요.

오늘날 남미에 사는 여자들은 한 남자, 하나의 키를 가지려고 해요? 열 개 백 개 가지려고 해요. 프리섹스, 그게 무슨…. 문을 열어 가지고 무리로 지나가는 사람들이 전부 다 들락날락 하는 것은 주인 없는 문으로, 폐허의 집과 마찬가지인 집이 된다는 거예요.

이런 요사스러운 패들을 청산하기 위해서 참부모가 이 땅 위에 나와 이 걸 정비하기 위한 운동을 하는 것이 축복결혼입니다. 축복가정, 가정이 귀한 것입니다. 축복가정은 가정이 귀하기 때문에 절대로 귀한 것이요, 유일한 가 치요, 무한하고 영원한 가치를 지닌 것입니다. 무엇을 주고도 바꿀 수 없다는 사실을 알아야 된다구요.

그래, 그런 절대·유일·불변·영원한 속성을 중심 삼고 바라는 주체적 하 나님 앞에 대상적 가치의 존재로 설정되어야 할 것이 아담 해와의 가정이었 기 때문에 사랑을 중심 삼고 하나님과 대등한 자리에 동고동락할 수 있는 가 치가 그 사랑을 맺어줄 수 있는 이런 성 기관을 갖고 있기 때문이라는 사실 을 알아야 된다구요.

남자의 보물은 남자 자신이 갖고 있지 않아요. 남자의 보물은 여자가 갖 고 있고, 여자의 보물은 남자가 갖고 있다는 거예요. 엇바꿔 가지고 있다는 것입니다. 여자들의 생식기는 여자 것이 아니예요. 남자 것이라는 걸 알아야 돼요. 자기 것이 아녜요. 무슨 말인지 알겠어요?

예, 남자도 마찬가지예요. 그러므로 자기 마음대로 할 수 없는 거예요. 미 국 여자들은 전부 다 자기가 갖고 있는 생리적 오관이 자기 것이라고 착각하 고 자유롭게 행동하고 별의별 짓을 다 해요. 남자들도 별의별 짓을 다 한다구 요. 여러분은 관리인이예요, 관리인. 관리인이 주인행세를 하고 있다는 거예 요. 여자한테 묻노니, 여러분이 언제 그 주인을 만났느냐? 주인이 남편이예 요. 또 남자는, 남자의 것이 자기 것이예요? 그러면 결혼이 무엇이냐 이겁니 다. 서로의 주인을 찾기 위한 놀음이 결혼이다 이거예요. 음전기하고 양전기 하고 전부 다 찾아 다니다가 벼락을 치는 것이 사랑이예요. 그것과 마찬가지 라는 거예요. 무슨 말인지 알겠어요?

예, 여자가 결혼하는 것은 남자 얼굴보다도 그것 때문이예요. 남자가 결혼하는 것은 여자의 손이 아니라 그것 때문에 결혼하는 거예요. 남자나 여자끼리 결혼한다면 남자 동성연애자니 여자 동성연애자니 그런 게 어디있어요? 그건 없어지는 거예요. 100년도 못가 1대에 다 끝나는 거예요. 이렇게 볼 때, 결혼을 해야 되겠어요, 안 해야 되겠어요? 결혼은 왜 하는 거예요? 이렇기 때문에 결혼을 해야 되는 거예요. 절대 결혼해야 되는 것입니다.

오늘 여기에 10개국 이상의 대통령들이 왔는데, 그 나라의 방송을 통해서 이것을 통고해 보라구요. 남자가 남자 때문에 생식기를 가졌느냐, 여자 때문에 가졌느냐고 물어 보라구요. 그것이 자기 거라고 하는 사람은 도적놈입니다. 도적놈. 자기 거라고 생각하는 도적놈들아! 웃을 일이 아닙니다. 역사적인 선언입니다. 이렇게 살면 평화의 세계가 눈앞에 옵니다. 하나님의 뜻 중에 중요한 뜻이 뭐냐 하면, 사랑의 뜻입니다. 이 사랑의 뜻을 인간 앞에 전수해주기 위해서 제일 귀중한 기관을 만들었으니 그것이 생식기인데, 남자의 생식기는 여자 것이요, 여자의 생식기는 남자 것이다! 아멘! 이거 젊은 놈들 알겠어? 그거 아니라고 해요? 그게 틀렸다고 생각해요? '그럴 것 같습니다.' 이 녀석, 그럴 것 같다니? 바람을 피우겠다는 말이지. 이놈의 자식들, 똑똑히 알라구!

세계의 80퍼센트 이상은 다 꺼져요. 꺼져 나간다는 것입니다. 프리 섹스, 호모, 레즈비언 다 망해 떨어집니다. 우루과이가 오늘 저녁에 레버런 문 말대로 3백만 국민 전부가 손들고 '그렇다!' 하고, 그렇게 가게 되면 평화의 세계가 옵니다. 이 남미 제국을 지도할 수 있는 국가가 된다는 것입니다. 틀림없습니다. 그리고 청소년 문제가 다 해결되는 것입니다. 남자 여자가, 남자 여자가 태어나기 위해서 태어났다는 걸 알아야 됩니다. 모든 존재물은 자기를 위해서 태어난 것이 없어요! 상대적 존재가 되어 있기 때문에 상대를 위해 태어났다는 것입니다. 그런데 이 사실을 몰랐습니다.

뒤집어 가지고 하나님과 이 피조세계를 두고 볼 때, 하나님은 피조물을 위해서 지금까지 살아 왔다는 것입니다. 위해서 살아 온 것입니다. 그러한 주체한테 상대가 될 수 있는 존재는 자기를 위하라고 사니 문제가 벌어지는 거예요, 문제는 이 인류가, 인간들을 위해 사는 날에는 세계는 하나의 나라가 된다 이겁니다.

그래, 그것이 믿어지지 않거들랑 보라구요. 남자라는 말 자체가 남자가 있기 전에 여자를 인정하고 하는 말입니다. 여자라는 말은 남자가 있기 전에 여자를 선유조건으로 하는 말이에요. 위라는 말은 아래를 인정하고, 오른편이라는 건 왼쪽을 인정하고, 앞이라는 것은 뒤를 인정하고 하는 말이라는 것을 여러분이 알아야 돼요. 그 말은 뭐냐 하면, 남자는 여자 때문에 태어나 있는 거고, 여자는 남자 때문에 있다는 말입니다. 위는 아래 때문에 있고, 아래는 위 때문에 있다는 말입니다." _문선명

성혁명의 추종자들에 의해 조장된 또 다른 오류는 혼전 성경험이 남성이나 여성을 보다 능숙한 사람으로 만들어 결혼 배우자로 더 적합하게 만들어 준다는 잘못된 생각이다. 이것은 결혼을 하려고 하는 사람이 반드시 우선적으로 고려해야 할 사항은 배우자의 성 능력을 먼저 점검해야 한다는 생각이다. 하지만 부부간의 사랑이란 한 사람과 영원히 사랑을 속삭여야 하는 것이다. 첫사랑이란 오직 한 사랑이란 뜻이다.

문 목사님이 가르치는 바와 같이 결혼식 후 치르는 첫날밤의 사랑이 바로 첫사랑이다. 그 순간이 바로 아내가 평생 동안 지켜온 몸을 그녀의 남편에게 바치는 순간이고, 그 순간이 바로 남편이 평생 동안 지켜온 몸을 그의 아내에게 바치는 순간이다. 첫날밤에 남편은 그의 순결한 몸을 100퍼센트 그의 아내에게 바치는 것이다. 그 부부가 살아온 지난 날 삶의 모든 것은 바

로 그 첫날밤을 위한 준비인 것이다. 어떤 남자나 여자도 성적 능력치 같은 것으로 평가되고 싶어하지 않는다. 아울러 과거의 섹스 파트너와 내가 비교되기를 원치도 않는다. 그런 오해는 타락의 결과로 파생된 것이기 때문에 하나님의 축복받은 결혼을 준비하는 순수한 마음과 정신을 가진 남녀에게는 자리 잡을 곳이 없다.

{ 천국의 성 }

"이 말씀은 타락 이전의 세계를 설명하는 것으로 매우 중요한 말씀입니다. 하나님은 정말 소중한 선물을 우리에게 주셨습니다. 하나님으로부터 축복받은 남녀는 언제 어디서든 자유롭게 사랑을 나눌 수 있는 반면 동물에게는 번식기에만 사랑을 나누도록 허락했습니다. 하나님은 인간이 사랑의 행위를 통해 커다란 기쁨을 누리도록 허락하셨습니다. 따라서 만물의 영장인 인간은 동물과는 비교할 수 없는 사랑의 행위를 할 수 있도록 부여받았습니다. 그렇기 때문에 우리는 하나님이 주신 이 귀중한 선물을 잘 사용해야만 하는 것입니다. 즉, 우리 부부의 사랑 행위를 예술로 승화시켜 배우자 서로에게 기쁨을 돌려줘야 한다는 말입니다. 배우자가 기쁨을 느끼도록 하고 싶으면 자연을 관찰하면서 사랑하는 법을 배워야만 합니다. 참새 사랑, 너구리 사랑, 토끼 사랑, 호랑이 사랑, 황소 사랑…. 평생 그런 사랑을 다 배워가지고 하라는 것입니다.(웃음)

그런 생각을 안 해 봤지요? 지금부터 그것을 연구하라구요. 그것은 죄가 아닙니다. 부부끼리 그러는 것은 죄가 아니라구요. 그래 놓아야 천국에 가게 되면 동물도 많고 사람들도 많은데 모든 사랑의 전문가가 되어 있기 때문에, 어디 가든지 교육을 할 수 있고 따라오라고 하면 다 좋아서 따라가려고 한다는 것입니다. 뭐가 부끄러워요? 부끄러울 게 뭐예요? 선생님은 이런 얘기 해도 부끄럽지 않아요. 자연스러운 것입니다. 왜 부끄러워요? 그게 자연스럽지 못한 것입니다. 그것은 타락성이 여러분의 몸 안에 남아 있기 때문에 부끄러운 거예요. 하나님이 오목 볼록을 만든 것은 하나되라고 만들었다는 것을 알아야 돼요. 둘이 아니라 하나다! 이렇게 부부가 하나가 되어 최고의 사랑을 경험하게 되면 최고로 멋진 인생을 실현하는 것이고, 참된 혈통을 보호하는 것이고, 깨끗한 양심을 유지하게 되는 것입니다.

흐린 날 음전기 양전기가 합쳐 천둥 번개가 치는 것은 우주결혼의 상징입니다. 소리를 치지요? 비둘기도 사랑할 때 소리치지요? 여러분들도 사랑할 때 소리치세요? 소리가 나오려고 하지만 어머니 아버지 들을까봐 그저 죽을 지경이지요. 아! 뭐 어때요? 다 그런 거 아니예요? 솔직해야 돼요. 뭐 그런 걸 가릴 필요 없다구요. 이제는 유리창문이 한꺼번에 와장창 하도록 소리쳐도 죄가 아닙니다. 우렛소리가 나면서 번갯불이 나는 것같이 불이 나야 돼요.

내적인 부부생활에 있어서 여성과 남성은 시간이 다릅니다. 남성보다 여성이 5배 늦습니다. 늦은 사람은 2배에서 5배 이상도 됩니다. 그래서 부부관계의 맛을 모르고 인생을 끝내고 죽어가는 여성도 있습니다. 그것은 남성의 죄입니다. 부부관계에 만족하지 못하는 경우에는 온종일, 한 달간 그 여파가 계속됩니다. 여성의 건강을 위해 생리적으로도 절대로 필요한 것입니다. 그것을 다 교육해야 합니다. 아버지는 자신의 아들에게, 어머니는 자신의 딸에게 교육해야 합니다. 다 모르고 시집을 가니까 큰일입니다. 알겠습니까?

부부관계의 맛을 느끼지 못해 남편에게 시간을 연장해 달라고 하면 예비운동을 많이 해주는 것입니다. 여성은 남성보다 늦습니다. 이 사람들 왜 웃습니까? 2배 늦습니다. 그래야 맞습니다. 그것을 (성적 절정감) 느낄 수 없으면 평생 불쌍한 여성이 됩니다. 남성은 자기의 아내가 얼마만큼의 시간으로 최고조가 되는지 몇 분 걸리는지 시계를 놓고 준비를 해야 합니다. 그리고 시작합니다. 성생활을 잘 해야 한다는 것입니다. 그렇게 안 하면 문제가 생깁니다. 존경심을 가지고 아름답게 사랑해야 합니다.

번개와 함께 천둥이 울리는 것은 자연의 키스와 결혼식이라고 하는 것입니다. 그와 마찬가지입니다. 그렇게 하나가 되는 부부관계에서의 사랑의 아름다움은 전신의 세포가 모두 깨어나서 박자를 맞춰 가는 것과 같습니다. 모두 그렇게 되어 있습니다. 오감이 하나가 되는 것입니다. 그것은 귀한 것입니다. 만약 부부의 성생활이 맞지 않는 경우에는 이혼문제라든가 평생 불만이 남는 것입니다. 그것이 꼭 맞게 되면 아내와 떨어질 수 없습니다. 얼굴이 예쁘다는 것은 나중의 문제입니다. 양심을 볼 수 없는 것과 같이 사랑도 볼 수가 없는데 다 감성으로 알 수 있습니다. 감성이 가장 중요합니다. 100퍼센트의 감성이 폭발해서 1,000퍼센트가 된 경우에는 여자로 태어난 영광과 가치를 갖게 됩니다. 그래서 그런 것을 체험함으로써 남자의 존귀함을 알 수 있습니다. 반대로 남자가 그것을 체험하면 여자의 존귀함을 알 수 있습니다. 여러분들이 사랑하는 것을 하나님이 보겠습니까, 안 보겠습니까? 보십니다. 천하 시공을 초월하는 하나님이 이 세계 50억 인류가 사랑하는 밤이 되면 눈을 감겠습니까? 보고 계십니다. 보고 있으면 기분이 어떻겠습니까? 분명 좋으십니다.

좋은 부인, 좋은 남편이 얼마나 많아요? 생각해 보라구요. 천만사가 다 벌어질 텐데 말이에요. 할 수 없이 여편네 놀음하고, 할 수 없이 끌려가고, 할 수 없이 비위 맞추고, 그렇게 사는 것이 아닙니다. 그게 무슨 사랑이에요? 그게 인생살이에요? 세상이 전부 다 하나님이 바라던 창조이상대로 꽃향기가 풍기는 에덴 동산같이 나비와 벌이 마음대로 날아다니며 천지 화동하면서 살 수 있는 환경이 돼 가지고 하나님이 거기에 취해 잠이 들 수 있으면 얼마나 좋겠나. 그거 생각해 봤어요? 한번 그렇게 살아 봐요.

하나님이 우리가 재미있게 사는 것을 보시다가 우리 집에서 잠잘 수 있다면, 비단이불에 보석 베개를 해 가지고 천년 사연을 다 풀어서 하루 저녁 모시면 좋겠다고, 부부가 정성을 다하고 일가가 정성을 모아서 하나님을 모실 수 있는 하룻밤을 맞이한다면 얼마나 행복할까? 그런 꿈이 있어야 돼요. 사람은 꿈이 필요한 거라구요. 꿈을 갖고 사는 것입니다.

뜻을 따라 하나가 된 부부가 사랑할 때에는 서로가 '하나님을 맞이하여 사랑의 방에 들어간다'고 생각해야 합니다. 그리고 완전히 마음과 몸이 하나가 되어, 그 아내가 천하의 여왕 중의 여왕이고, 미인 중의 미인이고, 하나밖에 없는 절대, 유일, 불변, 영원히 사랑하는 나의 몸이라고 생각하는 것입니다. 사랑의 몸입니다. 이러한 것을 알아야 합니다. 하나님을 모시고 살고, 하나님을 맞이하여 사랑했다는 경험을 해야 합니다. 그렇게 해야만 천국에서 하나님의 혈족이 되는 것입니다. 아내는 왕비가 인사를 하고 임금님의 방에 들어가서 왕을 모실 때, 또는 하녀가 왕과 결혼해서 첫날 밤을 맞이할 때 이상의 겸손한 마음을 가지고 남편을 사랑하고, 남편도 그러한 겸손한 마음을 가져야 합니다. 그리고 번개의 플러스와 마이너스가 몇 억 볼트로 한 번에 폭발하고, 우르르하고 울리고, 소리를 내면서 세상을 태워버릴 수 있을 만큼 사랑하려는 마음을 가져야 합니다. 아내가 남편을 찾아가고 남편이 아내를 찾아 들어갈 때, 하나님 대신으로 들어가야 합니다. 하늘 아버지를 모시고 그 자리에 간다고 생각해야 됩니다. _문선명

무아지경 속에 천국을 맛보다

다비 : 통일교회에서 국제 축복결혼을 한 많은 사람들처럼, 다비 씨도 다양하

고 독특한 배경을 가지고 있다. 지적으로도 영적으로도 높은 단계에 도달한 이 영국 여성은 남아프리카에서 태어나 스와질란드에서 살다가 요르단의 선교사로 활동했고, 한국에서 영어도 가르쳤다.

우리 아버지는 존경받는 사업가셨고, 어머니는 숙련된 간호사이셨다. 우리 가정은 행복하고 경제적으로도 윤택했다. 아버지는 스와질란드 설탕협회의 회장이자 남아프리카와 스와질란드 오렌지협회 회장으로 두 나라 오렌지의 수출정책을 결정했다. 아버지는 정말 신사여서 항상 어머니와 나를 존중했고, 내가 가치있는 사람이라는 것을 느끼게 해주셨다. 아버지는 또한 시인이었지만 현실적인 분이셨다. 또한 아버지가 남을 험담하는 것을 들어본 적이 없었다. 우리 부모님은 사교성이 있는 분으로 대사나 국회의원같이 고위직부터 시작해서 각계 각층의 사람들과 두루두루 친분을 맺었다.

나는 독실한 기독교인으로 성장했고, 예수님의 가르침대로 살고자 몸부림쳤다. 하지만 '맘에는 원이로되 육신이 약하도다'라는 말씀처럼 내 몸과 내 생각을 제어할 수 없는 자신을 보고 비통하게 울기도 하고 회개도 했다. 하나님을 대하고 사랑하듯 당연히 사람을 대하고 사랑함에 있어도 당연히 그래야 하는데 그렇지 못한 모습에 실망스러웠다.

남아프리카의 메리츠버그 사범대학에서 공부하는 동안 그 도시에 있는 모든 종류의 교회에 가서 왜 그렇게 교회가 많이 갈라져 있는지 알아보았다. 그것은 바로 성경에 대한 해석의 차이에서 기인한다는 것을 알게 되었다. 아울러 나는 어떤 주교나 사제나 목회자도 대답해 주지 못하는 많은 질문을 가지고 있었다.

무엇보다 나는 하나님을 제대로 알고 싶었고 아울러 참된 기독교인이 되고 싶었다. 나의 영적인 탐구에 대한 해답을 찾으러 그동안 많은 종교의 가르침을 접하게 되었지만 결국 문 목사님의 가르침이 예수님이나 위대한 종교지도자가 가르쳐 온 모든 결실이라는 것을 발견하게 되었다. 문 목사님의 가르침이란 바로 하나님의 모습, 원죄 청산 방법, 하나님과 관계맺는 법, 하나님의 관점에서 바라본 인생, 세속의 삶을 새로운 영적 세계로 끌어올리는 법, 인생의 새로운 목적과 의미를 갖는 길 등이었다.

결혼할 적령기가 되었을 때, 나는 나의 배우자를 직접 찾든가 아니면 문 목사님을 믿고 그분에게 내 배우자의 선택을 맡기는 방법이 있었다. 나는 후자를 선택했다. 왜냐하면 하나님이 이분을 통해 나의 배우자를 잘 선택해 주실 것을 확신했기 때문이다. 하지만 이분의 선택결과에 대해 반석 같은 믿음이 있었지만 이분이 선택해 주신 나의 신랑을 사랑하기가 어렵다는 것을 알게 되었다. 왜냐하면 나의 신랑은 내가 그동안 알고 지내던 가족이나 내가 편하게 대하던 친구와는 완전히 정반대의 사람이었기 때문이다. 그래서 하나님께 간구하길 하나님이 우리 신랑을 바라보시는 마음으로 신랑을 사랑할 수 있는 마음을 갖게 해달라고 기도했다.

기도를 시작하자마자 사랑이 밀려오는 것을 느꼈기 시작했고, 따스하고 그윽한 그 사랑의 기운이 내 전신을 감돌기 시작했다. 그런 가운데 기도를 계속하자 그 부드럽고 따스하고 사랑스러운 진동의 기운이 확대되어 나의 남편을 감싸기 시작했다. 그때 하나님이 얼마나 나의 남편을 사랑하는지 깨닫게 되었다. 그러면서 남편에 대한 마음의 문이 열리고 남편을 사랑하는 감정을 느낄 수 있게 되었다.

우리 부부가 나눈 사랑의 질은 대부분의 사람들이 경험했던 것과는 다르다는 것을 알고 있다. 왜냐하면 문 목사님의 가르침을 따르면 배우자를 대하는 마음가짐이 다른 사람과는 전혀 다르기 때문이다. 하나님이 나의 남편 속에 임재하고 계시다는 것을 느꼈기에 나에게 있어서 남편은 하나님의 대신자였다. 심지어 어떤 면에서는 나에게 구세주와 같은 존재였기에 남편과 한몸을 이루어 사랑을 나눌 때면 경외심과 더불어 성스러운 감정을 느낄 수 있었다. 왜냐하면 남편의 몸은 하나님의 몸이었기에 결국 나는 하나님과 사랑을 나누는 느낌 속에 무아지경에 빠져 천국으로 이끌림을 받는 듯한 환희를 경험하게 되었다.

축복받은 결혼에서 남성과 여성이 우주적인 합일을 이루는 성관계는 육체적, 정신적, 감정적으로 완벽한 평온상태를 가져다 준다. 성관계를 통해 엄청난 기쁨과 황홀경을 맛보게 해준 배우자가 더 사랑스럽게 느껴진다. 사랑의 불꽃을 태운 후에도 배우자와 더 가까이하고 싶어진다. 심리적으로 그들은 그들 자신과 세계와 함께 평온한 상태에서 완벽하게 충족된 것을 느낀다. 그들이 일구어낸 사랑 때문에 성적으로 일체를 이룬 그 다음날에도 그들 상호간 마음의 평온과 충족감, 그리고 친밀감은 몇 시간이고 지속된다. 이것이 몇 년 간 반복되어 몸과 마음과 가슴이 극도의 일체감을 이룬 사랑 안에 축복받은 부부는 다른 무엇으로도 대신할 수 없는 그들의 관계 신장에 대한 확신을 맛본다. 계속해서 그 부부는 완벽한 일체를 이루는데 그것은 지구상의 다른 어떤 사람과도 나누지 않는 성적 일체감을 이룬 숭고한 순간이다. 비록 모든 축복받은 부부가 이것을 경험할 수 있지만, 그것은 여전히 유일하게 그들만의 것이고, 지구상의 다른 커플과 대체가 되거나 공유할 수 없는 것이다. 본연의 하나님의 임재 하에 순수한 남녀가 하나가 되어 무한한 성의 즐거움을 공유하는 것은 원래 그렇게 되어야 했던 것이다. 이것이 바로 본연의 육체적 사랑이 가지는 신비함이다.

10장

영원한 사랑

사랑을 마음대로 통제할 수 있을 것 같지만 당신 속에서
사랑을 절대로 떼어내어 버릴 수 없다. 경험을 바탕으로,
사랑은 영원하다고 노래하는 시인의 말이 옳다.

E.M. 포스터, 전망 좋은 방

지루했던 냉전이 종식되고 마침내 철의 장막이 걷힌 후 나는 모스크바 대학교에서 박사 논문을 쓰고 있었다. 그러는 동안 나는 러시아에서 강사로 일하며, 가족과 함께 부모님께 인사를 드리러 고향인 네덜란드를 몇 차례 다녀왔다.

중고 볼보를 끌고 울퉁불퉁한 동유럽길에서 잘 포장된 서유럽 길을 지나 뻥 뚫린 아우토반에 이르기까지 장장 2500킬로미터를 운전하며 벨로러시아 공화국의 수도 민스크, 폴란드 수도인 바르샤바, 그리고 베를린에서 각각 1박을 했다. 몇몇 사람들은 이런 장거리 자동차 여행이 정말 위험한 일이라고 했다. 왜냐하면 구소련 연방이었던 폴란드에는 노상 해적들이 차에 총구를 겨누고 귀중품과 차를 강탈해 간다는 것이었다. 하지만 우리 가족은 운이 좋게도 그런 일을 한 번도 겪지 않고 여행 도중에 마늘을 넣은 폴란드의 훈제 소시지인 킬바사를 맛보기도 했다.

한번은 자동차대신 기차를 타 보기로 했다. 모스크바 역에서 기차를 타고 4인 1실 칸에 편안히 앉아서 차를 마시며 여행했다. 기차는 밤낮으로 달리며 멋진 소나무 숲, 녹색 초원, 작은 농가를 통과했다. 밤에는 문을 꼭 잠그고 있어야 러시아 강도로부터 안전하다고 했다.

벨라루스와 폴란드 국경을 통과할 때 러시아 철로에서 그보다 좁은 유럽 철로로 갈아타야만 했다. 그러기 위해서는 대차교환臺車交換이란 방식을 이용한다. 그것은 크레인에 의해 승객이 기차에 탄 채로 1미터 정도 공중에 끌어올려져서 유럽 철로에 맞는 바퀴 세트로 교체되는 경이로운 방식이었다. 새 바퀴가 우리 기차에 딱 장착이 되면 동유럽보다 훨씬 더 잘 살고 훨씬 더 자유로운 서유럽으로 여행을 시작하는데 기차속도도 눈에 띄게 빨라진다.

이것이 바로 많은 종교인들이 사후의 세계에 자신에게 일어날 일을 묘사한 과정과 흡사하다. 그들이 죽으면 하나님은 곧바로 그 종교인들에게 기적적으로 개입해서 동유럽과 같은 어둠과 혼란과 불행으로 가득 찬 지상으로부터 갑자기 들리움을 받아, 서유럽과 같은 빛과 평화와 행복이 가득 찬 영계의 천국으로 인도된다고 믿고 있지만 불행히도 그렇지 않다.

하늘과 땅을 갈라놓는 비무장지대는 없고, 한반도와 구 독일의 경우처럼 한 나라가 분단되어 운영되지도 않는다. 지상의 생활과 사후의 생활은 이어져 있다. 하나님 구원의 은혜가 아무리 놀랍다 하더라도 사람들의 지상생활이 갑자기 씻겨져 버리는 것이 아니다. 여러 문제들, 죄, 시기, 질투, 교만, 음란 등과 같은 타락의 성품이 마치 끈적끈적한 찌꺼기와 같이 자신의 영혼에 붙어있게 된다. 자신의 성격이나 사는 방식이 하늘나라에 간다고 갑자기 바뀌어지는 것이 아니다. 세 살 버릇이 여든까지 간다는 말이 있다. 이미 고착화된 성격을 바꾸는 것이 얼마나 어려운 일인가는 경험을 통해 모두가 잘 알고 있는 바이다.

따라서 하늘나라에서 살게 되는 영인이라고 해서 그들이 지상계에서 살던 방식을 갑자기 바꿀 수 있는 것은 아닌 것이다. 이런 관점에 따라, 하늘나라는 이 지상세계와 별로 다르지 않다는 것을 알 수 있다. 인생의 가치는 그날그날의 삶에 따라 결정되는 것이지 막판에 한꺼번에 뒤짚어지는 것은 아니다. 축복받은 가정으로서 참사랑의 삶을 실천하고 사는 것이 이 땅에서 우리가 할 일로 그것을 대신할 일은 없다.

{ 하늘나라에 갈 준비 }

"이미 내 속에 굳어져 버린 습관을 바꾸는 것이 쉬울까요, 어려울까요? 하늘나라에 가기 위해서는 하나님 중심한 습관과 전통을 가지고 있어야만 합니다. 인류의 희망인 천국은 남을 위하여 사는 원칙이 있는 곳입니다. 우리는 싫든 좋든 어차피 그곳에 가야 할 운명에 놓여 있는 것입니다. 그것이 우리의 인생길인 것을 여러분이 알아야 되겠습니다.

우리는 나그네의 길을 가고 있는 것입니다. 그러면 일생을 두고 여기에 문제가 되는 것은 무엇이냐? 자기를 위해서 더 살았느냐, 남을 위하는 생활을 했느냐 하는 것입니다. 그 차이에 따라 남을 위해 산 것이 크다 할 때는 천국에 갈 수 있는 것이요, 그 반대가 될 때는 지옥에 간다는 것입니다. 이 공식 원칙은 여러분이 이 자리에서는 믿어지지 않겠지만 죽어 보면 알 것입니다.

가게의 장부를 정리할 때에도 수입이 얼마이고, 지출이 얼마인지를 정확히 결산을 합니다. 이렇게 장부를 정리하는 데에도 수지결산을 철저히 하는데 여러분의 인생은 어떠합니까? 평생 산 것을 수지결산 해보았습니까? 적자입니까, 흑자입니까? 적자라면 땅을 치고 통곡해야 합니다. 사람은 죽는 자리에서 즐겁게 노래를 부르며 죽을 수 있어야 합니다. 그런데 죽음 앞에서 살려고 허덕이는 것은 적자 인생이라는 증거입니다. 우리는 절대 성을 중심 삼고, 심정의 세계에 있어서 흑자 인생을 살아야 합니다.

국경을 넘게 되면 이 나라 레일과 저 나라 레일이 맞아야 됩니다. 그래야 화차가 달릴 수 있는 것과 마찬가지로 지상과 천상세계의 레일이 맞게 됩니다. 여기서 사랑의 화통을 짊어지고 달리던 가정이 그냥 그대로 천국까지, 하늘 보좌 앞에까지 직행할 수 있는 레일을 연결시키기 위한 길은 참사랑의 길뿐입니다. 그렇기 때문에 개인이 가는 길, 가정이 가는 길, 전부 다 연결되어야 합니다. 방향이 일치된다구요.

육신이 죽으면 한줌의 먼지가 되어 흙으로 돌아가지만 우리의 마음, 심정, 희망 같은 것도 같이 묻힐까요? 절대로 그렇지 않습니다. 지상에서의 100여 년의 삶은 하나님이 만들어 주신 개인용 수퍼 컴퓨터인 영혼에 하나도 빠짐없이 기록되어 평가됩니다. 그렇기 때문에 이 지상에 사는 동안 우리 자신을 끊임없이 점검하면서 우리의 불안정한 마음과 심정에게 "지금 어디를 향하고 있니?"하고 물어봐야 합니다. 영계가 있을지 없을지 막연하게 생각하며 살면 안 됩니다. 싫든 좋든 우리가 죽어서 영원히 살아야 할 영계의 삶에 대해 어떻게 준비해야 할지, 이 지상에 사는 동안 그 날을 준비해야만 합니다.

하나님은 왜 아기를 낳을 때 땀을 흘리며 죽는다 산다 하는 경계에서 낳게 했을까요? 빛나는 사랑, 빛나는 사랑을 보기 위해서 입니다. 그 죽을 경지에서 눈알이 튀어 나오고, 모든 것이 다 깨지고 천지에 이거 야단났구나 하는 경지에서 아기가 '으앙' 하고 울고 나오면 눈이 번쩍 뜨이는 거예요. 아픈 것은 순식간에 없어지는 겁니다. 어렵게 낳았기 때문에, 그 어려운 것보다도 더 사랑 하는 거예요. 어머니가 아기를 낳는 고통이 행복이예요, 불행이예요? 행복입니다.

여러분들이 태어날 때에 얼마나 힘들었겠어요? 그리고 자기의 생명 보따리 말이예요, 생명 보따리가 태인데, 거기에 달린 줄을 다 파탄시키고, 차 버리고, 집어 던지고, 다 벗어 버리고, 다 끊고 나올 때 어떨까 하고 생각해 보라구요. 그럴 때 뱃속의 애기가 '나 죽는다. 나 죽었다. 나 다 파괴되는구나' 하는 게 불행이 아니라 행복이라구요. 불행이 아니라, 불행의 경계선이 아니라, 행복의 출발이다 하는 걸 태어나 가지고 안다구요.

마찬가지로 우리는 영원한 세계인 영계로 태어나는 관문인 육신의 죽음을 두려워 합니다. 영계는 어떤 곳입니까? 우리가 영계에 들어가면 머리 위에 있는 숨구멍과 세포로 호흡하게 됩니다. 영계에서의 공기는 지상의 공기가 아니고 사랑입니다. 호흡을 통해서 사랑의 요소를 받는다는 것입니다. 우리가 지상에 살 때도 밥만 먹어서는 안 됩니다. 밥만 먹고 물만 마시고 산다는 것은 밥주머니와 물주머니를 채우는 일일 뿐입니다. 결국 그러다가 죽어간다는 말입니다.

지상에서 사는 동안의 우리 모습은 제2의 우리 존재입니다. 우리가 이 기간에 해야 할 일은 새로운 사랑의 인격을 형성해야 되는 것입니다. 이 땅 위에서 우리들이 가장 필요로 하는 것은 사랑입니다. 고아가 무엇입니까? 어머니와 아버지의 사랑을 받지 못하는 아이들을 왜 고아라고 부릅니까? 영계와 영원히 연결시킬 수 있는 사랑이 없기 때문입니다. 사랑이 없으면 외로운 것입니다. 그래서 독신으로 사는 사람을 불쌍하다고 합니다.

다시 말씀드리거니와 우리가 죽는다는 것은 제2의 호흡을 하던 육체에 연결된 이 기관을 깨뜨려버리고 사랑의 요소를 이어받는 것입니다. 그렇기 때문에 우리는 어차피 육신을 깨뜨리고 나가야 됩니다. 사랑은 보이지 않는 것입니다. 부모의 사랑, 부부의 사랑, 형제의 사랑, 자녀의 사랑, 이 모든 사랑을 중심 삼고 우리의 내적인 구조가 성장하는 것입니다. 우리가 하나님의 법칙대로 살 때에만, 어린아이가 어머니의 복중에서 정상적인 아기로 자라는 것과 마찬가지로 우리가 이 땅에서도 잘 성장할 수 있는 것입니다. 그러니 함부로 살아서는 안 된다는 것입니다.

천국은 타락하지 않은 산 자가 들어갈 수 있게끔 하나님이 인간에게 만들어준 것입니다. 인간은 이러한 원칙적인 기준에 의해 세워져야만 천국에 들어갈 수 있습니다. 예수님 자신도 타락한 인간을 구원해 가지고 타락하지 않은 인류의 부모인 아담 해와의 자리에서 아들딸을 거느리고 들어가야만 되는 것입니다. 그러나 예수님은 혼자 왔다 갔으니 예수님의 자손이 있어요? 없기 때문에 낙원에 가게 된 것입니다. 천국에 못 들어 가고 낙원에 있다는 것입니다. 천국에 가기 위한 대합실 같은 데가 있다는 것입니다. 타락하지 않은 본연의 사람으로서, 사탄과 관계가 없는 사람으로서, 이상적 부부의 사랑을 중심 삼고 가정을 이루고 살다가 하늘나라에 직행할 수 있게 돼 있는 것입니다. 그래서 지상천국이라는 거예요. 지상천국은 천상천국을 이어받는 것입니다. 그렇기 때문에 베드로한테 천국 열쇠를 준 것이 뭐냐 하면, 천국을 이룰 수 있는 길이 지상에 있다는 것입니다.

사랑은 영원합니다. 그런 사랑은 둘이 아니고 하나입니다. 남자와 여자 사이에 사랑으로 맺어지면 지상에서 백년해로를 해야 하고, 죽어서도 영원히 함께 살아가게 되어 있습니다. 몸은 둘이지만 하나되어 돌아감으로써 일체가 되는 것입니다. 두 몸이 하나 되면 하나님과 돌게 되어 사랑의 사위기대를 이루게 되니 그것이 바로 이상세계인 것입니다. 거기에는 거짓사랑이 침범할 수 없으며 오직 참사랑만이 임재하게 되는 것입니다."_문선명

천상까지 함께하는 부부

마릴린 : 미국인 마릴린은 이탈리아 남편 움베르토와 5년간 아프가니스탄에서 살았다. 거기에서 평화운동을 하면서 두 아들 조슈아와 영을 키웠다. 현재 그들은 필리핀의 국제평화지도자 대학에서 교육자로 활동하고 있다.

내가 처음 만난 통일교회 식구들은 아무런 조건없이 사랑을 주는 좋은 사람들이었다. 그들과 함께 하는 시간이, 특별히 남자 통일교회 식구들과 같이 있는 시간이 너무나 편안했다. 나의 대학생활에서 남성은 오직 섹스 파트너만 찾으러 다니는 모습이었기에 그것은 굉장히 나를 화나게 만들었다. 하지만 통일교회에서는 그런 것에 스트레스를 받지 않아도 되었기에 너무 좋았다.

나는 통일교회 식구가 되기 이전부터 순결을 지키려고 무던히도 애를 썼는데 통일교회의 '타락론'을 듣고 나서 너무도 기뻤다. 왜냐하면 타락론은 내가 옳다는 것과 프리섹스로 물든 이 세상이 잘못되었다는 것을 확실히 알려주었기 때문이었다.

대학생활은 악몽 그 자체였다. 왜냐하면 순결을 지켜야 한다는 나의 확신이 대학 친구들에게는 동성연애자로 비쳤기 때문이다. 그런 와중에 인간타락이 성범죄였다는 것을 듣고 너무 기뻤다. 그 말은 순결을 지키는 것이 필수적인 요소란 말이기 때문이다.

통일교회 식구가 되고 나서 나는 행복한 결혼생활을 꿈꿨다. 특히 언니의 고통스런 이혼과정을 지켜보면서 좋은 남자를 찾는 것에 대해 회의감을 느꼈다. 그런 상황에서 문 목사님이 우리의 배우자를 골라준다는 말을 듣고 너무나 기뻤다. 특별히 우리 교회에서 가장 멋진 신랑을 구해줄 것 같은 믿음이 생겼다.

처음에는 문 목사님이 위대한 사람이라는 정도는 알고 있었지만 그분이 아주 특별한 사람이라고는 생각하지 않았다. 그런데 시간이 지나면서 그분의 높은 영적 경지를 체험하게 되고 그분이 어떤 분인지 더 깊이 알게 되었다. 내가 통일교회 식구가 된지 얼마 되지 않아 아버님의 말씀을 처음으로 듣는 기회를 가지게 되었다. 그때 나를 뚫어지게 바라보신 적이 있는데 그 순간 말로는 표현할 수 없는 깊은 사랑을 느꼈다.

우리 아빠도 나를 정말 사랑하셨다. 특히 암에 걸려 곧 이 세상과 이별할지도 모른다고 생각한 아빠는 막내딸인 나를 돌아보시고 온 힘을 다해 나를 꼭 껴안아 주셨는데 아빠의 깊은 사랑이 흠뻑 느껴졌다. 그런데 그때 아빠에게 느꼈던 그 깊은 사랑보다 참아버님으로부터의 사랑이 더 깊게 느껴지는 것에 놀라움을 금치 못했을 뿐만 아니라 영원토록 잊지 못할 것 같았다. 그것은 시작에 불과했다.

힌두교나 불교에는 부부로 살다가 죽으면 영원히 헤어져서 다음 윤회를 기다린다고 믿는다. 기독교인은 '죽음이 갈라놓을 때까지'를 전제로 결혼생활을 하다가 하늘나라에 가면 더 이상 결혼은 없고 각각 천사가 된다고 믿는다. 하지만 통일교회에서는 축복결혼을 통해 맺어진 부부는 하늘나라에 가서도 참사랑으로 함께 한다고 믿는다.

어떤 종교인들은 통일교회가 영계나 영적 체험에 대해 이야기하는 것에 대해 신경을 쓴다. 유물론적 사고에 젖어 세속화된 현대 사회에서 육감六感이나 초감각에 대한 것을 언급하면 비이성적이거나 망상에 빠진 사람이라고 치부된다. 게다가 기독교인들은 아마 사도바울이 심령주의나 초자연적 주술에 빠지지 말라고 경고한 것을 언급할지도 모르겠다.

한국에서는 제사의 전통을 지켜야 할지 말아야 할지를 놓고 끝없는 논쟁을 벌이고 있다. 제사에 반대하는 기독교인과 제사에 호의적인 비기독교인이 한 집안에 있을 경우 그 문제는 더 심각한 경우가 많아서 가족 간의 반목이나 소외로까지 이어지기도 한다.

죽음과 영적현상에 대해서는 일반적으로 애매모호한 입장을 취하거나 사후의 세계에 대한 무지로 막연한 공포심을 가지고 있다. 하지만 문 목사님이 바라보는 제사는 그런 미신적인 행위가 아니라 이 땅에 사는 후손이 하늘나라로 돌아가신 조상들을 추모하고 사랑하는 마음으로 치러져야 하는 숭고한 의식이라고 가르친다.

"삼대三代가 한 집에서 살아야 되는 것입니다. 4대 심정권과 3대 왕권을 중심 삼고 할아버지를 하나님같이 모셔야 된다는 거예요. 여러분은 잘 알고 있지요?"

우리 통일교인들은 자기의 할아버지가 없으면 할아버지를 사서라도 모시는 훈련을 해야 됩니다. 할아버지가 대왕이고 하나님이에요. 그렇기 때문에 할아버지를 모시는 것은 하나님을 모시기 위한 준비라는 것입니다. 한국의 유교 전통이 그거 하나를 남겨준 거예요. 이 유교의 전통이 중국보다 앞서 한국에서 열매를 맺을 수 있게끔 부모를 존중하고 그 전통을 존중해서 가정 구성을 만들었다는 거예요. 그것은 미래성을 가지고 보람되게 하기 위한 것이었습니다. 그것이 오늘날 통일교회의 전통과 맞먹는 거예요. 그것을 보면, 하나님이 상대적인 기반을 다 만들어 나왔다는 것을 알 수 있다구요. 그래서 조상을 사랑하라는 것입니다. 조상을 위하는 것은 죄가 아니라는 거예요. 사탄세계에서도 조상을 위하는데, 기독교에서는 조상을 위하지 말라고 하지요? 그렇지만 앞으로 하늘세계의 조상은 위하고 또 위해야 되는 거예요. 그래서 통일교회는 제사도 인정하는 것입니다. 기독교에서 '어, 우상인데…' 하고 야단하지요? 그렇지만 타락한 세계에 있는 통일교회의 축복받은 가정은 이런 전통을 가지고 후손들한테 전수해줘야 될 책임이 있다는 것입니다.

참사랑에 의해서, 참사랑을 중심 삼고 "살아오소" 하면 "오냐" 하면서 할머니가 나타나고, 죽은 어머니 아버지를 만날 수 있습니다. 그런 길이 참사랑에 있다는 것을 알아야 해요. 영계를 돌파할 수 있고, 국경선을 돌파할 수 있는 자리라는 것을 알아야 됩니다. 할머니 할아버지, 우리 선조들이 전부 다 영계에 있는데, "내가 이런 어려운 일이 있으니 협조해 주시오" 하면 착착 하는 거예요. 그런 시대에 들어와요. 가르쳐 준다구요. 하나님은 우리의 조상이고, 우리는 손자예요. 그러니 "이렇게 이렇게 고하니 이루어 주시오" 하면 "오냐" 하지 "안 돼"라고 안 하는 거예요. 하나님은 전부 다 통하는 것입니다.

영계에 있는 여러분의 조상들도 이 세상을 내려다보면서 자랑스러운 후손들에게 협조하고 싶어서 지상으로 내려오고 싶어하는 거예요. 그래서 많은 조상들이 여러분들의 주위에 내려와요. 이것이 종족을 중심 삼은 종파를 초월한 종교세계예요. 여러분의 조상들이 여러분을 믿고, 여러분을 사랑하면서, 여러분을 따라오고 싶어하는 거예요. 모든 것들이 여러분을 따라와요. 그래서 여러분에게 협조하는데 헌신하고 싶어하는 거예요."

육신의 건강, 청춘의 힘을 중시하는 서양에서는 죽음에 관한 주제를 특히 불편하게 생각한다. 고인은 무덤 담장 너머로 안전하게 묻어버리거나 보다 효율적이고 근대적인 방법으로 화장해서 그 재를 망각의 바닷속으로 뿌리기도 한다. 하지만 《원리강론》에서는 영계靈界에서의 삶은 자연스럽고 신나는 일상으로 지상세계의 후속편에 해당되는 일이라고 가르친다. 따라서 하늘나라로 돌아간 조상들과 만남을 갖는 것은 이 땅에 사랑하는 할아버지 할머니가 살아계실 대 찾아뵙는 것과 같이 자연스러운 일인 것이다. 이런 관점에서 볼 때 '초자연적'이란 것은 사실 매우 '자연적'인 것이다.

사실 이 지상세계와 천상세계를 두 영역으로 구분한다는 것이 부자연스러운 일이다. 인간 타락으로 초래된 것 중 하나가 인간이 영적인 인지력과 영계에 대한 이해력을 잃어버린 점이다. 즉 인간조상의 타락으로 파생된 슬픈 현실이 바로 남녀 사이에 영원한 사랑이 존재하지 않는다는 것이다. 죽음은 실제로 남편과 아내 사이를 갈라 놓는다. 마침내 그것을 뒤집을 시간이 왔다.

하늘이 주시는 힘

나자리노 : 이태리 출신으로 태국 출신의 아내 나와랏트와 축복결혼했다.

내 아내 나와랏트는 뼈암으로 지상의 생을 마감하고 하늘나라로 돌아갔다. 아내는 15남매 중 12째로 태어나서 1985년 경제학을 전공하던 대학생 때 통일교회 식구가 되었다. 우리는 독일에서 보금자리를 꾸렸다. 아내는 좀 내성적인 편이었는데 한꺼번에 독일이란 나라와 이태리 남편이라는 두 문화를 소화하기가 쉽지 않았던 것 같다. 하지만 이에 대해 불평 한번 없이 끝까지 그냥 버텼다.

아내가 셋째를 임신했을 때 뼈암이 이미 뼛속에 자리 잡아 말기를 치닫고 있었다. 특히 의사가 더 이상 희망이 없다고 했을 때 나는 공황상태에 빠졌다. 며칠 후 아내는 제왕절개 수술과 종양제거 수술을 동시에 받았다. 다행히 아기는 건강했지만 미숙아 상태로 태어났기에 2달동안 병원에 입원해야만 했다. 아기의 탄생으로 인한 기쁨과 아내의 얼마남지 않은 지상계의 삶을 바라보는 슬픔을 한꺼번에 경험했다.

이런 일을 겪기 전에는 우리 교회 공동체의 중요성을 전혀 깨닫지 못했다. 일곱 가정이 우리를 위해 기도해주기 시작했는데 때때로 이 영적인 지원부대의 힘을 느꼈다. 아내는 병원에 입원해 있는 3개월 동안 4차례의 수술을 견뎌내야만 했고, 끝없어 보이는 고난을 평화롭게 맞이했다. 병문안 오는 사람을 항상 웃음으로 맞이했고, 병원 관계자에게는 병세에 대해 물어보지 않았다.

아내는 때때로 참부모님과 같이 살아서 일을 할 수 있어도 행복하고, 그렇지 않는 상황이 발생해도 괜찮다고 말헀다. 아내가 자신이 처한 상황에 좌절하여 화를 내거나 우는 모습을 본 적이 없다. 정말 아내가 영계의 도움을 받고 있다는 것을 느꼈다.

병문안 온 사람들이 오히려 우리 부부의 평화로운 모습과 굳건한 신앙을 보고 위로를 받았다고 한다. 아내의 그런 태도는 우리 교회식구들의 마음을 더 하나로 묶는 계기가 되었다. 사실 아내의 병세로 인해 나는 심적으로 어려웠다. 아내가 첫 번째 수술을 받은 다음날 나에게 말하기를, "당신의 모든 일을 하나님을 위해서 바치고, 당신을 힘들게 했던 모든 사람들을 용서하세요. 그리고 당신이 알게 모르게 잘못한 점이 있다면 그 사람에게 용서를 구하세요"라고 했다.

나는 바로 아내의 조언에 따라 행동하여 그동안 이런저런 이유로 소원했던 사람들과 관계를 회복할 수 있었다. 영적인 장벽이 허물어진 것을 목격한 날 밤에 천사가 아내에게 나타나서 말하기를 "우리는 공적인 일을 하기 위해 여기에 왔기 때문에 아무도 우리를 볼 수 없지만, 당신은 절대적인 신앙과 순수한 심정을 갖고 있기에 우리를 볼 수 있어요"라고 했단다. 아울러 그 천사는 아내가 가진 모든 통증을 사라지게 만들었다고 했다.

아내가 하늘나라로 떠난 다음날, 우리 부모님과 친척들이 이태리에서 날아왔다. 그들은 교회 식구들이 우리 가정을 위해 헌신과 봉사하는 장면을 목격하며 비록 내가 타국에서 살고 있지만 오히려 고향보다 훨씬 따뜻한 환경 속에 살고 있다는 것을 알게 되었다. 아내를 하늘나라로 보내는 성화식 자체도 암환자를 떠나보낸 애도의 분위기가 아니라 희망과 감사의 축제 분위기로 마무리 되었다.

아내가 영계로 떠나고 나서 나는 아이들을 돌보고 있었는데, 체코공화국에서 한 통일교회 여성식구가 우리 막내 에릭을 키우는 것을 소명으로 느껴 달려왔다. 나는 막내와 이제 막 6살과 4살이었던 두 아들을 위해 하늘의 특별한 축복과 보호하심이 임하는 것을 느꼈다. 우리 가족 모두는 놀라울 정도로 평화로웠다. 때때로 완전히 달라진 환경에 적응하느라 힘들 때도 있었지만, 그때마다 하나님이 직접 나와 우리 가족을 지켜주시고 인도해 주시는 것을 느꼈다.

아내가 그립지만 아내의 빈자리를 그리 크게 느끼진 않는다. 왜냐하면 아직도 그녀가 나와 같이 하고 있는 것을 느끼고, 아이들도 엄마가 꿈 속에 나타나서 지도해주기 때문에 좋다고 한다. 이 내가 막내를 가졌을 때 태몽을 꾸었는데 10여 살 정도 되는 어린이가 많은 사람들을 이끌고 정의를 위해 싸우는 장면이었다.

내가 지금 이런 간증문을 쓰고 있는 것은 다른 사람에게 용기를 주기 위함이다. 아울러 아무리 어려운 상황이 닥치더라도 믿음을 잃지 않으면 하늘의 직접적인 인도하심을 받을 수 있고, 굳건한 마음을 얻을 수 있다는 것을 알리기 위함이다.

종교는 형식적인 위로로 유족을 달래거나, 아편에 의지해서 사는 물질만능주의자들과는 다르다. 오히려 영원한 세계에 대한 인지가 매일매일의 삶을 보다 충실하고 가치있게 일구게 한다. 왜냐하면 이승에서의 삶이 저승에서의 운명을 결정한다는 것을 알고 있기 때문이다. 이 땅에서 삶은 영생을 준비하는 단 한 번의 기회이다. 사람의 성격은 죽어서도 바뀌지 않는다. 지상에서 근면하거나 태만하거나, 관대하거나 인색하거나, 용기있거나 겁이 많거나, 관용적이거나 그 반대이거나, 사후에도 그 성격은 그대로 이어진다. 따라서 현명한 사람은 영원한 세계를 위해 잘못을 회개하고, 임종 전엔 모든 빚진 것을 청산하려고 하는 등 종교적인 가르침을 따른다.

죽음을 준비하는 사람은 죽음이 두렵지 않다. 하지만 준비하지 않는 사람에게는 죽음이 공포의 대왕처럼 다가와서 인생에 대한 후회를 남기게 만든다. 영혼의 세계에서는 사랑의 공기로 숨을 쉬기 때문에 이 지상에서 사랑의 능력을 배양하지 않으면 저 세상에서는 질식을 하고 만다. 따라서 영원한 세계인 하늘나라에서 우리의 행복을 결정짓는 잣대는 바로 지상생활을 하는 동안 사랑을 배양하는 능력을 기르는 일이다.

"하나님께서 제일 사랑하고 제일 귀하게 여기는 물건이 있다면 그것을 하루, 혹은 10년이나 100년쯤 같이 지낸 후에 집어던지게끔 지었겠어요, 영원히 같이 있게끔 지었겠어요? 영원히 함께 있도록 지으신 것입니다. 사람도 마찬가지입니다. 사람이 태어났다가 죽으면 그만이면 좋겠어요, 영생해야 되겠어요? 영생해야 된다는 것입니다. 왜냐? 절대자 하나님께서 절대적인 사랑을 중심 삼고 좋아할 수 있는 대상이기 때문입니다. 하루나 이틀, 혹은 10년, 100년 좋아하다 던져 버린다면 그것은 사랑이 아닙니다. 사랑하면 사랑할수록 함께 있고 싶어하는 것입니다.

사랑하는 아내가 죽으면 그 아내의 손수건을 갖고 독신으로 살았던 사람도 있지요? 네루 같은 양반은 자기 아내가 젊어서 죽었는데 그 아내가 장미를 좋아한다고 해서 평생 장미꽃을 차고 다니면서 살았던 것입니다.

통일교인들은 영계에 가 있는 아내와 얘기하면서 살고 있는 거예요. 그런 세계를 지금 이 세상이 모르고 있으니 기가 차지요. 그것을 돈 주고 살 수 있어요? 참사랑이라는 것은 뭘하는 것이냐? 영원히 계속되는 사랑입니다. 봄에도 그 사랑, 여름에도 그 사랑, 가을에도 그 사랑, 겨울에도 그 사랑, 소년 시대에도 그 사랑, 노년 시대에도 그 사랑, 장년 시대에도 그 사랑, 그

다음에 영원한 영계에 가서도 그 사랑… 변하지 않는 사랑입니다.” _문선명

사랑과 영혼

치에꼬 : 1980년 12월, 통일교회 식구인 사사모토 마사키가 사망했다는 충격적인 소식이 전해졌다. 탄자니아 경찰이 선교사 숙소에 들이닥쳐 현지에서 선교활동을 하던 사사모토 씨를 쏘았다는 것이다. 그 당시 그의 아내 치에꼬는 잠비아에 머물면서 남편의 선교지인 탄자니아로 떠날 준비를 하고 있었다. 사건이 발생하고 치에꼬는 탄자니아 수도에서 대사관 직원을 만났고, 남편이 묻힌 코논도니 공동묘지를 찾았다. 1994년 5월 1일 문 목사님 양위분은 통일교회 창설 40주년 기념식에서 순교한 사사모토에게 특별상을 수여했다. 남편 대신 상을 받은 치에꼬는 다음과 같은 신앙고백을 했다.

나는 금식과 냉수목욕기도를 통해 나를 정결하게 하고, 남편대신 기념식장에 참석해 수상하였습니다. 평생에 한 번만이라도 참부모님과 악수를 해봤으면 하는 바램이 늘 있었습니다. 상을 받기 직전에 하늘나라로 돌아간 남편이 내 몸으로 들어와서 참부모님께 상을 받는 순간 남편은 내 몸을 통해 울기 시작했습니다.

다음날, 서울 한남동에 있는 참부모님의 공관에 초대받아 다른 교회식구와 함께 말씀을 들었습니다. 그때 참아버님은 늘 그랬던 것처럼 부부간의 참사랑에 대해 가르침을 주셨습니다. 하지만 말씀 도중에 마음 속으로 참아버님께 말씀드리길, "겨우 한 달간 남편과 보낸 것이 전부여서 부부관계의 참된 기쁨을 잘 알지 못합니다"라고 했습니다.

그날 밤이었습니다. 갑자기 남편이 나를 애무하기 시작해서 깜짝 놀랐습니다. 남편이 하늘나라로 돌아가고 나서 이런 경험을 하리란 것은 꿈에서조

차 생각하지 못할 일이었습니다. 선교사로 생활하느라 서로 거의 만나지 못했기 때문에 그날 밤 남편과 사랑한 것은 14년 만이었습니다.《원리강론》을 통해, 참부모님의 말씀을 통해, 영혼과도 육체적 사랑을 나눌 수 있다고 들었지만 이것이 현실이 되니 정말 놀라웠습니다. 남편은 정말 뜨겁게 나를 사랑해 주었고 처음이라고 해도 과언이 아닐 정도로 부부관계의 참된 기쁨을 만끽할 수 있었습니다. 하늘나라에 있는 남편이 나에게 가까이 다가오면 특별한 진동이 전해짐을 느낍니다. 내가 피곤할 때면 남편이 내 몸을 마사지해 주고 스트레칭도 해주어 정말 행복합니다.

시공을 초월하여 남편과 동거동락하며 하나님의 섭리를 위해 매진할 수 있게 해주신 하나님과 참부모님께 진심으로 감사드립니다. 내가 아직 이 지상계에 살아서 활동해야 할 책임이 있기에 그전보다 더욱 기도생활과《원리강론》공부에 매진하고 있습니다.

11장

축복 가정의 삶

가족은 자연의 걸작 중의 하나다.

조지 산타야나, 철학자·하버드대 교수

참사랑은 탐구해서 생기는 것도 자연적으로 생기는 것도 아니라 덕목, 예술, 기술과 같이 반드시 습득해야 하는 능력이자 예술이다. 참사랑은 가정에서 습득되어진다. 문 목사님은 가정이 바로 사랑의 학교라고 정의했다. 각 가정에서 사랑하는 법을 배우고, 성장하고 결혼해서 배우자를 만나 새로운 가정을 꾸리면서 배우자와 자녀와 함께 사랑의 관계를 일구어나간다는 것이다. 사랑의 학교인 가정에서 자기중심적이 아니라 타인중심적으로 성장해 나간다.

전 세계 통일교회 식구들이 봉독하는 '가정맹세'는 8절로 구성되었다. 가정맹세를 암송하며 참사랑을 중심으로 효자, 충신, 성인, 성자의 가정을 완성하여 하늘의 축복을 주변에 연결하고, 이를 통해 심정문화세계를 완성할 것을 다짐한다. 특히 가정맹세 3절에는 참사랑을 중심 삼고 사대四大 심정권心情圈을 완성할 것을 다짐하는 부분이 나온다. 이것은 의미심장한 내용을 담고 있다. 사대 심정권이란 자녀권, 형제권, 부부권, 부모권의 심정영역을 완성한다는 의미로 이 모든 사랑은 궁극적으로 사랑의 원천인 하나님으로부터 기인한다.

통일교회의 축복가정은 이 사대 심정권의 완성을 위해 부단히 애쓴다. 즉 부모의 사랑을 받는 자녀의 단계로부터, 형제자매간의 사랑을 나누는 단계로, 결혼을 해서 사랑하는 부부로서의 기쁨을 경험하는 단계로, 마지막으로 자녀에게 무조건적인 사랑을 아낌없이 퍼붓는 부모의 단계로의 완성을 위해 정진한다. 이 사대심정권을 통한 성장과정을 통해 다른 사람에게 사랑을 좀 더 많이 주는 법을 배워나가게 된다. 이것을 경험한 사람의 심정에는 기쁨과 행복이 채워지게 되어 창의력, 봉사정신, 성취감이 충만한 즉, 내적으로 성숙하고 자신있는 인성을 살아가게 된다는 것이다.

참사랑은 아기가 엄마 아빠에게서 흘러넘치는 사랑을 마시면서 생긴다. 아기가 언제든 배고프다고 하거나, 구섭다고 하거나, 기저귀를 갈아달라고 하거나, 안아달라고 할 때마다 사랑이 가득 찬 부모는 항상 준비되어있다. 이렇게 부모로부터 받은 무조건적인 무한 사랑은 자녀에게 일생 다른 사람에 대한 배려심과 동정심을 베풀 수 있는 관계형성의 기초공사를 해주는 것이 된다. 부모와 쌓은 관계의 깊이가 깊을수록 그 아이는 세상이 믿을 만한 곳이고, 안전한 곳이라는 생각을 하게 된다. 아울러 부모의 사랑을 받으려고 부모로부터 인정받고자 하는 자녀의 강한 욕구는 자기 절제능력을 기르게 된다. 아이는 주변물건을 소중히 다루고 정리정돈하고 청소하고 숙제하는 것을 배운다. 아울러 다른 사람을 존중하고 다른 사람에게 책임질 수 있는 행동을 할 수 있도록 배운다.

동양에서 말하는 효도는 모든 선과 도덕의 뿌리라고 간주되어진다. 한국에서 말하는 효자효녀는 결국 희생과 사랑과 헌신으로 자신을 키워온 부모의 희망과 기대에 부응하기 위해 최선을 다하는 자식을 말한다. 서양의 비평가들은 극동아시아의 수직적인 계층구조가 창의력과 혁신능력을 저하시킨다고 꼬집기도 한다.

하지만 자녀의 효도는 부모로부터 받은 사랑을 돌려드리는 사랑의 행위로, 구석기 시대의 문화적 퇴물이 아니라 현대사회를 더 튼실하게 만드는 토대가 된다. 아시아권 국가에서 '호랑이 엄마들'의 치맛바람은 서구사회에는 충격으로 다가오겠지만 그들의 자녀는 미국의 아이비리그 교정을 점점 장악해 나가고 있다. 아시아의 네 마리 호랑이라고 불리는 한국, 홍콩, 싱가폴, 대만과 그 이웃나라인 일본과 중국은 산업화된 선진국을 점차 잠식해가고 있다. 그것은 이 나라들이 가지는 부존자원의 우위때문이 아니라 주로 부모와 자식 간의 유대감과 기능적 가정의 토양에서 자란 인적자원에 기인한다.

1960년대와 70년대에 '세대 차이'란 말이 서구사회에 유행했다. 유명한 팝가수 밥딜런Bob Dylan은 세상의 모든 부모에게 자식에 대해 간섭하지 말고 명령하지 말라고 노래했다. 소위 신세대의 눈에 비친 구세대의 모습은 무지와 부정 부패와 절망으로 비쳐졌다. 부부간의 이혼이 급증하기 시작하며 부모와 자녀와의 관계도 자연스럽게 금이 갔다. 소위 자유를 외치며 치닫던 부부간의 이혼과 그로 인해 파괴된 부모와 자녀의 관계는 개인의 행복을 가져다 주기는커녕 고립과 소외감 가져왔다. 서구사회는 온 지구에 가정붕괴의 바이러스를 감염시켰던 것이다.

하지만 통일교회 식구들은 세상에 대해 매우 독특한 관점을 가지고 독특한 삶을 영위해 왔다. 아버지는 소위 자식의 절친(가장 친한 친구)이 되어 친구와 놀다가도 아버지에게 달려와 안길 수 있을 정도가 되어야 하고, 스승 중의 스승으로서 대통령보다도 훌륭하고, 하나님 다음으로 위대한 사람이란 인식을 가져야 한다고 문선명 목사님은 가르친다. 즉 자녀에게 있어 아버지는 어떤 절친과도 바꿀 수 없는 절친이 되어야 하고, 어떤 스승과도 바꿀 수 없는 스승이 되어야 한다는 것이다.

좋은 아버지가 되는 것은 쉬운 일이 아니다. 집에 돌아오면 자고 있는 자녀의 얼굴에 뽀뽀를 해주어야 한다. 이렇게 함으로써 아이들의 마음에 나도 우리 아빠처럼 자식을 사랑해 주어야겠다는 생각이 싹트게 되는 것이다. 그런 부모 자식 간의 친밀감은 그들이 대학에 가고, 성인이 된 후에도 평생 지속되는 것이다. 자녀 심정권의 자연스러운 확장은 하나님과의 관계 안에 있다. 우리는 부모님의 사랑을 경험한다. 우리의 부모님은 볼에 뽀뽀를 해주고, 안아주고 우리가 힘들 때 위로해 준다. 우리가 경험한 이런 사랑은 완전한 것도 참된 것도 아니다. 왜냐하면 그런 온전한 것들은 오직 하나님으로부터 오기 때문이다. 우리 모두는 하나님의 자녀이다.

우리는 온전한 참사랑을 계발하기 위해 자녀로서 부모와의 관계를 심화시켜야 한다. 사람들이 알던 모르던 간에 모든 부모는 자녀에게 하나님으로 나타난다. 《피터팬》에 나오는 구절처럼 하나님에게 기도를 하면 보통 엄마의 얼굴이 나온다고 했다. 하나님에 대한 믿음은 전능하고 아득히 먼 곳에 존재하는 절대자에 대한 신앙으로 해석하는 신학적인 정의만은 아니다. 그것은 바로 신뢰로서 사랑과 선은 우주의 중심에 있다. 우리는 하늘 부모님인 하나님과 우리 부모에게 온전히 사랑받고 있기에 누구에게도 그 사랑을 돌려 줄 수 있게 되는 것이다.

형제자매의 심정권에서는 부모에게서 받은 사랑을 형제자매에게 나누는 것을 배워서 형제자매에게 절대 상처를 주지 않도록 해야 한다. 아울러 자기 차례를 기다리는 것도, 맛있는 쿠키를 혼자만 먹지 않는 것도, 장난감을 나누어 가지고 노는 것도 반드시 배워야 한다.

아이가 자신의 동생이 생김으로써 경쟁상대가 나타난 고통을 극복할 수 있는 방법 중 하나 즉, 자신의 경쟁상대인 동생으로부터 부모의 사랑을 다시 찾아오기 위해 취하는 행동은 바로 자신이 더 이상 아이가 아니라 제 3의 부모가 되는 것이다. 동생이 있는 아이가 이렇게 하도록 인도하면, 부모는 그 아이가 동생에게 가지는 시기와 분노를 협력과 이타적 품성으로 변환시키도록 할 수 있다. 많은 아이들이 동생을 돌보는 긍정적인 경험을 통해 전문 도우미로 커간다. 이런 과정을 통해 그 아이들은 일찌감치 형제자매의 심정권인 주고 돌보는 훈련을 하는 것이다.

문 목사님은 종종 횡적 사랑이 아무런 마찰없이 회전하는데 종적 사랑이 얼마나 중요한 회전축의 역할을 하는지를 설파한다. 부모의 사랑이야말로 자녀 간의 충돌을 중재하는 가장 중요한 요소이다. 사랑이 넘치는 부모는 그 자녀들의 사랑과 화합을 증진시키는 핵이다. 부모의 사랑은 자녀에게 가치와 평등을 부여한다. 아들이 그의 누나나 여동생을 존중하는 것은 바로 부모에게 그 누나나 여동생이 사랑받은데 기인하는 것이다. 딸이 그의 오빠나 남동생을 사랑하는 것을 배우는 것은 바로 그녀의 부모가 오빠나 남동생을 그렇게 사랑했기 때문이다.

문 목사님의 반려자인 한학자 총재님에 의하면, 자기를 돌보지 않는 부모의 사랑에 흠뻑 젖어사는 참사랑이 넘치는 가정에서는 형제 간의 갈등이나 미움의 씨앗은 싹트지 않는다는 것이다. 이렇게 자란 자녀들이 싸우는 단 하나의 이유는 부모와 가족에게 누가 먼저 더 많은 사랑을 줄까 하고 경쟁하는 행복한 갈등밖에 없다. 이런 심정의 세계에서 자란 자녀는 교우관계에 있어서도 같은 방식을 적용하게 되어 인간관계 기술에 있어 비약적인 발전을 보게 된다. 친구나 급우와의 관계에 있어서도 존중하고 같이 어울려야 하는 타인이 있다는 것을 배움으로써 정의, 정직, 페어플레이와 같은 화두가 큰 비중을 차지하게 된다.

참된 친구가 되는 것

켄코 후지이 : 영국 최고의 이공계 명문대학교인 런던황실대학교Imperial College London를 수석으로 졸업하고, 영국의 투자은행에서 파생상품을 전담

한 켄코후지이는 창의적이고 몇개 국어가 가능한 국제적인 통일교회 2세의 모습을 잘 나타내는 사람이라고 할 수 있다.

나는 1984년 미국 보스톤에서 후지이 미치오와 후지이 마유미 씨 사이에서 태어났다. 우리 부모님은 1970년에 거행된 777쌍의 통일교회 국제합동결혼식을 통해 인연을 맺고 7남매를 낳으셨다.

부친이 미국에서 원리연구회라는 단체를 통해 대학교 선교활동을 했기에 우리 7남매는 모두 미국에서 태어났다. 우리 엄마는 수학과 일본어 학습을 위해 개발된 구몬학습 프로그램으로 우리를 열공모드로 인도하셨다. 우리가 조금이라도 공부를 게을리하려고 하면 엄마는 "참부모님께서 우리가 최고의 대학에 들어가서 이 세계의 지도자가 되기를 바라고 계신다"라고 하시며 우리를 꾸짖으셨다. 따라서 나의 유년기는 쉽지 않았지만 학력신장에는 무척이나 도움이 되었던 것이 사실이다.

내가 8살이 되었을 때, 아버지는 일본 통일교회 책임자로 발령이 났다. 부모님과 함께 2형제와 한 명의 누이가 일본으로 이주를 하면서 미국 통일교회 식구의 집에 남기로 한 손위 3명의 형들과 헤어지게 되었다.

일본에서의 나의 인생은 악몽 그 자체였다. 일본인 모습을 하고 있으면서 일본어를 할 줄 모른다고 엄청나게 비난받았다. 나는 이미 겉모습만 일본인이지 속은 미국인이 되었기에 일본문화에 젖어드는 것이 너무 힘들었다. 미국식 옷을 입는다고 왕따를 당하기도 했다.

미국에서 올 A를 달리던 나는 일본에 와서 D학점을 받는 학생이 되고 말았다. 공부를 해야 할 의욕을 상실했고, 나와 내 형제들에게 언어의 장벽은 정말 넘을 수 없는 벽 그 자체로 여겨졌다. 나의 어눌한 일본어 발음 때문에 나는 이방인 취급을 받았다. 부모님이 우리를 보실 때마다 강조한 3가지가 있었다. 그것은 바로 하나님과 초부모님을 잘 섬기고, 학교에서 최고가 될 것, 마지막으로 여자와 데이트를 하지 말고 미래에 축복결혼을 통해 만나게 될 배우자를 위해 준비할 것이었다.

내가 인생의 바닥을 치고 있을 13살 때, 우리 부모님은 영국으로 선교지가 바뀌었다. 일본의 악몽에서 탈출할 수 있어서 좋았지만, 새로운 환경에 다시 적응하는 것이 무서웠다. 영국에 갔을 때는 어눌한 영어실력과 매일매일 똑같은 도시락을 싸온다는 이유로 왕따를 당했다. 이런 와중에 나는 구세주와 같은 친구 웬을 만나게 되었다. 반 친구들의 눈을 피해 매 쉬는 시간마다 음료수나 과자류를 사다 주어 내가 다른 아이들과 어울릴 수 있도록 해주었고 우리는 자연스럽게 가장 친한 친구가 되었다.

내 스스로 통일교 식구의 길을 선택했던 15살은 내 인생에서 가장 큰 전환점이 되었다. 나는 통일원리를 배우기 위해서 통일교회의 7일《원리강론》수련에 참석하기로 결정했다. 우리 부모님이 일반적인 통일교회 식구보다 훨씬 더 교회에 헌신적이라는 것을 알고는 있었지만, 문 목사님이 누군지 전혀 알지 못했다. 우리 부모님은 해외선교 활동에 너무 바쁘셔서 우리에게는 통일교회의《원리강론》에 대해 가르쳐 주지 못하셨기에 나는 우리 부모님이 왜 그런 사람을 따르는지 알 수가 없었다.

7일간의 수련기간에 내 인생은 바뀌었다. 나는 수련기간의 강의시간 동안 대성통곡을 하며 지난 날의 모든 기억을 더듬어 갔고, 일본에서의 악몽이 헛된 것만은 아니라는 것을 깨달았다. 나는 마침내 왜 우리 조부모님과 부모님이 문 목사님을 메시아로 재림주로 구세주로 증거하며 따르고 있는지를 깨닫게 되었다. 내가 그동안 품었던 모든 원망이 다 씻겨 내려가는 것을 느꼈다. 또한 우리 부모님이 왜 학교에서 우수한 학생이 되라고 강조하셨는지 마침내 이해가 되었다. 최고로 우수한 학생이 되라고 했던 것은 다름이 아니라 내가 보다 다른 사람들을 위할 수 있는 일을 할 수 있게 될 기회를 더 많이 얻을 수 있기 때문이었다.

　　그로부터 나의 미션은 분명해졌다. 사람들에게 존경을 받는 내가 되어 사람들이 하나님의 말씀인 《원리강론》에 접할 수 있게 하여 결국 하나님의 축복을 받게 하는 것이었다. 하나님의 인도하심과 나의 부단한 노력으로 성적이 급격히 향상되었다. 나는 결국 중학교를 올 A+로 졸업하는 최우수 학생의 영예를 안았다. 중학교 생활의 마지막 무렵인 16살 때, 나는 《원리강론》의 가르침에 감동을 받고, 절친인 웬에게 내가 통일교회 신앙을 하고 있다고 말했다. 이때부터 나의 전도활동은 본격적으로 시작이 되었다고 할 수 있다. 하나님이 나를 통해 친구인 웬어게 당신의 말씀을 전하고 싶다는 것을 깨닫고 영재학교로 진학하는 것을 포기하고, 그냥 같은 학교에 머물기로 결정했다. 비록 이 결정이 좋은 대학교에 진학하는 것에 방해가 된다 하더라도 내 일생에 가장 현명한 선택이었다고 자부한다. 이로 인해 웬과 결정적으로 가까워질 수 있었고, 마침내 내 친구를 전도할 수 있게 되었다.

　　무신론자인 웬을 전도하는 것은 정말 쉽지 않았다. 주말에 그 친구의 집에 놀러가서 같이 《원리강론》을 공부했다. 곧 커다란 암초가 기다리고 있었다. 하루는 웬이 주일예배에 더 이상 참석하지 않겠다고 하며 학교에서도 나를 피했고, 수차례 전화를 해도 받지 않았다. 울음이 멈춰지지 않고 정말 가슴이 아팠다. 그 친구와 다시 대화하는 것이 정말 절실했다.

　　몇 주간의 간절한 기도의 결실로 그 친구는 내 전화를 받았고, 더 이상 교회에 나오고 싶지 않다고 했다. 세계가 무너지는 듯한 느낌을 받았던 그날의 전화통화를 잊을 수가 없다. 한 영혼을 구원하는 것을 실패했을 뿐아니라 나의 가장 친한 친구를 잃는다는 두려움을 떨쳐버릴 수가 없었다.

　　엄마와 상의를 하니 그 친구를 한 번 만나보겠다고 하시며, 저녁을 같이 할 시간을 마련하셨다. 그 자리에서 한자에 성서적 의미가 담겨있다는 설명을 하며, 하나님의 실존에 대해 확신을 심어주었다. 그 한 예로 8명이 배에 승선하다는 의미의 한자, 배 선船을 설명하며 그것이 노아, 노아의 부인, 그리고 세 아들과 며느리 셋, 도합 여덟 명o 노아의 방주에 승선한다는 것을 부연설명해 주셨다. 그 설명을 들은 웬은 충격을 받고 한자와 성서의 연관성에 관심을 갖게 되었다. 물론 이것으로만 그에게 확신을 심어준 것은 아니다. 하지만 엄마와의 저녁식사를 통해 웬은 7일 통일원리 수련회에 참석하기로 결정하고, 수련회 기간 하나님을 경험하고 통일교회의 식구가 되기로 결정했다.

나는 고등학교를 올 A의 성적으로 졸업하고, 영국 최고의 이공계 명문대학교인 ICL(런던황실대학교)의 전기학부에 입학하였다. 내가 최고의 학생이 되어야지 학생들로부터 존경을 얻을 수 있고, 그것을 발판으로《원리강론》을 가르쳐 줄 수 있기에 정말 열심히 공부해서 수석을 했고, 전도활동도 열심히 했다. 나는 종교적인 성향을 지니고, 마음씨 좋고, 술을 마시지 않고, 여자친구도 사귀지 않는 '좋은 친구'가 누군지 항상 눈여겨 봤다.

대학교를 졸업하고 나는 영국 런던에 있는 한 투자은행에서 금융파생상품 담당으로 취직했다. 투자은행에 근무하는 것은 폼도 나지만 전도를 하기에도 용이하다고 생각했다. 하지만 투자은행에서의 근무를 통해 금융, 경제, 정치의 세계가 운용되는 것을 보며, 투자은행의 세계는 마치 사탄의 소굴이라는 생각이 들었다. 자기중심적이고 이기적이고 탐욕스럽다고 표현하는 것이 그곳에서 종사하는 사람들에 대해 정중하게 묘사하는 것이라 해도 과언이 아니다. 물론 모든 사람들이 이렇게 일하지는 않았지만 대부분의 사람들은 도덕적관념이 없었다. 목요일은 새로운 금요일로, 런던의 술집과 나이트 클럽에서 대부분의 사람들이 시간을 보내며 술은 글처럼 소비되었고 많은 투자은행가들은 근처의 스트립쇼가 열리는 나이트클럽으로 발걸음을 옮겼다.

3년간의 은행원 생활 중 가장 힘든 도전은 직장동료와 같이 어울리는 일이었다. 사회적 측면에서의 은행업이나 금융업은 술집에서 술잔을 같이 기울이는 것으로 인식되었다. 직장초년병 시절에는 퇴근시간이 되면 바로 집으로 직행했다. 하지만 이렇게 직장생활을 할 수 없다는 것을 깨닫게 되었다. 그래서 동료와 같이 술집으로 가서 나는 콜라를 마셨다. 동료들에게는 종교상의 이유로 술을 마시지 않는다고 분명히 이야기했다. 처음에는 충격으로 받아들였으나 결국 나의 단호한 입장을 수용할 수 밖에 없었다.

　　마침내 2008년에 이르러 미국에서 발발한 서브프라임모기지 사태로 세계의 금융시장이 얼어붙었고, 증권시장도 번지점프를 하듯이 추락했다. 역사상 가장 어려운 세계경제의 위기를 경험하면서 내가 일하던 투자은행도 다른 투자은행으로 합병이 되었고 엄청난 구조조정이 수반되었다. 그리고 상사의 입장에서는 자기와 잘 통하는 사람은 남겨두고 그렇지 않은 사람은 명퇴를 시키는 계기가 되었다. 내 신임상사는 친절(?)하게도 내게 아사히 맥주를 권해서 정중히 사양했으나 그 상사는 화를 내며 내가 일부러 너를 위해 사온 것인데 왜 거절하냐고 하면서 언성을 높였다. 나는 그 상사에게 일단 성의를 받아드리지 못한 점을 사과하며 그래도 술은 마시지 않는다고 다시 말했다. 그랬더니 "네가 선택한거야!"라고 말하며 해고라고 했지만 나는 별로 충격을 받지 않았다.

　　나는 정말 열심히 일했지만 그것만으로는 부족하다는 것을 알고 있었다. 그 상사가 건넨 술을 마시지 않은 것을 후회하지도 않았고, 오히려 통일교회 2세 식구로서 보다 강한 신념을 가지게 되는 계기가 되었다. 나의 신앙관을 명확히 정립했다는 뿌듯함은 돈으로도 살 수 없는 것이었다.

　　직장을 그만두자마자 다음은 어떻게 해야 할지 심사숙고하기 위해 재충전의 시간을 가지며 내 인생을 반추해 보았다. 투자은행에 다시 지원을 하여 인터뷰를 할 때마다 받는 "고객을 걸대하고, 그들을 즐겁게 해 줄 수 있는가?" 라는 질문은 나로 하여금 인생의 전환점이 되게 하였다.

박사과정을 알아보게 되어 자연스럽게 나의 모교대학인 ICL에 지원하게 되었다. 기도와 철저한 준비 덕분에 나는 좁은 입학시험의 관문을 뚫고 까다로운 수차례의 면접도 통과해서 전액 장학금 플러스 생활비까지 지원되는 박사과정에 입학하게 되었다. 최근 투자은행에서 같이 일했던 동료가 내가 믿는 통일교회에 관심을 가지기 시작했다. 그는 사실 직장선배였고 아내와 두 자녀가 있었다. 그런 그가 나의 믿음에 관심을 가지게 된 것은 투자은행 안에서 다른 사람과는 다른 나의 철저한 도덕관념과 신념에 따른 생활태도를 장기간 지켜보고 내린 결론이었다.

형제자매권의 심정이 가지는 가치와 거기에서 배우는 참된 우정의 가치를 이해하는 젊은이는 추후 인생에서 특히 친밀함과 행복한 결혼생활에서 보다 나은 관계를 경험할 가능성이 훨씬 높아진다. 현대사회의 불행은 자녀의 심정권에서 자녀로서 충분히 사랑을 느끼고 순수한 또래집단의 우정을 경험하는 단계를 충분히 거치지 않고, 바로 부부의 심정권에 해당하는 육체적 관계로 점프하기 때문이다.

첫 성경험은 생각보다 훨씬 어린 나이에 이루어지고 있다. 어린이와 미성숙한 청소년들은 준비되지 않은 성관계에 의해 발생되는 정신적, 감정적인 혼란에 노출되어 그것이 결국 자학과 타인에게 상처를 주는 것으로 이어진다. 인격형성의 중요한 단계를 뛰어넘은 상태에서 미성숙한 청소년들의 성관계를 조장하고 자행하는 것은 결국 그 청소년들을 무참히 학대하는 것이다. 좋은 형제자매가 되는 것은 바로 신뢰할 수 있는 친구와 배우자가 되는 기초를 제공한다. 사춘기는 이성에 대한 환상적인 세상을 열어준다.

만약 어린이가 자녀로서 부모로부터 충분한 사랑과 관심 속에 건강한 관계형성을 이루고 자라면서 그의 형제자매와도 서로 사랑하고 위해 주는 생활을 통해 성장했다면, 그 다음 단계인 부부로 전환하는 것은 별 어려움 없이 자동적으로 이루어진다.

이제 갓 결혼한 신혼부부는 때때로 세상에 그들 둘만이 존재하는 것처럼 느낀다. 이런 둘만의 강렬한 기쁨이 넘치는 관계 속에 젊은 남녀는 나와는 완전히 생각도 감정도 신체구조도 다른 사람을 사랑하는 법을 배우게 된다. 동시에 꿈과 같은 신혼기간이 지나가면 젊은 남편과 아내는 자신과 배우자의 인간적인 한계와 마주하게 된다. 한 집에서 형제자매와 사는 것처럼, 배우자와 같이 산다는 것은 지속적으로 함께하는 것이고 위하는 것이다. 자기중심적인 삶도, 사생활을 즐기는 것은 일정 부분 포기해야 한다. 형제자매권에서의 삶을 통해 형성된 관용적인 태도가 결혼생활에도 적용되게 된다.

결혼이라는 것은 두 부부로 하여금 정신적 정서적 육체적으로 전혀 새로운 경험을 하는 신세계로 인도하는데 이것을 부부심정권이라고 한다. 이것을 통해 부부는 결혼 전보다 상상할 수 없을 만큼 심정적 사랑적인 측면에서 가까워진다. 두 사람을 하나로 묶어주는 측면에서 그 어떤 관계도 결혼보다 잠재력을 가진 것은 없다. 반면 결혼은 두 사람 사이에 다른 사람이 끼어드는 것을 허락하지 못하는 독점적이고 배타적인 관계를 약속한다. 즉 남편이나 아내의 외도는 용납되지 않는다는 것이다. 또한 결혼은 나의 반쪽으로 만난 배우자에게 방해가 되는 자신의 습관이나 태도를 고쳐야 할 필요가 있다. 역설적으로 이런 자기 부정이 불가사의하게도 삶을 풍요롭게 해주고 기쁨이 늘어난다.

여성은 우주의 여성적인 측면을 대표하고, 남성은 우주의 남성적인 측면을 대표한다. 따라서 그들은 숙명적으로 하나가 되어 완전체가 되어야 하기에 하나가 되는 것을 갈망한다. 자신의 배우자는 우주의 다른 반쪽과 친밀감을 이루게 하는 통로이다. 한 사람의 배우자는 우주의 절반과 같은 가치를 지니고 있다. 뿐만 아니라 그 배우자는 하나님의 완전한 본성을 깊이 이해하는데 필수불가결하다. 부부의 성적결합을 통해 남편과 아내의 육체와 정신은 하나가 되고, 이 우주적 합일을 통해 하나님은 새로운 생명을 창조하신다. 부부의 사랑과 일체는 자녀의 창조를 통해 실질적으로 영원히 구현된다. 자녀는 남편과 아내의 모습과 성격과 품성이 놀랍게 조합된 것이고, 부부 서로 간의 사랑을 가시적으로 반영한 것이다.

하나님의 사랑은 부부가 참사랑으로 백년해로하면서 서로를 바라보게 한다. 하나님의 사랑 없이는 부부간의 믿음을 깨뜨리지 않으며 서로 주고 잊어버리고 서로에게 봉사하기란 쉽지 않다. 하나님이 사랑하는 것처럼 사랑하는 것은 강렬한 정서적, 심리적인 힘이 방출되어 롤러코스터를 타는 듯한 결혼생활에 꼭 필요하다.

어떨 때는 자신의 배우자가 최악의 원수처럼 보일 때도 있고, 결혼생활이 마치 치과치료를 받을 때처럼 공포스러울 수도 있다. 배우자에 의해 마음에 상처를 입었을 때 용서한다는 것은 고통스러운 일이다. 마음이 멀어진 배우자에게 결혼서약을 지키기란 쉽지 않고, 사랑의 감정이 식은 상태로 사랑하는 척하는 것은 엄청난 도전과제이다. 결혼반지를 교환하며 장밋빛 희망에 부풀었던 신랑신부의 마음속에 결혼생활에 동반되는 이런 인내, 희생, 고난이란 단어는 자리잡을 틈이 없었을 것이다. 하지만 이 모든 것들은 참사랑 속에 연단해야만 한다. 나에게 돌아오는 이익이 없을 것 같은 상황에서 사랑을 주기란 어렵지만 결혼생활에서는 사랑의 성장을 위해 반드시 필요한 덕목이다.

참사랑은 일반적으로 알고 있는 통속적인 로맨틱한 사랑과는 전혀 다르다. 이런 동화 같은 사랑만 알고 있는 부부에게는 자그마한 시련이 닥쳐도 금방 이혼을 선택하고 만다. 축복받은 부부간의 사랑은 그런 사랑과는 차원이 다르다. 그것은 부모, 형제자매 친구 그리고 궁극적으로 하나님과 깊은 관계 속에 뿌리를 두고 있다. 참사랑의 관계는 서로 의지하는 관계가 아니다. 그것은 바로 두 사람이 그들의 관계를 하나님과 연계하고 돈독히 발전시켜, 나의 정체성과 존엄성을 잃지 않고 내 배우자를 위해 희생할 수 있는 것을 말한다.

영원토록 행복하게

바렛 토마스 목사 : 뉴욕의 롱아일랜드에서 태어났다. 목회에 대한 소명을 받아 베델 성서대학을 졸업하고, 뉴욕주 목회자 시험에 합격했다. 1967년에 그의 참사랑인 아내와 결혼했고, 7자녀를 두게 되었다. 1968년, 시카고의 교회를 부흥시키는데 큰 역할을 했고 공중파 채널을 구매해 라디오 선교에 앞장서게 된다. 여러 선교활동을 통해 지역사회에 크게 공헌한 것이 계기가 되어 명예박사 학위를 비롯한 여러 상훈을 수여하게 된다. 가정의 가치를 강하게 신봉하는 바렛 목사님은 문선명 목사님의 열렬한 지지자이기도 하다.

나는 바렛 토마스 목사이고, 사랑하는 아내 클레오파트라 바렛과 알콩달콩 행복하게 잘 살고 있다. 하지만 20년 전을 되돌아보면 악몽이 따로 없다. 나의 잘못으로 결국 아내는 나의 곁을 떠나고 말았다.

그 후로부터 살아계신 하나님께 아내가 다시 돌아와서 무너진 가정이 재건될 수 있도록 해달라고 간구했다. 나의 회개와 일생을 다시 하나님께 의탁하고 나서 문 목사님을 만나게 되었는데 말씀하시는 '참가정의 가치'는 나의 심금을 울려 이 하나님의 복음을 전파하는데 앞장섰다. 처음에는 문 목사님에 관한 루머로 의심하였다. 결국 하나님께 내가 이분과 동행해야 하는지에 대해 간절히 기도를 올리며 문의드렸는데 내가 이분과 함께 하면 하나님은 나와 내 목회와 교회를 축복하시겠다는 언약의 화답을 내리셨다.

하지만 하나님의 축복으로 아내가 다시 가정으로 돌아오리라고는 꿈에도 상상하지 못했다. 문 목사님이 미국 50개 주 강연회를 주관하실 때였다. 마이애미의 한 호텔에서 그분과 미팅할 기회가 있었는데 내가 결혼하면 좋겠다고 말씀하셨다. 나는 아직도 하나님이 일곱 자녀의 엄마이자 아내인 그녀를 돌려보내주시기를 기다리고 있다고 대답했다. 그러자 문 목사님은 하나님으로부터 메시지를 받고 계시는지 눈을 지긋이 감으시고 머리를 아래 위로 끄덕이시며 "곧 원하는 소원이 이루어질겁니다"라고 하시는 것이었다. 그 말을 듣는 순간 나는 한숨을 내쉬며 "아내에 대해 뭘 안다고… 우리는 서로 연락도 하지 않고 있고, 아내는 다른 도시에 살고 있는데…"라고 혼잣말을 되뇌었다.

그 말을 듣고부터 일주일 후에 아내가 짐을 싸서 돌아왔다. 그리고 "나도 어찌된 영문인지 모르겠지만 나도 모르기 집에 와 있네요"라고 말했다. 그러면서 우리 부부는 자연스레 합쳤다. 이런 미스터리한 축복을 계기로 하나님이 문선명 목사님을 통해 당신의 언약을 지키셨다고 확신하게 되었다. 이 세상에는 축복받은 사람이 많지만 뭐니뭐니해도 나의 참사랑인 아내와 다시 하나되어 재건된 가정을 갖게 된 내가 가장 축복받은 사람이라고 확신한다.

이 세상에는 여러 선지자들이 많다. 하지만 문선명 목사님과 같이 미국을 돌며 '참가정의 가치'의 복음을 세상에 전파하며 이분은 단순한 선지자가 아니라 하나님의 역사를 이루시는 특별한 분이라는 것을 알게 되었다. 이분은 예수님에게 특별한 사역을 받았지만 이제는 예수님보다 더 큰 일을 하신다는 생각이 들었다. 마지막으로 하나님께 찬양과 찬미를 드린다.

자녀권, 형제권, 부부권, 부모권의 사랑 중에 부모권의 사랑이 가장 고귀하고 순수한 형태를 갖는다. 부모의 사랑이야 말로 참사랑의 척도가 된다. 즉 자녀에 대한 어떤 시련이나 실망에도 불구하고 무조건 퍼부어주는 사랑이다. 자녀의 영원한 행복과 안녕에만 관심을 쏟는 사랑인 것이다. 그것이야말로 영원하고 불변하고 유일하고 절대적인 하나님의 완벽한 사랑에 가장 가까운 사랑이다. 부모의 심정권에서, 엄마와 아빠는 예전에는 한 번도 경험하지 못한 사람, 즉 무한한 도움과 돌봄을 필요로 하는 어린 아이를 상대해야 한다. 부모가 자녀를 키우는 만큼 자녀도 부모를 키운다는 말이 있다. 대부분의 부모가 말하길 첫자녀의 탄생경험은 결혼식 날 첫날밤을 포함한 그 어떤 관계에서의 경험보다 더 크고 더 장기적으로 영향을 미친다고 한다. 물론 부모로서 자녀를 양육하며 얻게 되는 걱정, 마음의 짐, 육체적 피로도 무시할 순 없지만 부모의 심정권을 통해 얻는 보상과 축복은 거대하다고 밖에 표현이 되지 않는다.

　부모의 사랑은 완전히 조건 없는 하나님의 사랑과 닮았다. 부모는 자녀에게 끝없이 주고, 준 것조차 잊고 또 사랑을 퍼붓는다. 비록 부모는 그들의 자녀가 어떻게 성장할지 알 길이 없지만, 사람들이 포기하라고 할 정도로 신체적이나 정신적으로 문제가 있는 자녀에 대해서도 포기하지 않고 끊임없이 사랑을 쏟는다. 이 땅에서 사는 동안 부모의 심정을 경험하는 것은 하나님을 알게 되고, 하나님을 닮게 되고, 하나님과 하나가 되는 중요한 과정이다. 자녀를 가지는 필요와 욕망은 생물학적 차원을 뛰어넘는다. 본능적으로 사람들은 이런 인생 경험이 가장 위대한 것이란 걸 안다.

　어떤 엄마가 말했듯이 부모가 된다는 것은 나의 마음이 나의 몸 밖에서 걸어다니는 것과 같다고 했다. 부모의 심정권은 참된 사랑의 본보기나 다름없다. 부모가 되면 자기도 모르게 자녀를 위해서라면 어떤 일이든 어떤 희생이 따르건 마다하지 않을 것을 다짐한다. 좋은 부모가 된다는 것은 엉망진창으로 어질러진 부엌에서 예술작품을 만드는 것과 같다. 다시 말해 저녁식사를 준비하면서 자녀의 끊임없는 질문에 답하는 것과 같고, 자녀의 대학등록금을 책임지면서 새 차 할부값을 지불하는 것과 같다. 인생에 있어 부모 역할을 하는 것보다 더 자기희생을 요구하는 일은 없다. 어쨌든 주기만 하는 것 자체만으로 말로 형언할 수 없는 기쁨을 가져다 준다.

자녀에 대한 아버지나 어머니의 사랑은 자녀의 성장한계를 인내로 이해하는 것이다. 즉, 자녀의 양심을 일깨우고 행동을 바로잡기 위해 수치심을 유발하거나 지나친 체벌에 의존하지 않고, 끊임없는 격려와 지원을 아끼지 않는 것이다. 또한 부모의 걱정이나 공포나 분노를 절대 표출하지 않고, 항상 자녀를 위해 권고하는 것이다. 자녀를 양육하는 모든 과정에는 새로운 도전과 많은 유무형적 투자가 요구되기 때문에 부모의 가슴에 새로운 차원의 사랑과 심정의 세계가 열린다. 인생에서 그 어떤 역할도 부모가 되는 것보다 깊이 있는 심정을 갖게 하고 인성을 강화시키는 것은 없다. 부모의 심정권은 지금까지 기술한 자녀권, 형제권, 부부권을 통해 개발되어 온 참사랑을 모두 포함할 만큼 가장 심오하다.

조부모의 사랑은 부모의 심정권이 확대된 것이다. 자녀, 부모, 조부모의 3대권이 정기적으로 어울려 살 때, 보다 완전하고 온전한 자녀의 인성이 형성된다. 자녀가 성장하는 것을 지켜보면서 부모와 조부모는 자신들의 한계를 넘어 그 자녀와 손주들을 도와주고 싶어하게 된다. 조부모의 심정은 본성적으로 평생 쌓아온 지식과 경험을 통해 젊은 세대를 격려하고, 지도하고, 육성하려는 마음으로 가득 차 있다. 조부모의 손주사랑은 무조건적이라서 어린 왕자와 공주들인 손주들은 영원히 멋지고 완벽하게 보인다. 아이들은 그런 한없는 사랑을 먹고 자라서 인생에서 어쩔 수 없이 겪을 수 밖에 없는 여러 난관을 헤쳐나갈 힘을 얻게 되는 것이다. 문선명 목사님은 하나님이야말로 우주에서 가장 나이 많으신 조부모라고 표현한다. 실제로 조부모는 손주들에게 시대를 초월하는 지혜를 나누어 줄 수 있고, 마르지 않는 샘물처럼 사랑을 줄 수 있다.

나는 부자

수잔 : 미국인 통일교회 식구인 댄Den Fefferman과 1975년 통일교회에서 거행된 1800쌍 합동 축복결혼식에서 결혼했다.

나의 남편도 나처럼 신실한 교회식구이기에 깊은 대화가 가능하고 인생에 대한 해답도 찾을 수 있었다. 아울러 우리 부부는 중요한 프로젝트를 같이 수행하며 부부 일심동체라는 것을 보다 더 강하게 실감할 수 있다. 우리 부부가 신앙생활을 포함한 모든 일에 항상 뜻을 같이 하는 것은 아니지만, 우리의 성스러운 사명을 수행하기 위한 진정한 친구로서, 동지로서, 파트너로서 서로가 서로를 존중해주고 있다. 우리 부부의 결혼생활은 건강하게 유지되고, 지속적으로 성장하고 있다.

경영학 학위를 가지고 있는 막내딸은 교회에서 청소년을 위한 목회자로 활발히 활동하고 있고, 사위는 물리치료를 공부하기 위해 의대에 다니고 있다. 교회활동에는 적극적이지 않은 첫째 딸은 특수교육학 석사학위를 가지고 있고 자폐증 전문가이다. 인종이 혼합된 부모 아래에서 성장한 남편을 둔 두 딸의 가정이야말로 인종갈등에 대한 해법의 원리를 제시한다. 그리고 치매로 혼자 사실 수 없는 88세 노모가 우리와 함께 살고 계신다. 따라서 우리는 3대가 함께 살아가는 멋진 가정이다.

나는 사랑하는 나의 엄마와 같이 살아가는 것이 너무 좋다. 엄마를 정말 무조건적으로 사랑하는 남편의 모습을 보고 자란 딸들에게 이보다 더 좋은 교육은 없다고 할 만큼 우리는 친밀한 가족이다. 그런 우리 가족이 자랑스럽고 고맙다. 또한 근처에 사는 교회 친구들과 같이 기쁨과 슬픔을 같이 나누는 것이 즐겁다. 그런 면에서 통일교회 식구가 되지 않았으면 어찌할 뻔 했을까 할 정도로 나는 부자이다. 참부모님은 나에게 이런 풍요로운 삶을 허락해 주셨다. 그분들에게 갚을 길이 없겠지만 반드시 갚아 나갈 것이다.

사대심정권은 일생동안 사랑이 성장하듯 차곡차곡 쌓여 간다. 사람들은 살아가면서 서로 다른 준거집단에 속하게 되지만, 어린 시절 같이 지낸 가족과 그들로부터 받은 사랑은 잊지 못한다. 사대심정권은 자녀권, 형제권, 부부권, 부모권 순으로 각 단계가 다음 단계를 위한 기초를 제공하게 된다. 다음 단계의 심정권으로 나아간다는 것은 전 단계의 심정권과의 이별을 의미하는 것이 아니라 각 단계가 필요할 때가 있다는 것이다. 사대심정권은 서로서로 아주 밀접하고 역동적으로 영속히 영향을 미친다. 사대심정권은 마치 엄마의 비빔밥처럼 식재료가 서로 맛있게 버무려지는 것과 같다. 사대심정권에서 한 단계의 성장은 다음 단계의 성장에 깊은 영향을 미친다. 젊은 신부는 인생을 새롭게 바라보게 된다. 즉 신부가 되면서 그녀의 엄마와 시댁 형제들과의 감정이입을 돕는다. 사랑스런 아내를 통해 여성적인 독특한 특징을 경험하면서 초보 남편은 여동생에 대해 보다 깊은 동정심을 가지게 되기도 한다.

이상세계에서는 사람들이 본인의 준거집단에 속해 어울리며 자연스럽게 다음 단계의 심정권으로 성장이 가능하다. 다음 단계로 성장하기 위해 필요한 사랑과 심정은 이전 단계에서 이미 성숙된다. 그러나 타락한 세상은 이상과는 거리가 멀다. 부단한 노력이 필요한 것이다. 경제적인 압박을 이기지 못하고 아빠가 술에 빠져 살게 될 때, 그 아빠의 자녀는 그 어느 때보다 격려와 관심이 필요한 사춘기로 접어들게 된다. 남편과 갓난 아기를 더 이상 돌볼 수 없을 만큼 심신이 지친 아내에게는 그 어느 때보다 남편의 관심의 필요하다. 그렇지 않을 경우 결혼생활에 붕괴를 초래할 수도 있다. 사람은 사랑하는 능력은 불완전하지만 점차 사대심정권을 향해 나아가는 것은 불변하다. 문선명 목사님는 다음과 같이 말씀하신다.

"에덴동산에서 비극적인 사랑관계가 벌어지기 시작한 이래로 관계적으로 미성숙한 사람이 관계적으로 미성숙한 사람을 기르는 패턴이 점점 늘어나는 형태가 지속되고 있다. 타락은 한 사람이 자기 중심적 사랑을 하려고 할 때 발생한다. 그는 자신이 우주의 중심이 되려는 욕망을 충족시키기 위해 다른 사람과의 모든 관계의 가치를 부정했던 것이다. 자기 자신만을 위해 살아가려고 했던 마음으로 사랑을 시작했기에 재앙은 시작되었다."

하나님과의 단절로부터 서로 간의 단절에 이르기까지 인류의 첫 부모는 불완전하고 미성숙한 그들 자신으로부터 부정적 패턴의 사랑을 영속시켰다. 이런 패턴은 자동적으로 소멸되거나 사라지는 것이 아니라 오늘날까지 활발히 지속되고 있다. 첫단계의 사대심정권에서 설익은 사랑의 상태에 빠져 허우적거리며 다음 단계의 심정권으로 옮겨가려 하는 사람들을 보면 그 미래가 어둡다는 것은 쉽게 짐작할 수 있다. 정서적 건강을 회복하고, 붕괴된 가정을 복구하기 위해서는 엄청난 하나님의 사랑이 필요하다. 하나님과 인류는 태초에 잃어버린 사랑관계의 회복을 절실히 원한다. 그를 통해 개인, 가정, 사회가 치유되고 완전체가 될 수 있는 것이다.

문선명 목사님이 설파하길, 구원이란 다른 사람은 악이 창궐하는 이 땅에 팽개쳐 두거나 지옥에서 신음하게 내버려두고 나 혼자만 천국에 가는 것을 보장받는 것이 아니라고 한다. 가족과의 결속은 영원한 것이다. 이제까지의 종교는 개인의 구원만을 추구해 왔지만, 통일교회에서는 가정구원을 추구하고 있다. 우리가 구원할 대상은 가정전체 구성원으로 함께 가는 곳이 천국이지 나 혼자 들어가는 곳은 아니다. 통일교회의 구원관은 아내는 지옥에 보내지는데 남편만 천국가는 것을 허락하지 않고 부부가 같이 가야 하는 곳이다. 또한 부모는 지옥에서 신음하는데 자녀는 천국에 가는 것도 옳지 않고, 부모와 자녀가 함께 천국에 들어가야 한다는 입장이다. 따라서 문선명 목사님은 다음과 같이 전했다.

"통일교회의 이상은 다른 곳에 있는 것이 아닙니다. 출발도 가정이요, 결론도 가정입니다. 아직까지 이러한 문제를 해결한 사람이 없기 때문에 그것을 소망해 왔습니다. 천국은 어디서부터 이루어지느냐? 우리들의 가정에서부터 이루어집니다. 그러면 우리는 무슨 주의냐? 가정주의입니다.

우리가 표방하는 천주주의天宙主義는 하늘 천天 자에 집 주宙 자 즉, 하늘집주의라는 것입니다. 그래서 성경 66권은 전부다 이상적인 가정을 소원한 말씀입니다. 또 만민이 소원하는 것이 무엇이냐? 이상적인 가정이라는 것입니다. 남자로 태어나서 가장 소원하는 것은 이상적인 아내를 맞이하는 것입니다. 그래요, 안 그래요? 안 그렇다는 남자는 사람도 아닙니다. 또한 여자로 태어나서 가장 소원하는 것은 이상적인 남편을 만나는 것입니다. 남자나 여자가 아무리 석박사가 되어 세계에 큰 소리를 친다 해도 그의 소원은 이상적인 배우자를 만나서 복스러운 아들딸을 낳는 것입니다. 이것이 행복의 뿌리입니다."

부모란 하나님을 대표하는 살아있는 하나님으로 남편과 아내는 하나님의 반쪽씩을 닮아 난 것이고, 그 자녀는 어린 하나님인 셈이다. 이런 측면에서 참사랑을 중심하고, 3대가 가정의 형태를 이루는 것은 천국의 기본 단위가 되기 때문에 이것을 이루지 못하고는 천국도 이룰 수 없다. 우주의 완성은 가정 완성의 터 위에 이루어진다. 따라서 자신의 가족을 사랑하는 것처럼 우주를 사랑한다면 어디에 가든 환영받을 것이다. 이렇게 될 때 하나님은 전 우주의 부모로서 사랑의 중심자리에 서시게 되는 것이다.

우리 가정을 구원해준 통일교회

브라이언 : 1970년대 영국에서 브라이언 가족 전체가 통일교회에 헌신을 결심하고 통일교회 식구가 되었다.

1973년 말, 우리의 장남 사이몬의 인생은 엉망진창이 되어 있었다. 친구를 사귀는 것에도 미숙한 데다가 사람을 잘 믿고, 친절하고, 남에게 싫은 말을 하지 못하는 성격으로 인해 사람들에게 바보취급을 당하며 살았다. 오토바이를 몰고 도랑에 돌진한 아들이 경찰차에 실려 집으로 온 것도 한두 번이 아니었다. 사실 그 경찰 덕분에 아들은 머리끝까지 화가 난 나로부터 보호받을 수 있었다.

결국 사이몬은 뭔가 긍정적인 일을 해보기 위해 중대한 결심을 하고 미국으로 떠났다. 그로부터 3주 후에 큰아들로부터 편지가 왔다. 큰아들은 뉴욕에서 아주 좋은 사람들을 만나서 한동안 같이 지내고 있다는 것이었다. 그 사람들과 뭘하며 지내고 있는지 설명하는 대신 영국주소 두 곳을 적어 보내며 그중 한 곳을 방문하여 아들이 어떤 사람을 만났고, 무슨 일을 하고 있는지 직접 알아보라고 했다.

그 편지를 받은 우리 가족 모두는 정말 감동 받았다. 떠날 때 보여주었던 태도와는 너무 달라진 아들의 모습이 그려져 있었다. 편지를 통해 자신이 그토록 찾고자 했던 것을 찾았고 마침내 행복한 삶을 살아가고 있다는 것을 느낄 수 있었다. 아들의 태도는 완전히 긍정적으로 탈바꿈했다. 완전히 새 사람이 되어 너무도 안정되어 보였다.

우리는 이런 기적을 일어나게 한 곳에 가서 확인해 보기로 했다. 주소지로 가서 보니 매우 깔끔하게 정돈된 집이었다. 양복을 입은 청년 3명이 우리를 정중하게 맞았고, 차를 대접해 주는 것에서부터 첫인상이 너무 좋았다. 즐겁게 차를 마시며 그 청년들과 나눈 대화는 놀랍게도 지성미가 넘쳤다. 주말에 그곳에 머물면서 즐겁고 중요한 사실을 깨우치는 기회가 되었다.

먼저 종교적인 강의를 들었는데 매우 흥미로웠으며, 우리가 알던 노래와 찬송가, 그리고 새로 배운 노래와 찬송가를 부르며 즐거운 시간을 보냈다. 독선적인 태도 없이 자유로운 토론도 환영하는 분위기였다. "엄마, 정말 주말동안 그곳에서 지낸 것이 마치 예수님과 동시대에 산 것 같은 기분이 드는 거 있죠." 집으로 돌아오는 차 안에서 딸 수잔이 주말의 경험을 아주 정확하게 정리해서 말했는데 우리 모두 고개를 끄덕였다. 가장 극단적으로 《원리강론》은 내가 수용하고 말고를 떠나 단순히 지조인 내용만은 아니었다. 그것은 우리의 본성이나 영혼 깊숙히 자리잡은 그 무엇을 울리는 심오한 내용이었다.

일주일 후 우리 가족은 다시 저녁초대를 받아 갔다. 도착해 보니 우리 말고도 초대된 손님이 많이 있었는데 그 중 한 명은 지역 국회의원이었고, 몇몇은 그리스정교회 주교, 여왕, 외과의사 같은 유명인사도 있었다. 그리고 며칠 후 한 영주가문인 헨리 씨가 통일교회에 전 재산을 기부한 곳을 방문했다. 그의 가문이 400년간 소유한 모든 재산을 바치는데 있어서 헨리 씨는 행복하다고 했다. 왜냐하면 이 재산을 뭔가 좋은 목적에 사용해야 하겠다고 생각하고 있었기 때문이라고 했다. 깊은 숙고 끝에 우리도 이 교회에 헌신하기로 결심하고 통일교회 식구가 되었다.

우리의 작은 아들, 마틴은 어떻게 가족을 세뇌시켜 통일교회에 헌신하게 만들었는지 알아보려고 방학동안 통일교회의 수련회에 참석했다. 우리가 며칠동안 집을 비운 사이 수련회에 참석하고 돌아온 작은 아들은 집 안팎을 말끔히 정리해 놓은 것도 모자라, 집 전체를 페인트로 새 단장을 하고 정원의 가지치기까지 해놓았다. 수련회에서 받은 감동을 주체할 수 없어 감동의 일부를 실천했다는 아들의 말에 우리 부부도 감동을 받았다.

작은 아들은 대학 장학금을 지원한 회사에 자신이 통일교회에 헌신하기로 결정한 것을 어떻게 말할지 고민하였다. 결국 담당자를 찾아가서 휴학하고, 선교사가 되기로 했다고 말했다. 그러자 놀랍게도 그 담당자가 말하길, 자신도 젊은 시절 선교활동을 하고 싶었다고 하며, 자신이 도와줄 수 있는 일이 있으면 뭐든 돕겠다고 했다는 것이었다.

마지막으로, 나는 어머니에게 우리 부부와 자녀 모두 통일교회에 헌신하기로 결정한 것을 설명하기 위해 최적의 시기를 골랐다. 가장 고민되고 어려운 대화가 될 것이라 생각했다. 어머니를 만나뵙고 직장을 그만두고 통일교회에 헌신하기로 결정했다고 말씀드렸다. 두렵고 떨리는 마음으로 어머니의 호통섞인 대답을 기다리고 있었는데 너무 기뻐하시는 어머니의 태도에 오히려 어안이 벙벙했다. "우리 아들이 하고 있는 일이 아들에게 최선이라고 느껴본 적이 없는데 참 잘 결정했다!"하고 오히려 격려를 해주시는 것이 아닌가. 그로부터 40여년 동안 수도승 같은 생활을 하고, 놀라운 경험과 모험을 즐기기도 하며, 시련을 극복하며 살고 있다.

12장

다른 사람을
위하여 살자

인생에서 지속적으로 반복되는 가장 긴박한 질문은
바로 다른 사람을 위해 너는 무엇을 하고 있냐는 것이다.

마르틴 루터 킹

자신의 이웃이 고통받고 있음에도 불구하고 자신만 안전지대에 살면서 안락한 생활에 안주하면 안 된다. 다른 사람은 지옥으로 가는데 자신만의 안위를 걱정하며, 죽어서 나홀로 천국에 가려고 교회에 갈 수는 없다. 가정구원은 인류전체의 구원을 위한 작은 시작에 불과하다. 남편과 아내가 서로 가장 친한 친구사이로 지내는 가정의 자녀들은 부모에게 사랑을 받는다고 느끼게 된다. 그리고 형제자매가 서로 같이 어울려 지내는 것이 즐거우면, 자연스럽게 다른 사람이나 가정에 자신들이 가진 행복과 유복한 환경을 나누어 주려는 마음을 가지게 될 것이다.

문선명 목사님은 성숙한 개인이나 화목한 가정이 온정의 마음으로 자신들의 축복을 자기개인에서부터 시작하여 가정, 주변이웃, 지역사회, 국가, 세계의 이웃들에게 어떻게 나누어주는지 셀 수 없을 만큼 설파했다. 이렇게 긍정적으로 영역이 확장되는 것이야말로 통일교회의 토대가 되는 사고思考로 전 인류의 부모이자 창조주인 하늘부모님에게 축복받은 사람들의 자연스러운 생활이 되어야만 한다. 그런 면에서 통일교회 축복가정들은 "천일국 주인 우리 가정은 참사랑을 중심하고, 하나님의 창조이상創造理想인 천주天宙 대가족을 형성하여, 자유와 평화와 통일과 행복의 세계를 완성할 것을 맹세한다"는 가정맹세문을 암송하며 이를 실천궁행할 것을 다짐한다.

{ 주는 기쁨 }

"참사랑이 무엇일까? 그것은 이타적인 사랑으로 조건없이 주고 잊어버리는 것이다. 내가 얼마나 주었는지 기억조차 남아있지 않다. 아무리 주어도 지치지 않는 것이다. 90대 노모가 70이 된 아들에게 길 건널 때 조심하라고 하는 것은 전혀 이상하지 않다. 비록 지난 수십 년간 같은 말을 셀 수 없이 많이 했을지라도, 그 노모는 다시 조심하라고 할 것이다.

한 자식이라도 아프면 부모는 고통스럽다. 형제자매 중 한 명이라도 다치면 고통을 느낀다. 사람들이 빈곤과 전쟁으로 고통받는 모습을 볼 때, 성인聖人은 자신이 당하는 것보다 더한 고통을 느끼며, 자신의 처지는 뒤로 한 채 가진 모든 것을 베풀어 돕는다. 이런 자세야말로 시대를 초월하여 모든 인류의 표본이 되어야 한다. 이것이 바로 박애주의 정신이고, 인류를 위한 사랑이다. 제대로 입지도 먹지도 못해서 누더기 옷을 걸친 수척해진 아이가 길거리에서 노는 것을 보면, 자기 자식을 대하듯 꼭 껴안고 다독여 줘야 한다. 점심시간에 먹을 것을 살 돈이 없어 허기에 지친 노인을 보면 식당으로 데리고 가서 좋은 음식을 대접해야만 한다. 마치 자신의 할아버지를 대하듯이 말이다. 한번은 불쌍한 처지에 빠져 사창굴에 빠진 한 가엾은 여성을 구해준 적이 있었는데, 내 여동생 같았던 것이 어제 같다. 그녀의 애절한 이야기를 들으며 함께 울고 위로해 주었다. 그런 일을 하는 것이 기도를 올리는 것보다 더 위대하고 값진 일이다.

사랑하는 입장에 선 것이 바로 하나님 마음인 것이다. 사랑하는 마음은 언제나 희생하려고 하고, 양보하려고 하고, 주고 또 주려고 한다. 예를 들어, 내가 한 100억 원이 있어 밖에 나가서 전부 다 나눠주었다고 해도 세계 인류를 다 못 도와주었기 때문에 마음이 편하지 않다는 것이다. 세계 인류를 못 도와주어서 돈이 더 있으면 더 나눠 주고 싶다는 것이다. 끝이 없다는 것이다. 즉 하나님 마음은 측량할 수 없을 만큼 크고 깊다는 것이다. 그러니까 자기를 자랑할 수 없다는 것이다. 아무리 큰일을 했더라도 마음한테 물으면 '더 해야 되지' 이렇게 대답한다는 것이다.

하나님은 천리원칙을 통해 주장하시길, '네 개인은 가정을 위해서 있고, 네 가정은 민족을 위해서 있고, 네 민족은 나라를 위해서 있고, 네 나라는 세계를 위해서 있고, 세계는 하나님을 위해서 있어야 하느니라.'

하지만 그 하나님을 따르게 되면, 하나님 것이자 내 것이 되는 거고, 하나님을 위하던 것이 나를 위하는 것이 되는 것이다. 그래서 내 것은 우리 가정의 것이요, 이 가정은 나라의 것이요, 나라는 세계의 것이요, 세계는 하나님의 것이요, 하나님의 것은 내 것이 되는 것이다. 전 세계가 내 것이 되고, 우주가 내 것이 되는 것이다." _ 문선명

위하는 일을 하면 할수록 더 큰 중심존재가 되는 것을 알아야 한다. 상대를 많이 위하는 자가 결국 리더가 된다. 왜 그러냐 하면, 하나님이 위하는 창조이상을 가지고 지금까지 위하여 나왔기 때문에, 그런 하나님을 닮은 우리가 상대를 위하면 중심존재가 안 될 수 없다는 것이다.

하지만 타락으로 인간의 본성이 부패했다. 하나님의 거룩한 성품으로부터 멀어져 우리의 마음, 태도, 습관이 자기 중심적이 되었고, 사랑이란 것도 주로 자기 개인의 즐거움을 위한 것으로 잘못 인식되게 되었다. 대부분의 사람들이 반대 급부 없이 다른 사람을 위하는 것에 어려움을 느낀다. 인류는 베푸는 문화가 아닌 빼앗는 문화를 키워와서 필연적으로 불평등, 분노, 범죄를 양산해 왔다. 통일원리에서 말하는 타락성, 이기심, 교만, 탐욕, 정욕

에 맞서는 것은 쉽지 않다. 다른 사람들도 다 하는 거라고 사람들은 핑계를 대며 쉽게 거짓말하고, 바람피우고, 음모를 꾸민다. 하지만 우리 아이에게는 그 반대로 하라고 가르친다. 신데렐라 이야기는 겸손, 친절, 봉사, 인내를 가르친다. 인도의 빈민가에서 봉사하던 테레사 수녀의 자선활동을 높이 평가하여 노벨평화상을 안겨주었다. 매년 성탄절이 되면 세상사람들은 온 인류에게 평화와 온정이 함께 할 것을 빌며 친구와 친지에게 크리스마스 카드를 보낸다.

매년 새해가 되면 새로운 결심을 하지만 1월을 넘기기 힘들다. 금연, 다이어트는 도루묵이 되고 만다. 착하게 살리라던 결심을 뒤로한 채 이기적이고 탐욕적으로 변한 자신을 발견한다. 어떻게 해야 하나? 사람에게는 마음과 몸이 있기에 사람이 가진 문제도 정신적 육체적 측면에서 다루어야만 한다. 우리에게는 완전한 이론과 그에 따른 실행이 필요하다.

다른 사람을 위하는 모든 이타적인 행동은 하나님을 닮은 것이다. 문선명 목사님은 다른 사람을 위하여 사는 것이야말로 천국의 삶이라고 강조한다. 아울러 모든 인류를 위한 평화와 기쁨의 세계를 만들기 위해 매진하고, 이를 위해 매우 강력하고 효과적인 방법을 사용해서 설득한다. 그의 말씀은 통일원리에 근거한다. 그리고 그의 강연과 설교 등은 주로 통일원리를 보다 철학적으로 집대성한 통일사상을 설명하는 것이다.

문선명 목사님의 흉내낼 수 없는 웅변은 후세를 위해 기록되었고, 통일교회 식구들은 그분의 가르침을 정기적으로 배운다. 또한 격찬하지 않을 수 없는 통일원리의 논리를 자신들만의 발전을 위해 꼭꼭 숨겨두는 것이 아니다. 위대한 진리와 사랑을 다른 사람과도 공유해야 한다는 관점에서 통일원리를 공유하기도 한다. 교회란 하나님과 하나님의 사랑을 느끼고 증거하는 공간인 것이다.

{ 훈독회 }

훈독회訓讀會는 통일교 전통 핵심 중 하나로 한자의 뜻 그대로 하나님의 말씀을 소리 내어 정독한다는 것이다. 다음은 문선명 목사님의 설명이다.

"나는 이미 인류를 위한 유언을 준비해 남겼습니다. 일생에 예닐곱 번이나 생사를 넘나드는 옥고를 치르면서도 승리하여 준비한 유언서입니다. 영원한 인류의 교재-교본으로 여덟 종류의 책을 남겼습니다. 권수로 말하면 1천여 권이 넘는 분량입니다.《문선명선생 말씀전집》,《원리강론》,《천성경》,《가정맹세》,《평화신경》,《천국을 여는 문 참 가정》,《평화의 주인 혈통의 주인》,《세계경전》이렇게 여덟 종류의 서즈입니다. 이 교본들은 여러분이 하늘 나라인 영계에 들어가서도 읽고 공부해야 할 책들입니다. 결코 인간의 두뇌에서 나온 말이나 가르침이 아닙니다. 하늘이 불쌍한 인류를 구원하기 위해 주신 천도를 가르치는 교재, 교본이기 때문입니다. 이것들은 한 개인의 머리에서 나온 가르침이 아니라 하나님께서 고통받는 인류를 구원하시기 위해 내리신 말씀입니다.

여러분은 이제 먼저 여러분의 가정에서 위에 열거한 교재-교본을 중심 삼아 훈독회의 전통을 세워야 할 것입니다. 한 가족 삼대가 새날을 시작하면서 먼저 하늘의 말씀을 훈독하고, 새로운 마음으로 훈독의 삶을 실천하는 전통을 세우라는 것입니다. 영계와 육계가 동시에 참부모님을 모시고 같은 천도의 말씀을 매일 훈독하는 세상을 닮들자는 것입니다. 이렇게 되면 제 아무리 사탄이 여러분의 혈통을 타고 앉아 준동할지라도 훈독회의 전통 앞에서는 설 자리가 없어지는 것입니다. 정오정착적 기준에서 그림자 없는 삶을 살아가는 그런 가정에 하나님의 축복이 내리지 않는다면 어느 누구에게 주시겠습니까? 이런 하늘의 가정이 이 땅에 가득할 때 이 지구성은 자동으로 '한 하나님 아래 한 가족'의 뜻이 완성된 지상-천상천국이 될 것입니다."

훈독이 가져다 준 축복

알칸죠 목사 : 브라질 통일교회에서 사역하고 있으며, 브라질에 훈독회의 전통을 세웠고, 《원리강론》 훈독회를 통해 길어난 기적을 증거하고 있다.

나는 남부 브라질 산타 카타리아 주에 있는 작은 도시의 목사이다. 상파울로에서 버스로 12시간 정도 걸리는 곳에 있다. 통일교회 식구가 되기 전 나는 소위 아주 잘 나가는 사업가였다. 그러던 어느 날 하나님으로부터 "너는 반드시 선교사가 되어야 한다"라는 계시를 받았다. 산타 카다리아 주의 주도州都인 플로리아나폴리스에서 선교사로서 첫걸음을 내디뎠다. 그 후 통일교회 식구가 되고서 《원리강론》을 매일 정독하며 공부했다. 아침에 《원리강론》을 공부하면 그날은 아주 좋은 일이 생겼다. 그렇지 않으면 그날은 일진이 아주 좋지 않았다. 그래서 매일 40분간 《원리강론》을 정독하며 공부하였다.

내가 통일교회 식구가 될 당시 나는 심장질환을 앓고 있었다. 의사가 말하길 살 날이 얼마 남지 않았다고 했다. 하나님의 섭리를 위해 헌신하고 4년이 지나고부터 내가 치료받던 병원을 더 이상 가지 않아도 되었다. 왜냐하면 심장병이 씻은 듯이 사라졌기 때문이다. 내 주치의는 심장병이 깨끗이 나은 것을 보고 놀라서 말하기를 "나는 하나님을 믿지 않지만 이번 일을 계기로 믿을 수 밖에 없게 되었습니다. 기적이 존재하는군요"라고 말했다. 통일교회 식구가 되어 참부모님을 메시아로 영접하고 나서 나를 구원해주셨을 뿐만 아니라 나의 건강까지도 회복해 주셨음을 간증하지 않을 수 없다.

나는 사람들과 이야기할 때 "술 먹지 마세요, 담배 피우지 마세요"라는 말은 하지 않는다. 단지 그들에게 《원리강론》을 읽으라고 권하면서 여기에 인생에 해답이 있고, 당신이 가진 문제도 해결해 줄 힘이 있다고 설명한다.

한 기독교인 알코올 중독자에게 《원리강론》 제2장인 타락론을 120일 동안 읽어보라고 했다. 그의 사업은 망진창으로 치닫고 있는 중이었다. 내 말을 따라 한 그는 알코올 중독으로부터 벗어날 수 있었고, 사업도 번창하기 시작했다. 그는 지금도 새벽 5시만 되면 일어나서 《원리강론》을 공부한다. 작년에 30퍼센트 이상의 동종 업종이 부도가 났을 때, 그의 매출은 5배가 뛰었다.

한 슈퍼마켓 사장이 《원리강론》을 공부하기 시작하면서 사업이 번창하여 수백 명의 종업원을 거느린 사업체로 탈바꿈하였고, 종업원들도 자신의 가정에서 72분, 슈퍼마켓에서 72분씩 《원리강론》을 읽는데 매료되고 있다. 그들은 점점 마음이 편안해지고, 경제적인 상황도 무척 좋아지고 있다. 그 사장은 《원리강론》 덕분에 인생이 바뀌고 사업도 성공가도를 달리고 있다며 내 선교사업에 많은 도움을 주고 있다.

선교의 모든 시간을 오직 다른 사람을 위한 봉사에 바쳤다. 예수님이 말씀하신 하나님의 첫째 계명인 하나님의 눈으로 인류를 사랑할 수 있다면 이 세상은 하루 아침에 바뀔 것이다. 사탄의 잠재력과 장점만을 보고 그것을 격려해주고 힘을 실어 준다면 자동적으로 그 사람의 단점은 사라질 것이다.

정치인, 종교인, 언론인, 판사, 검사, 변호사, 교수, 은행가, 국회의원, 의사, 기술자, 군장성 할 것 없이 참부모님을 구세주로 영접하고 《원리강론》을 정독하는 사람들의 공통점은 그들의 인생이 달라지고 행복하게 된다는 것을 내 경험을 통해 얻게 되었다. 이것이 입소문을 타고 나가 우리 도시에서는 아주 유명하게 되었다. 부도로부터 사업체를 성공적으로 이끈 비지니스맨, 이혼한 부부의 재결합, 암과 각종 난치병에서 치료된 사람, 자살과 우울증으로부터 해방된 사람 등 이루 말할 수 없는 생생한 사례가 있다.

　이 모든 영광을 참부모님께 돌리고 아울러 참부모님께 깊은 감사를 올린다. 나에게 있어서 문선명 목사님 양위분은 내가 이루어야 할 참부모, 참가정, 참사랑의 롤 모델이다. 모든 인류가 참부모님의 참된 가치를 발견하게 된다면, 하나님의 참사랑이 모든 사람의 가슴속에 임재하는 천국으로 향하게 될 것이다. 먼저 영적으로 충만함을 얻게 되고, 그의 참가정으로부터 주고 받는 사랑을 통해 보다 행복하게 될 것이다. 그러면 그 사람은 경제적으로 부유한 축복을 자동적으로 받게 되는 자격을 갖게 되어 이 세상 모든 물질을 주관할 수 있게 되는 것이다. 이 길만이 진정으로 우리가 하나님과 참부모님의 계승자가 되는 길이다.

　외국어를 배우는 것도, 스포츠를 잘하는 것도, 악기연주를 배우는 것도, 정말 어려운 도전 과제이다. 하지만 많은 사람들이 착각하길 다른 사람을 사랑하는 것은 배울 필요가 없다고 생각한다. 참사랑은 자연스럽게 생긴다고 믿고 있다. 그러나 피아노나 피켜 스케이트를 배우는 과정에도 엄청난 노력과 고통이 동반된다면 사랑을 배우는 것이라고 뭐가 다를까?

　사실 사랑하는 것을 배우는 것보다 어려운 것은 없다. 대부분의 기술을 제공하는 그 대상물에는 의지가 들어있지 않다. 골프채라든가 기타를 예로 들면 운동선수나 연주자의 손에 으게 되면 그것으로 끝이지 그 사람이 골프채나 기타의 의지에 신경을 쓸 필요는 없다. 하지만 결혼생활에서 나의 상대인 배우자와의 경우는 차원이 다르다. 그 사람은 나와는 다른 의지, 성격, 생각, 의견, 소망, 장단점을 가지고 있어 나를 힘들게 하는 경우가 많다. 사무실을 운영하고, 은행에서 고객을 응대하고, 부동산을 판매하는 전문직 종사자들에게 요구되는 것도, 역시 사람을 다루는 기술이다.

한편 결혼과 가정생활에서는 관계를 이루는 것이 그 목적이다. 많은 사람들이 학창시절에 수학, 영어 불규칙 동사, 원소주기율표, 주식시장 운용과 같은 여러 지식을 습득하기 위해 많은 시간을 보낸다. 이런 지식들은 알면 유용하게 쓰일 수도 있지만 인간의 행복을 위해 절대적으로 필요한 것은 아니다. 불행히도 정말 중요한 인격계발과 유익하고 행복한 결혼생활과 인생을 가꾸는가에 대해서는 매우 적은 시간이 할애된다.

결국 많은 고등학교 대학교 졸업생들은 교양도 없고 사회성도 결여된 채 학업적으로만 잘 숙련되어 있다. 따라서 소득이 증가할수록 이혼율은 늘어나고, 경력과 스펙이 화려할수록 가정의 행복은 나락으로 빠지고 만다. 사랑하는 것을 배우는 것은 이론과 실제에 준하는 상황에서의 연습을 통해 학습되어야 한다. 성공적이고 조화로운 가정을 가꾸기 위해서 젊은 사람들은 자신의 동료인 인류를 진실하게 대하는 법을 먼저 배워야 한다.

{ 이타적 행동의 다른 표현 – 성적 절제 }

성적 절제란 남녀가 순결을 지키는 이상의 의미를 지니고 있다. 성적 절제란 결혼을 위한 준비단계이다. 왜일까? 성공적인 결혼생활에서도 성적 절제의 요소는 존재한다. 결혼서약 말미에 "배우자만을 사랑할 것을 맹세합니다"라고 큰소리로 외치며 동의했을 때, 거기에는 단 한 명의 배우자가 아닌 다른 사람은 사랑하지 않겠다는 맹세로 담겨있는 것이다. 다시 말해서 결혼 후에는 성적 절제라는 용어대신 부부간의 정절이란 용어를 사용하며 부부간의 성생활만 용인한다.

성적 절제가 결혼을 위한 준비과정인 또 다른 이유는 바로 이를 통해 바른 인성을 기를 수 있고, 이타심을 기를 수 있기 때문이다. 결혼 전까지 성적 절제를 통해 나에게 안전을 보장해 주고, 나의 성적 욕망보다 타인의 안녕을 우선시하는 것을 배우게 된다. 기본적으로 이것은 자기 제어이자 공공의 이익을 우선하는 마음을 갖는다는 뜻이다. 즉 자기보다 배우자를 먼저 위하는 것을 배워야 한다는 것이다. 다시 말해, 성적 절제란 배우자를 위해 기꺼이 자신을 희생하는 것으로 견실한 결혼생활과 행복하고 성공적인 가정을 가꿀 수 있게 해준다. 부부는 관계를 가지는 것 이상으로 사랑을 일구어가야 하는데 이것은 자기희생을 통해서만이 가능하다.

순결운동의 진정한 의미

로버트 : 선교사로서 수십 년 동안 동아시아 지역에서 선교활동을 해오고 있고, 통일교회의 다양한 기구에서도 활발히 활동하고 있다. 그 중에서도 순결한 사랑을 위해 창설된 PLAPure Love Alliance에서도 활발히 활동했다. 그 단체의 사명선언문에 의하면 남녀 간의 사랑과 성은 너무 소중하기에 아무렇게나 자유롭게 주는 것은 불가하다고 믿고, 부부간 사랑을 경험하기 전에 젊은이들로 하여금 현명한 준비를 하도록 교육시킬 목적으로 만든 단체라고 밝힌다. 이런 취지에 부합하기 위해 독특한 교육프로그램과 매년 여름에 실시되는 순회활동은 다른 젊은이들과 부모, 교사에게 PLA의 확고한 결심을 보여주기 위함으로, 로버트 선교사는 이를 통해 우리 세대의 젊은이들도 할 수 있다는 것을 보여 주기 위함이라고 밝힌다.

미국 시카고에서 시작된 PLA 여름 순회활동은 지난 2주간 7개 도시를 순회하고, 뉴욕의 타임스퀘어에서 대장정의 막을 내렸다. 미국을 가로질러 360명의 십대 청소년이 함께 공부하며, 사람을 모아 같이 행진하고, 다른 십대 친구들에게 결혼 전까지 성적인 절제를 왜 해야하는지, 그것이 어떻게 가능한지, 그것이 왜 인생에서 최선의 선택인지를 가르쳤다. 한 참가자는 성적 절제야말로 우리 자신만을 위한 독립선언문과 같다고 했다. 왜냐하면 미국 독립선언문에서 창조주는 몇 개의 양도할 수 없는 권리를 부여했으며, 그 권리 중에는 생명과 자유와 행복의 추구가 있다고 한 것처럼, 성적 절제야말로 우리에게 진정한 생명과 자유와 행복추구를 보장해주기 때문이라고 했다.

그리고 참가자의 반이 유럽으로 파견이 되어 같은 수의 유럽 십대들과 만나 영국, 프랑스, 독일을 2주간 순회하며 미국에서와 같은 활동을 벌였다. 정말 감동적인 것은 이번 순회의 참가자 수가 아니라 북미 대륙문화와 유럽 대륙문화가 만나서 몇 가지 중요한 기틀을 세웠다는 것이다.

우선 많은 기독교회들이 우리를 환영하며 받아들였다. 한두 명도 아닌 360명의 혈기왕성한 10대에게, 그것도 누군지도 모르는 청소년들에게 교회 건물을 내주어 3일 밤낮을 사용하도록 허락해 주었다는 꿈과 같은 사실이다. 이번 순회기간 동안 이런 기적이 한 번뿐만 아니라 네 번씩이나 반복되었다는 것이 더 경이롭다. 그 미국과 유럽의 교회들은 우리가 교회의 성전에서 잠자도록 허락했고, 교회 식당을 내주는 것도 모자라 음식까지 장만해 주었다. 뿐만 아니라 그들의 라디오 방송과 TV방송에도 출연시켜 PLA를 홍보해 주었고, 그들의 신문에 우리의 기사를 실어 주었을 뿐만 아니라 예배와 부흥회에 초대해 주었다. 보다 중요한 것은 PLA 순회활동 참가자 대부분이 통일교회 합동 축복결혼식을 통해 태어난 자녀들로 구성된 것을 알고 있었음에도 불구하고 교회에서는 우리 순회활동의 공개프로그램에 참가했다는 것이다.

기독교, 천주교, 몰몬교, 이슬람교, 바하이교(19세기 중엽 이란에서 시작된 이슬람교 계통의 신종교)가 순회활동에 동참했다. 우리는 교파와 교리의 차이는 뒤로 하고 함께 PLA 순회활동에 동참하였고, 거리를 행진하며 취지를 설명했다.

뿐만 아니라 PLA는 참가자들에게 이타적 품성을 체득시키기 위해 항상 지역사회 봉사활동을 펼쳐왔다. 10대 청소년에게 자기 방청소를 시키기도 어려운 마당에 우리는 각 도시의 잔디 축구장, 공공주차장, 놀이터 등에서 봉사활동을 시키고, 국립공원의 덤불제거 작업은 물론 테임즈 강변에서도 봉사활동을 했다. 우리는 학교의 도색작업도 맡아 하였고, 인도에 펼쳐진 낙서도 말끔히 지우기도 했다.

많은 도시의 시장을 비롯한 고위 관료는 몇백 명의 청소년이 구슬땀을 흘리며 열심히 봉사활동하는 모습을 보고 깊은 감동을 받았다. 오하이오 주에 위치한 도시, 콜럼버스에서는 시의회에 PLA 대표들을 초대하여 공개적으로 고마움을 표시했다. 펜실베니아 시의회에서는 우리가 5성급 호텔에 숙박할 수 있도록 재정지원을 아끼지 않아 개인당 5불의 예산이 책정되었던 캠핑장에서 자지 않아도 되었다. 영국의 그리니치에서 5번에 걸친 봉사프로젝트를 진행했는데 한 시의원은 그때마다 언론사를 동행하여 취재하게 했고, PLA 활동에 감동한 나머지 그리니치에 있는 공립학교에서 PLA에서 말하는 '성적 절제'에 대해 가르치도록 했다.

위에서 열거한 활동들 외에도 우리는 순회하는 도시마다 교사양성 수련회를 계획했다. 특히 해리스버그, 펜실베니아에서 환대받아서 시의회 후원하에 청소년과 교사들을 위한 성적 절제에 대한 세미나를 각각 개최했다.

전에 있었던 어떤 PLA 순회활동보다 특히 통일교회 2세 자녀들로 구성된 이번 활동은 그들의 노력의 결과로 얻은 승전보였다는 점에서 그 의의가 깊다. 무엇보다 이번 PLA 순회활동은 리더들이 가장 적게 자면서 가장 많이 일하는 솔선수범을 보였고, 이에 감동 받은 동생들이 순회활동이 끝날 때 다시 한 번 PLA의 '성적 절제'에 동참할 것을 결의했다. 보다 중요한 것은 다른 사람도 나와 같은 결의를 하게 만들고 싶다고 결심하게 된 것이란 점이다.

사람들은 보통 자기 자신만의 고민에 빠져 살아가고 있다. 그로 인해 세계는 전쟁과 같은 대립상황이 발생하지 않고 있다 하더라도, 참사랑의 진공상태에 빠져들면서 좌절과 고통과 뭔가 나아지리라는 바램이 그 진공상태를 메운다. 이런 상황은 가정, 사회, 인종 간 갈등을 불러일으켰다. 하지만 이를 메울 수 있는 것은 다름 아닌 타인을 위해 사는 것이라고 할 수 있다.

달리 표현하면 '생각은 범지구적으로, 행동은 지역적으로' 하는 것이다. 그런 마음자세라면 아무리 작은 행동이라도 굉장히 의미있는 일이 된다. 우주적 의식을 동반한 모든 자선 행위와 봉사활동은 화합의 문화를 일구는 초석이 된다. 또한 타인을 위해 사는 것이 결국 자신을 돕는 것이 된다. 사랑하는 가족을 돌볼 때 기쁨을 느끼는 것처럼, 모르는 타인을 위해 자원봉사한 후에 자신의 근심걱정이 사라지고 삶의 균형을 회복했다고 증언하는 사람들이 많다. 심지어 문제아라고 치부되는 아이도 이웃을 돕기 시작하면서부터 변하는 것을 목격하게 된다. 봉사는 내 안에 평화를 가져다 준다.

문선명 목사의 위하여 사는 삶의 방식은 여러 교육단체와 박애 활동단체를 통해 확산되고 있다. 그 중 하나는 해양도전 체험교육 프로그램으로 바다에서 직접 낚시하는 기술을 습득하며 리더십 능력을 극대화시키기 위한 프로그램으로 개발되었다.

문선명 목사는 많은 강연과 설교를 통해 세계기아문제와 자원감소의 해결을 위한 열쇠가 바다임을 강조했다. 특히 지하자원이 급속도로 고갈되는 가운데 해저자원은 아직 미지의 세계로 남아있는 점을 강조했다. 물고기 양식, 해저 광산, 해양 양식, 크릴새우 등을 가공하여 제3세계 사람들에게 고농축 단백질을 제공하는 것은 문선명 목사가 시급한 지구문제해결을 위해 구상 중이거나 개발 중인 프로젝트였다. 아울러 문선명 목사는 깊고 광활한 바다야말로 하나님과 교통하기에 최적의 장소라고 하며, 남녀불문하고 바다에서 많은 시간을 보낸 사람은 깊은 닷을 지닌 인간이 된다고 했다. 그것은 '세계를 위해 봉사하고 자신도 수양하는' 모두에게 유리한 것이다.

{ 세계 기아의 종식을 위하여 }

"매년 2천만 명의 사람들이 굶어죽고 있다. 그들의 부모 형제 자녀가 그 죽음을 지켜볼 때 얼마나 가슴이 찢어지겠는가? 이런 마음으로 세계의 기아 문제를 해결하고자 그 해법을 바다에서 찾았다. 이것으로 인해 우리가 몇 배를 수고할지라도 그 문제와 가까이 씨'름하며 통일교회가 도와줄 방안을 모색하고 있다. 그렇기 때문에 미국의 워싱턴 TV센터를 창설해서 이 목적을 위한 모금활동을 전개하려고 한다.

나는 아프리카에서 기아로 죽어가는 사람들을 먹여 살리기 위해 해양 산업을 연구했다. 20년을 쉬지 않고 바다에서 길을 닦았다. 나는 낚시그물도 직접 만들었고 내 공장에서 배도 만들었고, 나만의 낚시법도 개발했다. 낚시를 나가서 첫 번째로 잡은 물고기는 놓아준다. 하나님이 물고기를 창조하고 놓아주셨던 그분의 심정으로 잡은 물고기를 놓아준다. 또한 내가 잡은 물고기를 내가 먹은 적은 없다. 그렇다고 해도 몇천만 명이 넘는 하나님의 자녀가 매년 굶어 죽는 현실에서 물고기를 그냥 죽게 내버려 둘 수도 없다. 그래서 물고기에게 말하길 "이것은 참사랑을 위해서란다. 굶어죽는 사람을 살리기 위해서 하나님은 눈물짓고 계시지. 그런 하나님의 심정을 헤아리는 마음으로 너희들을 잡아서 인류를 먹여살리려고 하는 것이지 내가 잘 먹고 잘 살려는 것이 아니란다. 그러니 나를 용서해다오."

그래서인지 다른 사람보다 훨씬 많은 물고기가 내 낚시바늘에 걸린다.

내가 12명과 같이 낚시를 한다고 해도 모두가 잡은 물고기의 삼분의 일은 내가 잡은 것이다. 왜냐하면 이것은 나는 인류를 위한 염원이기 때문이다.

아프리카 해안은 물고기의 천국이다. 아프리카 사람들이 그것을 수확할 수만 있다면 먹을거리가 넘쳐날 것이다. 그런데 어떻게 그 사람들이 굶어죽을 수 있단 말인가? 대부분 아프리카에서만 육만 명의 사람이 굶어죽는다. 본인의 양심에 물어보라. 지구 한쪽에서는 먹고 싶어도 음식이 모자라 굶어죽고, 다른 한쪽 미국과 같은 곳에서는 너무 많이 먹어서 비만으로 다시 다이어트 하느라 죽을 지경인 현실을 어떻게 생각하는가?

또한 기아문제 해결을 위해 지난 20여 년간 수산업에 관심을 쏟았다. 세계적으로 잡은 물고기의 20퍼센트 이상이 그냥 버려진다. 그걸 아프리카 사람들을 위해 먹여살리는 방법을 연구해서 아깝게 버려지는 물고기를 모아 가루로 만드는 일에 성공했다. 이는 프랑스나 독일 같은 선진국도 하지 못한 일이었다. 그렇게 개발한 것을 생선가루fish powder라고 불렀다. 생선을 가루로 만들면 무더운 아프리카에서도 손쉽게 보관하고 운반할 수 있으며, 이 생선가루로 빵도 만들 수 있다. 이 생선가루는 98퍼센트가 단백질 덩어리인 고단백 중의 고단백으로 어떤 육류에서도 찾아볼 수 없는 영양소를 함유하고 있어서 굶어 죽는 인류를 살릴 수 있다. 선진국이 마음만 먹는다면 해결할 수 있는 일인데도 방치하고 있다.

식량문제는 앞으로 인류에게 매우 칙각한 위기를 안겨줄 것이다. 왜냐하면 제한된 육지에서 생산되는 것만으로는 지구상의 모든 인류를 먹여 살릴 수 없기 때문이다. 그래서 바다에서 해결책을 찾아야 한다. 바다는 인류의 식량문제를 해결할 수 있는 열쇠이다. 내가 수십년 전부터 끊임없이 바다를 개척한 이유도 여기에 있다. 식량문제를 해결하지 않고는 이상적인 평화세계를 건설할 수 없다.

한편 바다에 있는 시간이 길어질수록 영적인 세계가 넓어진다. 그렇게 파도가 거세고 바람이 사납게 부는 중에도 물고기들은 파도에 몸을 맡기고 물 속에서 잘도 잔다. 그래서 나도 물고기들한테 배웠다. 아무리 거센 파도가 밀려와도 무서워하지 않기로 말이다. 파도에 몸을 맡긴 채 나도 배와 한 몸이 되어 물결을 탔더니 어떤 파도를 만나도 내 마음이 흔들리지 않았다. 바다는 내 인생의 훌륭한 스승이다. 그래서 젊은이에게 바다가 제공하는 리더십 훈련을 받게 하려고 해양 도전 프로그램을 만들었다." _문선명

하나님이 잡아주시는 물고기

앨런 : 미국인으로 성경의 베드로처럼 메시아를 만났을 때 어부였다. 하지만 그는 베드로와는 달리 어망을 버릴 필요없이 그의 낚시기술을 하나님과 인류를 위해 바쳤다.

1972년, 나는 해양학 학위를 받고 대학을 졸업해서, 알래스카의 연어잡이 배의 선장이 되었다. 그렇게 벌은 돈으로 유럽여행을 하기로 결정했다. 나는 과학적이고 분석적인 사고를 지닌 기독교인이었다. 내 배낭가방 뒤에는 스마일 표시를 그리고 그 안에 "웃어요, 예수님은 당신을 사랑하십니다"라고 썼다. 나의 배낭가방은 성경구절로 가득 찼다.

　독일로 여행갔을 때 기차역에서 한 여성이 완벽한 영어를 구사하며 과학과 종교에 관한 미팅에 참석하라고 권했다. '그러지 뭐!'라고 생각하며 참석해 보니 두 명의 독일여성이 《원리강론》이라는 빨깐 소책자를 읽기 시작했다. 보통 어떤 사람이 나에게 책을 읽어준다면 그렇게 헛되이 앉아있지 않았겠지만, 그들의 영어에 한계가 있었기에 불평하지 않았다. 그날 저녁 우리는 《원리강론》의 제1장을 다 읽었는데 내 관심을 사로잡았고, 그 주된 것은

바로 종교와 과학 사이에 놓인 모든 혼란을 일소시켰다는 것이었다. 다음날 다시 와서 읽기로 약속하고 돌아갔다. 남아일언 중천금이라고 다음날 아침 나는 다시 찾아가서 7시간에 걸쳐 그 여성들과 함께 그 책을 다 읽을 수 있었다.

결국 종교와 과학 간에 갈등없이 화합할 수 있다는 새로운 발견, 그리고 통일교회 식구들끼리 사는 모습을 보고, 나는 그곳에 머물기로 결심했다. 또한 통일교회에 머물며 나는 내가 기독교를 포기하는 것이 아니라 오히려 예수님과의 관계가 돈독해짐을 느꼈다. 참부모님께 인생을 바칠 각오를 하며 바다사람으로서의 인생을 포기했는데, 1년 반이 지나 이번에는 아버님의 보트인 뉴호프의 선장이 되어 바다에 나와 있는 나 자신을 발견했다.

통일원리에서 배운 바다에서의 삶은 전혀 새로운 의미가 있다. 통일원리에서 배운 것은 이론이지만 바다에서는 그것이 바로 삶의 방식이 된다. 가장 중요한 것은 이 기간 동안 나는 참부모님과 같이 지내며 그들의 사랑을 직접 경험했다는 것이다.

통일교회 식구로서 대부분의 시간은 바다 위에서 보냈다. 아버님을 모시고 뉴호프의 선장으로서 10년, 그 후 20년간은 어부로서 말이다. 바다에서 나는 성경의 말씀과 아버님의 말씀을 경험할 수 있었다. 한번은 아버님이 말씀하시길, "물고기는 어부를 따라야 한다"고 했다. 창세기에는 우리가 바다의 물고기를 다스리라라고 했다. 예수님이 한번은 어부들에게 그들의 어망을 배의 반대편에 던지라고 하셨는데 그대로 하니 물고기가 가득 차서 올라왔다고 했다. 나는 예수님의 그런 말씀이 실제로 가능하다는 것을 아버님과 함께 지내며 경험했고, 너무도 즐거웠다.

아버님은 정말 최고의 어부였다. 내가 뉴호프 호의 선장을 물러나 어부가 되었을 때 아버님이 세운 기록을 깨리라고 결심했다. 우리가 바른 일을 하든 그른 일을 하든 자연은 즉시 반응한다. 그것이 바로 하나님의 피조물인 바다에서 일하며 배운 위대한 점이다.

바다에서는 즉시 피드백을 받는다. 여전히 바다는 거칠고 어떤 면에서 강한 신념을 가진 어부만이 생존할 수 있다. 바다에서의 성공비결은 내 선원을 아버지 입장에서 바라보는 것이었다. 다시 말해서 내 자식을 사랑하듯 내 선원을 사랑하고, 그들을 화목한 팀으로 만드는 것이다. 이것이 말처럼 쉬운 일은 아니지만, 자그마한 성공이라도 커다란 성공이 다가오리란 희망을 준다. 물고기를 찾아내는 능력이 점점 향상되다가 마침내 몇 년 전부터는 항상 배가 항구를 떠나기 전에 물고기가 어디 있는지 알게 되었다.

한가지 예를 들면, 대구가 거의 잡히지 않는 때여서 최고의 어부도 대구를 찾으러 온 바다를 뒤지고 다녀야만 했다. 우리 팀을 제외하고 말이다. 우리는 알래스카의 코디악 동쪽 해안에서만 어업작업을 했다. 우리 근처에 다른 배들이 와서 대구를 찾다가 보다 나은 곳을 향해 곧 떠나곤 했다. "저 미친 놈들 저기서 뭐해?"라며 손가락질하고 떠났을 것이 분명하다. 하지만 우리는 배에 물고기를 가득 채우고 있던 중이었다.

어선에 있는 기본적인 항법장치는 컴퓨터가 관리해주는 GPS(인공위성 위치확인 시스템) 항법 장치로 각종 도표와 모든 어군 정보를 나타내 준다. 하지만 나는 내 마음의 컴퓨터를 믿었다. 눈을 감으면 내 마음속에 컴퓨터 화면이 떠오르며 얼마나 떨어진 지점에 얼마나 많은 물고기가 있는지 표시되어 깜빡거린다. 그것을 바로 도면에 옮겨 그곳으로 바로 뱃머리를 돌려보면 물고기가 넘쳐난다. 내가 할 일은 말그대로 주워담기만 하면 되었다. 그리고 다음 장소로 이동한다. 이런 식으로 우리 팀은 내 마음에서 알려준 곳을 따라 지그재그로 이동하며 물고기를 퍼 담는다. 최고의 어획량을 자랑하는 어선들조차 어획량이 가장 저조한 때에 잡은 우리 물고기를 부러워할 정도로 어획량에서 차이가 났다.

참부모님과 함께한 경험은 너무나 소중하다. 하지만 이렇게 어부로서 직접 하나님의 도움을 경험한 것은 더욱 소중하고 흥분되는 일이다. 이것은 참부모님의 말씀을 어부로서 실생활에 적용하며 배운 것이다.

{ 나비작전 }

문선명 목사는 자타가 공인하는 반공주의자를 넘어 승공주의자이다. 특히 북한 공산치하의 강제노무소에서 수감생활을 했던 그는 공산주의의 실상을 너무도 뼈저리게 경험했다. 하지만 그는 공산주의의 무신론적 사상을 반대하는 것이지, 공산당 정권 아래에서 고통받고 있는 사람들을 미워하는 것이 아니란 점을 분명히 했다. 소련과 그 위성국가의 붕괴가 있기 몇 년 전부터 통일교회는 소련과 그 위성국가들을 돕기 위해 점차로 인적 재정적 자원을 투입하기도 했다. 아울러 그는 자서전에서 공산권에 선교사를 파송해 지하 선교활동을 벌인 소회를 밝힌다.

"우리는 동유럽의 공산국가에서 벌이는 선교활동을 나비작전이라고 불렀다. 애벌레가 오랜 고통의 시간을 보낸 뒤에 날개를 달고 나비가 되는 모습이 공산국가에서 모진 박해를 참아야 하는 지하 선교활동과 닮았다는 데서 붙여진 이름이다.

1973년에는 체코슬로바키아에서 선교사를 비롯한 현지 통일교회 식구들 30여 명이 한꺼번에 검거되는 끔찍한 일이 벌어졌다. 그때 24살의 마리는 차디찬 감방에서 꽃다운 나이에 목숨을 잃어 공산국가에서 선교하다 숨진 최초의 순교자가 되었고, 이듬해에 또 한 사람이 감옥에서 목숨을 잃었다. 교회 식구들이 감옥에서 숨졌다는 소식을 들은 나는 온몸이 굳어졌다. 말하는 것, 먹는 것은 물론 기도조차 하지 못하고 돌덩어리가 된 것처럼 앉아만 있었다. 그들이 나를 만나지 않았다면, 내가 전하는 말씀을 듣지 않았다면, 그토록 춥고 외로운 감옥에 갈 일도 없었을 것이고, 그곳에서 죽을 일도 없었을 텐데 그들은 나를 대신해서 고통을 당하고 죽은 것이다. '그들의 생명과 맞바꾼 내 목숨은 그만한 가치가 있는 것일까? 그들이 나를 대신해서 지고 간 공산권 선교의 짐을 나는 어떻게 갚아야 할까?' 나는 점점 더 말을 잃어갔고 깊은 물 속에 잠긴 듯 한없는 슬픔에 고개를 떨구었다.

그때 내 눈앞에 마리가 노란 나비가 되어 나타났다. 체코슬로바키아의 차디찬 감옥을 벗어난 노란 나비는 힘을 잃고 주저앉은 나에게 힘을 내고 일어서라며 날개를 팔랑거렸다. 그녀는 목숨을 건 선교를 통해 정말 애벌레를 깨고 나온 나비가 되어 있었다.

식구들을 감시와 처형의 땅에 내보내면서 내 마음은 줄곧 울고 있었다. 선교사들을 공산국가에 선교사로 내보낸 후 나는 거의 모든 시간을 기도에 매달렸다. 공산권 선교는 위태롭기 짝이 없는 것이었기에 그들의 목숨을 위해 내가 할 수 있는 것은 간절한 기도였다.

공산권 선교를 나가는 사람들은 부모에게 목적지조차 알리지 못한 채 떠났다. 소련에 파송되었던 군터는 소련의 KGB에게 발각되어 강제추방을 당하기도 했고, 차우세스쿠의 독재정치가 극에 달했던 루마니아에서는 비밀경찰의 미행을 당하고 전화도청을 당하는 일이 일상이었다. 한마디로 사자굴에 들어간 것이나 마찬가지인 삶이었지만 공산국가로 들어가는 선교사들의 숫자는 늘어났다.

그처럼 극한 상황에서 선교하는 사람들에게는 유난히 꿈이나 환상을 통한 계시가 많았다. 사방이 막힌 곳이라 누구와도 소통할 수 없는 곳이니 하나님이 계시를 통해 갈 길을 일러주셨던 것이다. 잠깐 잠이 든 사이에 빨리 피하라는 꿈을 꾸고는 급히 몸을 피하자마자 비밀경찰이 들이닥쳐 목숨을 구하는 일이 비일비재했다. 또 한 번도 직접 본적 없는 내가 꿈에 나타나 선교 방법을 일러주기도 했다면서 나를 만나자마자 꿈속에서 본 선생님이라며 반가워했다."_문선명

평화의 왕과 여왕님께 올리는 축사

스타니슬라브 슈스케비치 : 1991년 소련의 위성국가였던 벨라루스 소비에트 사회주의 공화국을 자유시장경제를 옹호하는 민주주의 국가인 벨라루스 공화국으로 재탄생시키는데 큰 공헌을 한 스타니슬라브 슈스케비치Stanislav Shushkevich를 최고회의 의장 겸 국가원수로 선출하였다.

존경하는 문선명 한학자 총재님 양위분과 귀빈 그리고 신사숙녀 여러분! 대한민국 민주주의 힘의 중심으로 상징되는 이 대한민국 국회의사당에서 이처럼 축사를 할 수 있게 된 것을 본인의 무한한 영광으로 생각하는 바입니다.

오늘 우리는 한국이 낳은 가장 귀하고 위대하신 문선명 총재님과 한학자 총재님 양위분의 생애를 축하하고 경의를 표하기 위해 이렇게 자리를 함께 했습니다. 지난 12년간 제가 문선명 총재님 양위분과 교분을 갖고 지낼 수 있었던 것은 저로서는 큰 은혜였습니다.

본인이 벨라루스 국가원수이었던 시절인 1992년 8월, 저는 이곳 서울에서 개최된 제1회 세계문화체육대전에 참석한 바 있었는데, 그 행사를 통해 저는 문선명 총재님 양위분이 펼치고 계시는 엄청난 규모의 선하고 훌륭하신 사업을 목격한 후 놀라움을 금치 못하였습니다.

1993년 11월에는 그 당시 세계순회강연 노정에 계시던 한학자 여사님을

저희 부부가 벨라루스의 국가원수 자격으로 영접할 수 있는 영광을 갖기도 했습니다. 한학자 여사님은 그때, 모스크바의 크렘린 궁전에서 강연회를 막 마치고 돌아오시는 길에 우리나라에 오셨습니다. 우리 부부는 여사님을 모시고 민스크에 위치한 국립오페라 발레극장에서 특별강연회를 갖는 시간을 갖기도 했습니다. 그 이후로 우리 부부는 세계 도처에서 펼쳐지는 문선명 총재님 양위분의 각종 집회와 대회에 참석해 왔습니다. 그때마다 우리 부부는 양위분께서 종교, 인종, 국적을 초월해서 평화와 화합의 기치 아래 세계 최고의 지도자들을 모일 수 있도록 주선허 주신 능력과 그때마다 주신 말씀에 크게 감동을 받았습니다.

문 총재님 양위분께서 이룩하신 헤아릴 수 없는 세계적 차원의 업적들 이외에도 본인은 양위분께서 구소련 연방에 끼치신 긍정적인 영향력에 대해서 증거하고자 합니다. 수많은 소련의 젊은이들이 문 총재님의 통일운동에 감화를 받고 새로운 희망과 비전을 찾게 되었습니다. 아울러 평화대사 활동을 통해서 많은 지도자들이 '위하여 살자'는 문 총재님의 가르침에 새로운 비전을 찾고 감동하는 것을 목격했습니다. 이와 같은 엄청난 업적들을 놓고 볼 때, 오늘 이 특별하고 역사적인 날을 기해 우리 모두가 함께 평화세계 구현을 위해 일평생을 위하여 사는 삶으로 경주해오신 문 총재님 양위분께 경의를 표하는 것은 당연한 처사라고 생각됩니다.

문선명 총재님, 그리고 한학자 촌재님, 양위분은 역사상 전무후무한 평화의 챔피언이십니다. 따라서 우리 모두는 양위분을 참사랑, 평화의 왕과 여왕으로 추대하는 바입니다. 감사합니다.

남녀를 막론하고 사람들은 결혼하여 아름다운 가정을 꾸리고 싶어한다. 그런 이상을 구현하는데 있어 통일교회 식구들이 어떻게 살아가는지 다양한 각도에서 살펴보았다. 가정천국이란 아름답고 모든 사람들이 성취가능한 목표이다. 하지만 가정천국이 종착점은 아니다. 통일교회가 지향하는 목표는 행복한 가정을 이루는 것을 넘어 인종, 국적, 문화, 언어의 장벽을 뛰어넘어 이루어지고 있는 통일교회 축복결혼식을 통해 '이상가정을 통한 세계평화구현'을 이루는 것이다. 이 책에서 언급된 '세계평화', '이상세계', '천국'은 같은 맥락에서 사용되었다. 문선명, 한학자 총재님은 그들의 최종목표인 세계평화를 구현하기 위해 많은 조직을 만들었는데, 그 대표적인 단체가 바로 세계평화통일가정연합과 세계평화여성연합이다.

　가정과 세계와의 관계는 서로 떼어놓고 설명할 수 없는 공생관계이다. 가정에서의 진정한 사랑과 조화가 없어 세계평화는 절대 구현될 수 없다. 물론 세계평화 없이 가정의 평화와 안녕은 절대 보장될 수 없다. 개개인이 그들의 지역사회와 가정을 생각한다는 것은 그들 주변의 보다 큰 세계의 안녕을 걱정한다는 것이다. 즉 그들은 단순히 이타적이고 희생적인 것이 아니라 현명한 실용주의자들인 셈이다. 사랑하는 사람이 함께 보금자리를 꾸밀 멋진 아파트를 산다면 참으로 흥분되는 일일 것이다. 하지만 우리의 자녀가 성인의 보호 없이는 귀갓길의 안전이 보장되지 않는다면 작은 가정 천국은 모래성이 되고 만다. 장기적인 단목에서 우리 가정의 행복을 지키는 길은 우리의 지역사회를 안전하게 만드는 일에서부터 비롯된다. 뿐만 아니라 우리가 사랑하는 사람이 화목한 가운데 지낼 수 있어야 하고, 우리나라의 평화도 보장되어야 한다. 아울러 우리가 이룩한 유산이 다음 세대까지 보전되어야 하고, 세계평화와 지속적인 번영을 실현해야만 한다.

그런 면에서 문 목사님은 비전을 제시하는 리더인 동시에 매우 현실적인 리더이기도 하기에 여러 단체와 조직과 봉사 프로젝트를 조직하여 세계평화를 구현하려고 했다. 천명을 받들어 인류의 고통을 종식시키기 위해 구상하고 실행한 모든 프로젝트들은 인류가 직면한 모든 윤리적, 사회적, 정치적 과제들을 해결하기 위함이었다. 아마 인류역사상 그 누구도 세계평화와 인류의 공영을 위해 문 목사님처럼 많은 단체와 조직을 만들어 전폭적인 재정지원을 한 사람은 없을 것이다. 이런 그의 활동은 영적, 사회적, 문화적 영역에 걸쳐 폭넓게 엿향을 미쳤다. 60여 년 넘게 보여준 그의 지칠줄 모르는 활동은 인류의 가장 큰 두통거리를 해결했다. 그리고 인종과 문화를 뛰어넘어 최고의 인재들로 구성된 놀랄만한 세계적 네트워크를 형성했다.

특히 문 목사가 만든 조직의 중추기관이라고 할 수 있는 천주평화연합 UPF은 UN 경제사회이사회 비정부기구 특별자문기관이다. UPF는 모든 종교와 국적을 초월한 조직으로 종고 간, 정부기구과 비정부기구 간 협력을 통해 평화적으로 갈등을 해결해 오고 있다. 그리고 UPF는 미래세계의 평화를 구현하는 핵심요소인 가정의 재건을 위해 매진하고 있다. 또한 UPF의 대외 프로그램 중 하나인 평화대사 프로젝트는 각계각층의 원로와 전문가로 구성되어 지역사회와 국가 세계를 넘어 세계평화구현을 위해 국제적인 협력과 봉사를 통해 활발히 활동하고 있다.

중동평화를 위해 문선명 목사가 창설한 중동평화기구MEPI Middle East Peace Initiative는 초종교적으로 구성되어 활발한 평화활동을 하고 있는 기구이다. 공교롭게도 이 기구는 중동평화협상이 결렬되고 2000년 9월에 발생한 팔레스타나 인들의 폭력투쟁이 발생한 후에 창설되었다. 역설적으로, 정치적으로 달성하려던 평화가 결국 큰쟁의 소용돌이를 불러온 와중에 결국 제3의 단체에 의해 새로운 평화의 줄이 건설되고 있는 것이다.

중동평화기구는 첫째, 과거에 있었긴 세속적, 국수주의적 논쟁을 배재한 채 종교적이고 영적인 측면에 초점을 맞추고 있다. 둘째, 과거에 있었던 평화기구는 안전이 보장된 안락한 호텔 같은 장소에서 탁상공론만 했던 것과는 달리 중동평화기구는 지구촌의 구석구석에서 각 종교지도자들을 중동의 화약고로 불러들이고 있다. 셋째, 다른 평화기구는 세속적이고 서구화된 '평화캠프' 관계자만 초청한 반면 중동평화기구는 방대한 풀뿌리 운동가들과 지성인들을 규합하여 세계적인 성지순례를 실시하고 있다. 이 운동에 동참한 사람들이 갈등을 넘어 평화를 이루기 위해 매진하는 개척자가 된다.

중동평화기구의 행사를 참석했던 한 사람이 다음과 같이 증언했다.

"가자지구에 들어가는 것 자체가 눈이 휘둥그레지는 경험이었다. 당나귀가 끄는 마차, 악취가 가득하고 쓰레기가 날리는 거리, 누더기 같은 집에서 사는 가족들로 가득찬 거리, 파괴되고 총알자국이 남아있는 건물과 집들이 눈에 들어왔다. 이것은 외국자본의 투자로 지어진 현대적 아파트와 부자 동네와는 큰 대조를 이루는 광경이었다.

우리는 문선명 목사의 지원에 의해 운영되는 문화센터를 방문했다. 거기에서는 마이크로 소프트사의 소프트웨어를 활용해 팔레스타인 젊은이들을 교육시키고 있었는데 60여 대의 컴퓨터가 문선명 목사에 의해 기증되었다고 한다. 이런 문화센터 3곳에 대한 지원은 문선명 목사가 설립한 세계평화 초종교 초국가연합 지부와 중동평화기구 참가자들의 기부에 의해 운영되고 있었다. 2004년 한해에만 250명이 컴퓨터기술을 습득해서 졸업했다."

중동평화기구가 출범한지 1년 반이 지난 시점에 13번에 걸친 초종교 중동평화기구 대회를 통해 세계 각지에서 1만 명 이상의 종교지도자와 사회지도자, 비정부기구 지도자, 전문가, 통일교회 식구가 이스라엘의 벤구리온 국제공항에 내려 유대교, 기독교, 이슬람교의 성지인 이스라엘의 성지순례를 감행했다. 모든 참가자들은 위험을 감수하고 모든 이슬람사원, 유대교사원, 키부츠 그리고 이스라엘의 모든 지역센터를 순례했다. 팔레스타인들의 폭력항쟁은 때때로 죄없는 시민들을 향하기도 한다. 자살폭탄 테러는 호텔, 식당, 버스, 공공장소를 가리지 않고 언제 터질지 모른다. 평화순례에 참석하는 중동평화기구 대회참석자들에 대한 위험부담은 엄청난 것이다.

종교를 뛰어넘어 찾아온 중동에서의 평화

조이 : 미국인 조이는 통일교회 식구로 중동평화기구 대회에 참석한 소감을 공유한다.

2004년 4월 3일 이른 아침, 문선명 목사 부부의 평화운동에 감명을 받은 23명의 미국인이 버스에 올랐다. 그들은 대부분 기독교인, 유대교인, 이슬람교 신자로 구성되어 있었는데, 예루살렘을 출발하여 국경검문소에 다다랐다. 삼엄한 경비 속에 우리는 신분증 관련 자료를 제출하고 자리에 앉았다. 여권 속의 사진과 우리의 모습을 비교하는 경비원들에게 한명 한명씩 이름이 호명될 때마다 우리는 최대한 멋진 미소를 지으려고 노력했다. 우리는 이제 막 삶과 죽음의 길을 가를지도 모를 이스라엘과 가자지구의 국경선을 넘었다. 사실 한달 전에도 거기에서 6명의 팔레스타인 사람들이 목숨을 잃었다고 한다. 우리가 방문한지 2주일 후에는 팔레스타인 자살폭탄 테러범이 이스라엘 군인의 목숨을 앗아가기도 했던 곳이었다.

800미터 길이의 철제지붕으로 덮인 콘크리트 통로를 지나 팔레스타인 구역인 가자지구로 들어갔다. 우리의 버스와 경비원들은 텅빈 주차장에서 우릴 기다리고 있었다. 사진촬영이 허락되지 않은 지역이라서 이렇게 밖에 그때의 정경이 묘사되지 않는다. 버스는 남쪽을 향해 우리를 가자지구의 심장부로 인도했다. 비록 가자지구에는 수백 년에 걸쳐 많은 팔레스타인 사람들이 살았다. 하지만 이제는 150만 명 정도로 팔레스타인 인구의 절반이 1948년에 발생한 이스라엘 독립전쟁 기간동안 형성된 이곳 8개의 난민캠프에 살고 있다. 그나마 높은 장벽에 둘러쌓인 19개의 이스라엘 정착촌이 가자지구의 절반을 차지하고 있다.

팔레스타인 사람들은 거의 90퍼센트의 대외무역과 일자리를 이스라엘에 의존하고 있는 형국이다. 이번 방문은 가자지구의 팔레스타인 청년협회 의장의 협조로 이루어졌다. 그는 지중해가 내려다보이는 알쿠즈 국제호텔에서 여러 분야의 팔레스타인 지역사회 대표들과 함께 우리를 기다리고 있었다. 그중한 팔레스타인 대표는 이스라엘 감옥에서 23년간 수감되어 있었는데 거기에서 하나님과 만나는 경험을 했다고 하며 다음과 같이 말했다.

"여러분이 이렇게 방문해 주시고 우리처럼 고통받고 있는 분을 대표한 분들로부터 이렇게 특별한 선물을 받게 되어 정말 기쁩니다. 특히 여러분들이 문선명 목사 양위분의 평화메시지를 전달하는 분들로 오셨기에 더욱 기쁩니다. 우리는 하나님이 보내신 3명의 사자인 아브라함, 예수, 마호메드의 뿌리인

이곳 거룩한 땅에 있습니다. 그들이 뿌리가 된 유대교, 기독교, 이슬람교는 모두 평화를 강조합니다. 우리의 사명은 평화를 일구어내는 것입니다. 수많은 난관에도 불구하고 우리는 평화를 일구어 내야겠다고 결심했습니다. 이는 이곳에 사는 유대교인, 기독교인, 이슬람교인의 권리를 무시하겠다는 뜻이 아닙니다. 엄청난 해산의 고통을 넘어 한 생명이 태어납니다. 우리가 해산하려고 하는 평화도 엄청나게 고통스럽습니다."

같이 참석한 유대인계 미국인 제임스 씨는 다음과 같이 말했다.

"나는 평생동안 팔레스타인 사람들이 적이거나 외계인으로만 생각했다. 하지만 세상에서 가장 극악무도한 적들이 우글거린다고 생각한 이곳 가자 지구에서 팔레스타인 사람들을 위해 봉사하고 있는 나를 발견했다."

돌아가는 길에 우리가 알게 된 사실은 이스라엘이 국경을 걸어잠궜다는 것이었다. 팔레스타인 국경은 이스라엘이 통제하고 있는데 테러가 염려되는 상황이 되면 폐쇄한다는 것이다. 언제쯤 국경을 다시 개방하느냐고 묻는 우리에게 들려온 것은 한 시간이 될 수도 더 걸릴 수도 있다는 것이었다. 그 소식을 접하고서 우리는 버스에 올라 즉흥적으로 합창대회를 했다. 우리의 노래가 지속되자 팔레스타인 국경선 수비대가 우리의 노래를 듣기 위해 가까이 다가왔다. 해질녘이 되어서야 우리는 팔레스타인 검문소를 넘어 이스라엘로 돌아올 수 있었다. 검문소 처마에는 참새들이 짹짹 날개짓을 하며 그들이 만든 노래를 창조주에게 자유롭게 바치고 있었다.

이스라엘에 놓여진 철도 위에 우지기관단총으로 무장한 군인들이 도열한 가운데 우리는 계속 노래를 불렀다. 한 젊은 군인이 다가와 자신이 좋아하는 노래를 불러달라고 신청했다. 그의 따뜻한 미소가 다른 군인과는 크게 대조를 이루었다. 우리는 아주 정열적으로 세 시간을 넘게 노래를 불러댔다. 흑인과 백인이, 침례교인과 통일교인이, 이슬람교인과 유대교인이, 소프라노와 테너가 하나가 되어 하모니를 이루었다.

"우리는 유대인과 팔레스타인 사람들을 인터뷰해본 결과 그들 모두가 원하는 것은 결국 평화인데 어떻게 이룰지를 모른다는 것이었다. 이슬람교인과 유대교인과 기독교인을 한데 묶어 중동의 화약고인 이곳의 변화를 위해 매진하게 만든 문 목사님이야말로 평화에 대한 비전과 실행력을 가진 유일한 지도자인 것이다"라고 촬영팀장은 보고했다. 우리 팀의 대표들이 미국으로 돌아가는 길에 이스트가든에 들렀을 때 참부모님은 우리를 환영해 주시면서 다음과 같은 권고의 말씀도 잊지 않으셨다.

"가자지구와 이스라엘에서 멋진 일을 하고 돌아왔지만 거기에서 신음하고 있는 사람들을 구해주기 위해 더욱 더 매진해야 합니다. 여러분은 반드시 예수님의 대신자가 되어야 한다구요. 그래서 유대인이든, 기독교인이든 이슬람교인이든 누구를 막론하고 그들에게 축복을 가져다 주어야 합니다."

다음은 2004년 3월 23일, 미국의 수도 워싱턴의 미국 연방 상원에서 가진 문선명 목사의 강연회 내용 중 일부이다.

"나는 이제 한국나이로 85세를 넘었습니다. 하지만 나는 하나님의 참가정이 이 지구성에 넘치는 날까지, 중동에서 총성이 사라지고 평화와 기쁨의 불꽃놀이가 총성을 대신할 때까지, 내 조국 대한민국의 통일을 축하하는 함성이 태평양을 건너 미국에 전해지는 날까지 누구보다 열심히 정진해 나갈 것입니다."

문선명 목사는 전 세계의 모든 인류를 구원해야 한다고 설파하셨을 뿐만 아니라 그런 숭고한 이상을 실질적으로 성취하기 위한 현실적인 프로그램도 진행했다. 모든 인류를 위한 세계평화를 구현하기 위해 그는 지구촌의 화약고인 이스라엘과 한반도에 엄청난 인적 물적자원을 투입하였다. 세계의 화약고 중동에서도 문 목사의 평화사상에 힘입어 유대교, 기독교, 회회교가 새로운 차원의 평화적 대화 및 운동을 진행하고 있다. 아울러 동서 간의 냉전에 종지부를 찍도록 결정적 역할을 한 것도 문 목사의 통일사상이었다. 또한 한반도 통일을 위한 실질적 배후작업도 문 목사의 주도하에 급속도로 진행되었고, 잘 알려지지는 않았지만 한반도의 비핵화를 위한 6자 회담의 지원도 아끼지 않았다.

김일성, 김정일과 평화를 이끌어내다

안토니오 : 통일교인들이 세계적으로 활동하고 있는 것 중에는 정말 신중하게 처리해야 하는 것도 있다. 1990년대 북한에서 안토니오 씨가 전개한 활동은 공개되지 않고 있다가 2000년이 되어서야 공개가 되었다.

"지난 20년간 나의 관심사는 국제사회와 수상, 대통령과 같은 전현직 최고 국가정상들을 움직이는 것이었다. 우리의 일은 아버님이 주신 정상클럽의 근본목적에 초점을 맞추는 것이었다. 즉 세계정상들이 전 세계적으로 평화와 발전을 위해 그들이 가진 정치적 영향력과 경험을 제공하게 하는 것이었다. 이런 활동은 볼리비아에서부터 시작되어 아르헨티나, 파라구아이, 브라질, 미국 그리고 세계적으로 퍼져 나갔다.

하루 24시간 기도의 도움 없이는 절대로 해낼 수 없는 일이었다. 하루에 40분이나 1시간씩 기도드리는 것은 기본이었지만 이 활동이 성공적이었던 것은 결국 참부모님을 통해 하나님과 하루 24시간 동안 끊임없이 함께 할 수 있었기에 가능한 일이었다. 대통령을 만나기 위해 기다리거나 만나러 갈

때나 대통령에게 소개되는 자리가 되면 나는 마음 속으로 하나님과의 대화를 시도했다. 이렇게 대통령과 만남을 가질 때마다, 나 혼자 힘으로 이 일을 해낼 수 없는 것을 알기에 하나님을 찾았을 것이다. 참부모님을 통해 하나님이 나와 함께 같이 하시도록 해야했다. 대통령이나 수상을 만나는 매 순간마다 하나님께 묻곤 했다. '하나님 아버지, 대통령을 만나면 어떻게 해야 하나요? 대통령의 질문에 당신이면 뭐라고 답하실 건가요? 당신이야말로 이 사람과 이 나라가 무엇이 필요한지 아는 유일한 분이 아닌가요?' 나는 항상 마음의 평정심과 내가 대통령을 만나려는 목적과 대상을 잃지 않으려고 기도했다. 아울러 하나님 섭리의 진일보를 위해 반드시 이루어져야 할 일을 놓고 기도했다. 그런 기도 후에 대통령을 만나면 내가 전혀 생각지도 못한 심오한 말들이 쏟아져 나와 대통령이 깊은 감동과 감화를 받게 되는 것이었다. 매일 매일 우리의 이런 경험을 통해 대통령을 움직이시며 역사하시는 하나님을 체험하게 되었다. 그래서 우리는 많은 나라에서 네트우크를 형성할 수 있었다. 우리는 남미에서 시작해서 아시아, 중동, 유럽, 아프리카로 확장해 나갔다.

1990년 봄, 뉴욕에서 북한의 유엔대사와의 만남을 성공적으로 가진 후에 아버님은 나를 북한 특별사절로 임명하셨다. 그로부터 나는 세계 어디를 가더라도 북한대사관이 있는 곳이면 그 대사관에 발을 들여놓고 문 목사님의 특별사절이라고 소개하고, 전 세계적인 통일교회 활동과 우리 교회가 왜 북한에게 도움이 되는지를 설명했다. 아울러 우리의 북한에 대한 입장이 대립관계가 아니라 화해와 과거에 대한 치유를 모색하고 있고, 더 나아가서는 남북통일을 일구어내어 하나님을 중심한 새로운 한국을 창건하려 하고 있다고 설명했다.

하지만 오랜 세월동안 반공활동을 해왔던 우리 통일교회를 즉시 알아본 그들은 바로 대사관에서 추방하곤 했다. 베이징과 모스크바에서는 나를 국제 비정부기구의 책임자로서는 환영하다가 또 다른 직책을 소개하자 분위기가 얼어붙기도 했다. 어떤 때는 나의 신분을 알아본 북한대사가 자리를 박차고 일어나 경호원과 함께 나를 밖으로 내몰았다. 하지만 나는 우리가 조직한 세계정상위원회를 통해 북한에 대해 인도주의적 입장에서 많은 지원이 가능하고, 남북통일도 촉진시킬 수 있을 뿐만 아니라 통일교회의 기반과 문선명 목사님과 연계가 되면 북한의 이미지도 변화시킬 수 있다는 확신이 들었기에 북한에 무조건 들어가야겠다고 결심했다. 아버님은 개인적으로 나를 부르셔서 김일성 주석을 직접 만나라고 지시하셨다. 하지만 비자가 없는 상태로 북한에 들어간다는 것도 그렇고, 더군다나 내가 누구이고 누구를 대표하는지 북한당국이 아는 입장에서 북한땅을 밟기란 불가능한 일이었다.

결국 정상위원회의 멤버인 코스타리카 전임 대통령에게 도움을 요청했다. 그를 통해 우리 팀은 북한에 들어갈 수 있었고, 통일교회 식구이자 문 목사님의 특별사절이란 것을 북한 당국이 알았음에도 불구하고 나에게 비자를 발급해 주어 방문하게 허락해 주었다.

내가 아는 한 통일교회와 문 목사님을 대표한 입장에서 공식적으로 북한을 방문한 사람은 내가 처음이었다. 우리 팀은 김일성 주석과 북한의 고위 당국자를 만났다. 그러면서 알게 된 사실은 북한과 미국과의 관계개선을 통해 남북한의 통일이 촉진될 수도 있다는 것이었다. 왜냐하면 여러가지 측면에서 미국이 남북통일에 중요한 역할을 하기 때문이었다. 그래서 김일성 주석과 만난 자리에서 우리는 미국과 북한의 정책변화를 위한 논의를 이끌어내는 것이 중요하다고 표명했다. 정상위원회 소속의 전직 대통령과 수상의 도움으로 미국의 대외정책에 있어 북한이 우선순위가 되게 만들었다. 우리는 미국의 고위관리를 북한으로 가게 했고 그때 북한이 미국을 이해할 수 있도록 그리고 북한이 미국과 관계개선을 할 수 있도록 도와 주었다. 그런 터전 위에 마침내 1991년 역사적인 문선명 한학자 목사님 양위분의 북한방문이 이루어지게 되었고, 김일성 주석과의 단독회담도 개최될 수 있었다. 그 것을 기폭제로 향후 세계정상위원회도 대화를 통해 한반도의 평화와 갈등해 결을 할 수 있는 계기가 되었다.

나는 워싱턴과 평양을 왕래하면서 김일성 주석을 다섯 차례 만났고 김정 일 위원장과도 두 차례 만났다. 그리고 미국인 중 내가 유일하게 김일성 주석 의 장례식에 참석한 사람이 되었다. 나는 김일성 주석이 사망한 날 평양에 있 었는데 북한당국이 나를 김일성 주석 장례식에 초대했다.

1995년 북한에서 기아가 발생하였을 때, 그것은 전혀 새로운 문제였기 때 문에, 세계정상위원회는 전 세계에 기아문제에 대한 경각심을 알리는데 주력 했다. 나는 1949년에 창립되어 21개국의 가맹국을 가지고 있는 유럽회의에 가서 유럽의 국회의원들에게 연설했다. 나는 미테랑 대통령의 한국특보와 함 께 프랑스로 연설했고, 미 국무부와 UN의 한국담당과 함께 연설했다. 이런 만남을 통해 우리는 몇몇 서양 정부의 마음을 움직였고, 그것을 통해 그들이 UN에서 북한을 지원할 수 있도록 고려하게 만들었다. UN이 북한의 기아문제 를 발의했을 때, 우리 세계정상위원회 위원들은 이미 UN 회원국들이 북한을 어떻게 도울 수 있을지 조언을 마친 상태였다. 우리는 막후에서 북한을 위해 많은 인도주의 활동을 펼쳤다.

우리는 평화를 창출하는 사람들이고 화합을 이끌어내는 조율사이자 통일 을 이끌어내는 사람들인 것이다. 북한의 지도자들은 그들에게 하나님과 참부 모님이 필요하다는 것을 알아야 한다. 자녀들의 입장에서는 우리 모두 부모가 필요하고 부모로부터 오는 무조건적인 사랑이 필요하다. 참부모님은 그냥 북 한에 정치적, 경제적으로 영향력을 행사하려고 하는 그런 세속적인 지도자가 아니다. 그들은 참된 부모의 입장에서 북한을 아시아와 세계 속에 성장시키려 하고 있는 것이다. 우리는 대한민국의 양심적인 인사들을 지속적으로 돕고 성장시킬 것이다. 아울러 미국으로 하여금 북한이 존중과 위엄을 잃지 않고 곤경에서 빠져나올 수 있도록 하여 궁극적으로 하나님의 뜻인 남북통일을 이끌어낼 것이다."

'가장 먼저 알아내서 올바르게 전달한다'는 모토와 함께 출발한 〈워싱턴 타임즈〉는 미국의 대표적인 일간지로 자리매김하고 있다. 미국의 수도 워싱턴에서 두 번째로 큰 일간지인 〈워싱턴 타임즈〉는 미국이 직면한 두 가지 큰 도전과제에 대한 대안으로 1982년 문선명 목사에 의해 창간되었다. 그 첫 번째 도전과제는 바로 소련식의 공산주의로 1980년대 초반에는 그 영향력이 정점에 달해 있을 때였고, 두 번째 도전과제는 도덕과 가정의 가치를 지키려는 양심인들과 매스미디어에 왜곡된 대중문화와 가치관의 싸움이었다. 전문가들이 예언하길 〈워싱턴 타임즈〉는 6개월도 못 버틸거라고 했다.

하지만 그들이 간과한 것은 하나님에 대한 사랑에서 동기가 되어 난관에 직면한 미국을 도우려는 문 목사의 결심이 얼마나 확고했는가를 몰랐다는 것이었다. 환자를 구하기 위해 의사로서 미국에 왔다고 공언했던 문선명 목사였다. 전 세계에 영향력을 행사하는 미국이기 때문에, 미국이 영적으로 도덕적으로 건강해지는 것이야말로 전 세계의 행복과도 직결되는 것이라고 그는 확신했다.

레이건 대통령은 8년간의 임기동안 매일 〈워싱턴 타임즈〉를 읽었다. 1997년 레이건 대통령이 말하길, "나의 친구인 〈워싱턴 타임즈〉가 진실을 알렸기 때문에 미국 사람들은 진실을 알게 된 것이다. 진실을 전달하는 것이 항상 환영받는 일은 아니지만 〈워싱턴 타임즈〉는 항상 당당하게 그 목소리를 잃지 않았다."

또한 조지 부시 대통령이 말씀하시길, "〈워싱턴 타임즈〉를 생각할 때마다 매체가 미친 영향에 대해 생각하지 않을 수 없다. 〈워싱턴 타임즈〉는 독자로부터 존경을 받는 신문이다. 많은 언론사들이 현실과 타협하여 자극적이고 선정적인 기사로 지면을 메울 때 〈워싱턴 타임즈〉는 현실에 타협하지 않는 정직한 신문이었다."

보수적인 성향을 띤 신문으로 자리매김한 〈워싱턴 타임즈〉였음에도 불구하고 문선명 목사는 항상 강조하길, 마르크스-레닌의 무신적 이데올로기 자체가 우리의 적이지 그 속에서 신음하는 사람은 우리의 적이 아니라고 했다. 그리하여 문선명 목사 양위분과 통일교회 선교사와 문선명 목사에 의해 창설된 국제교육재단의 전문가들은 공산주의 체제에서 신음하는 사람들과 나라들을 도와주기 위해 엄청나게 노력했다.

세계의 지붕인 네팔에 평화세계구현

이크나쓰 다칼 : 천주평화연합UPF 프로젝트 중 하나인 동남아시아 평화기구 SAPI의 핵심인사였던 네팔의 이크나쓰 다칼. 2008년부터 자신의 정당대표로 활동해오며, 많은 난관을 헤치고 모택동주의를 지지하며 20여 년간 분열상태에 빠진 네팔의 정당들로 하여금 평화조약에 서명하게 했다.

나는 농부의 아들로 태어났고, 나의 증조부는 유명한 고승으로 왕의 고문을 역임하셨다. 우리 부모님은 힌두교의 카스트 제도에서 최고계층인 브라만(사제계층)으로 굉장히 큰 가축농장을 소유하고 있다. 브라만이라는 신분 때문에 우리 부모님은 절제생활을 철저히 하신다. 즉 먹는 것이나, 뭔가를 하는 것이나, 어디를 가는데 있어서 제약이 많고, 물론 금주를 하신다. 또한 식사 전에는 반드시 샤워를 해야 하는 등 한마디로 우리 가족은 종교적인 가족이다. 우리 어머님은 3남 8녀를 출산하셨고, 나는 그 중 둘째 아들이다. 어머님은 첫째인 우리 형이 갓난 아기 때 하늘나라로 간 직후 8공주를 출산하신 후 두 아들을 더 낳으셔서 실질적으로는 나는 10번째 자식으로 태어났다.

나는 고등학교 때 학생회의 리더를 했고, 네팔의 각 고등학교에 뿌리내린 고등학교 적십자회의 의장을 맡았다. 변화를 추구했던 나는 사회운동과 사회활동에 깊은 관심을 가지고 있었다. 우리 힌두교 사회는 많은 미신들이 있다. 예를 들면, 카스트 제도에서 신분이 다른 계층에 있는 사람끼리는 같이 말하거나 앉거나 먹거나 해서도 안 된다는 것이다. 특히 최상층에 속하는 브라만에 속한 나에게 있어 이런 것들이 항상 나의 양심을 갉아먹고 있었다. 심지어 같은 반 친구와도 말을 하면 안 되었고, 나보다 낮은 계층의 학생 집에 가거나 같이 먹거나 해서도 안 되었다. 그런 친구를 만약 우리집에 데려오는 경우, 우리 부모님은 그 친구를 집안에 들이는 것을 절대 허락하지 않으시고, 음식도 우리집 밖에서 먹게 하셨다.

그래서 나는 우리가 알고 있는 것보다 뭔가 새롭고 더 차원높은 것이 분명히 있을 것이라는 생각을 하게 되었다. 그런 와중에 나는 몇몇 개신교회를 방문하게 되었고, 나에게 많은 동기를 부여해준 성경도 읽기 시작했다. 통일교회를 만나게 된 것은 대학교 1학년 때로 기존 종교와는 전혀 차원이 다른 모습을 접하게 되었다. 특히 메시아에 대해서 배우고, 메시아의 사명에 대해 이해하는 것은 가장 감동적인 순간이었다.

네팔은 영적인 곳으로 네팔인은 명상을 수행한다. 네팔에는 여러 종류의 사람들이 있지만 일반적으로 꽤나 종교적이다. 하지만 네팔은 변화가 필요한 형국이다. 경제적으로 보면 세계에서 가장 개발이 덜 된 나라 중 하나이다. 《원리강론》과 참부모님의 가르침은 사람들의 수준을 끌어올리고 있고, 사람들에게 힘을 주고 있다. 내 생각에는 통일교회에서 행하는 모든 평화운동과 《원리강론》은 네팔 국민들에게 변화를 가져다 줄 위대한 가르침이라고 생각한다. 네팔은 모택동 사상에 근거한 공산정부지만 공산당 간부 중에 내 친구들이 많이 있고, 통일교회의 평화운동과 연결되어 있다. 그 친구들은 참부모님의 가르침인 '가정의 가치'에 감사하게 생각한다. 만약 우리 교회가 참부모의 가르침인 보편적 가치를 확산시킬 수 있다면, 무신론자건 공산당 정부이건 우리를 지지할 것이라 생각한다. 예를 들면, 가정의 가치는 퇴색되고 붕괴되어가고 있다. 우리의 통일원리는 다분히 신학적이 아닌 그에 대한 명확하고 실용적인 대안을 제시하고 있다.

네팔이 아직 후진국인 이유는 수준 낮은 교육 때문도 아니고, 자원이 부족해서도 아니다. 바로 자기 배만 채우려는 무능한 정부의 통치 때문이다. 참부모님은 가정윤리를 정부의 통치에 적용하고 있다. 우리 교회의 각종 활동들은 우리 사회의 특정한 문제해결을 위해 초점이 맞추어져 있기 때문에 국가적인 영향력을 행사할 수 있는 것이다.

나는 나의 두 가지 다른 책임을 분리해서 생각하지 않고 상호보완적으로 생각한다. 영적인 측면이 있는 인간에게 있어 종교는 인류의 일부인 것이다. 정치에만 초점을 맞추어서는 문제의 뿌리를 이해할 수 없고, 종교만 주장하고 정치를 배제하면 실용적인 해답과 거리가 멀어질 수 있게 된다. 따라서 지도자로서 최선의 선택을 하기 위해서는 종교와 정치를 모두 이해하지 않으면 안 된다.

참부모님은 네팔에서 새로운 헌법을 제정하는 것을 지지하는 깃발에 서명을 하셨고, 그것은 에베레스트 정상에 옮겨졌다. 이런 과정을 통해 우리가 전하려고 하는 메시지는 매우 영적인 것이다. 즉 네팔을 위한 새로운 헌법 제정과정을 지원함으로써 헌법위원회와 정부가 공히 종교와 정치의 가치를 모두 수용할 수 있게 되는 것이다. 그 깃발의 꼭대기에는 9대 종교의 상징이 그려져 있고, 그 가운데에는 통일교회의 상징인 통일마크가 그려져 있다. 이것은 바로 참부모님이 생애를 걸고 일구어 오신 모든 종교의 통일을 상징하는 것이다. 우리는 그 깃발이 의미하는 바를 설명했기에 아무도 이에 대해 이의를 제기하지 않았다.

그것은 아마도 네팔 정치인들의 성향으로 그들의 가슴 가운데 영성과 종교가 숨쉴 공간이 남아있기 때문일 것이다. 또한 네팔의 모든 정당의 상징도 그 깃발에 들어있었다. 우리 교회의 등반가는 일체와 평화와 사랑의 메시지를 전달하기 위해 목숨을 걸고 이 깃발을 에베레스트 정상까지 들고 갔다. 네팔의 국가지도자와 국민은 새로운 헌법을 제정하는 도전을 받아들여야 한다. 이 도전이야말로 에베레스트 산을 등반하는 것보다 더 위대한 것이다. 특히 그 깃발을 에베레스트 정상에 가져다 놓기 위한 프로젝트의 성공을 위해 우리의 등반가들이 실천한 원칙은 서로를 돕는 팀워크 정신으로 그것은 새로운 나라 건설과 종교 간 화합과 통일을 이루기 위해 필수품이었다.

참부모님이 네팔에 미친 영향은 엄청나다. 그분의 영향력 아래 네팔이 평화로 가는 길이 진일보하고 있기에 네팔의 다양한 정당의 최고지도자들도 공개적으로 감사하고 있다. 참부모님은 또한 여러가지 사회문제를 해결하기 위해 직접적으로 관여해오고 계셔서 네팔 국민들은 참부모님에 대해 매우 긍정적인 마음을 가지고 있고 참부모님에 대한 엄청난 존경심을 가지고 있다.

문선명 총재에 의해 1973년도에 설립된 세계평화교수아카데미는 세계적인 석학들의 연구활동을 통하여 현대문명의 위기를 극복하고, 동서간의 문화적 갈등을 해소하며, 새로운 문화를 창건하여 세계평화구현에 이바지 하고자 168명의 학자들에 의하여 창립되었다. 각국 회원들은 각기

특색있는 활동을 전개하면서도 세계평화를 위한 학문적 기여라는 공동의 목표 아래 활동한다. 이들은 인류가 당면한 과제들을 해결하기 위해 국제간 교류를 증진하고, 학제적인 종합연구를 촉진시킴으로써 학술발전과 민족문화 향상에도 적극 이바지하고 있다. 그동안 50회가 넘는 지역회의와 국제회의를 통해 여러가지 현안에 대해 논의했다.

그리고 문선명 총재는 애천, 애국, 애녀의 이념 아래 여러 학교와 예술단체를 설립했다. 그중 한류의 원조라고도 해도 과언이 아닐 리틀엔젤스는 어린이로 구성된 한국전통예술단으로 한민족의 아름다운 문화예술과 평화애호정신을 온 세계 인류에게 심어주기 위해 1962년에 만들었다. 그 당시 6 · 25 전쟁으로 피폐해진 대한민국의 이미지를 씻기위해 문선명 목사가 창단한 리틀엔젤스는 1965년 9월 미국 케티즈버그에서 아이젠하워 대통령을 위한 특별공연을 기점으로 현재까지 60여 차례에 걸쳐 오대양 육대주를 누비며 전 세계 60여 개국을 순방, 6,000회 이상의 국내외 무대공연과 500여 회 이상의 TV출연, 그리고 40여 개국 정상들과의 만남을 통해 아름다운 대한민국을 세계만방에 알리는 역할을 해오고 있다. 특히 삼성과 현대가 세계를 주름잡기 훨씬 전인 50년 전부터 리틀엔젤스는 대한민국의 문화를 세계에 소개시켜 왔던 것이다.

특히 〈뉴욕타임즈〉는 백악관, 유엔 본부, 영국의 궁전, 모스크바의 크레믈린궁, 평양, 세계 유명 공연장 등에서의 공연을 통해 세계인의 이목을 사로 잡은 리틀엔젤스에 대한 극찬을 아끼지 않았다. 아울러 6·25 전쟁 발발 60주년을 맞이하는 2010년 6월부터 2011년 11월까지 문선명 목사는 거금을 희사하여 리틀엔젤스로 하여금 6·25전쟁 당시 한국을 위해 직간접적으로 참전했던 유엔 22개국을 순방하게 하여 참전용사와 그 가족을 위한 보은 공연을 펼칠 수 있도록 전폭적인 지원을 아끼지 않았다. 이를 통해 '은혜를 잊지 않는 대한민국'임을 전 세계에 알리는 계기가 되었다.

또한 예천지미藝天之美 즉, '천상의 예술로 세상을 아름답게'를 비전으로 1984년 5월 12일에 창단된 유니버설 발레단은 한국 최초의 민간 직업 발레단이다. 초연작품인 신데렐라를 필두로 하여 국내를 비롯한 세계 17개국 1,800여 회의 공연을 선보이며 한국의 대표적인 발레단으로 성장했다. 현재는 문훈숙 단장을 비롯하여 70여 명의 무용수와 40여 명의 스태프가 상주하며 세계 정상의 발레단을 향해 끊임없이 노력하고 있다. 유니버설 발레단은 문화예술을 통한 이상적 평화세계의 구현이라는 취지로 창시자 문선명, 한학자 총재에 의해 창단되어 세계적인 발레단으로 성장하고 있다. 초대 예술감독 에드리엔 델라스를 시작으로 제2대 다니엘 레반스, 제3대 로이 토비아스, 제4대 브루스 스타이블 예술감독으로 이어지는 발레 명장의 숨결을 전수받아 왔다. 1998년부터 2007년까지 러시아 마린스커 발레단 예술감독으로 23년간 재직해온 올레그 비노그라도프를 제5대 예술감독으로 위촉하면서 마린스키 발레단의 정통 고전 발레를 계승 받아 유니버설 발레단의 전통으로 승화시키고 있다. 아울러 세계 발레의 메카, 그 중심으로 진일보하고 있는 유니버설 발레단은 러시아 발레의 화려하고 웅장한 고전발레 레퍼트리뿐만 아니라 한스 반 마네, 이어리 킬리안, 윌리엄 포사이드, 하인츠 슈퍼얼리, 오하드 나하린, 나초 두아토, 크리스토퍼 휠든 등 모던 발레 안무가들과의 교류로 레퍼토리를 넓히고 있다. 유럽의 안무가 존 크랑코의 드라마 발레 〈오네긴〉을 동양 발레단 최초로 올려 다시금 드라마 발레의 강자임을 증명했다.

한편 한국 고유의 전통을 바탕으로 한 창작 발레 개발에도 박차를 가하고 있다. 1986년 한국 창작발레 최초의 작품인 〈심청〉을 제작하였고, 그 외 〈춘향〉과 발레 뮤지컬 〈심청〉을 통해 유니버설 발레단의 독창성 개발에도 역점을 두고 있다. 1998년부터 한국발레단으로서는 최초로 해외투어를 시작했고, 그중 2001년도 미국 3대 오페라극장인 뉴욕링컨센터, 워싱턴 케네디센터, LA 뮤직센터 공연은 〈뉴욕타임즈〉와 〈LA타임즈〉로부터 극찬을 이끈 기념비적 공연으로 평가되고 있다.

특히 1989년 동양인 최초로 러시아 마린스키 극장에서 키로프 발레단 〈지젤〉 공연의 개원 주역으로 세계적인 명성을 얻게 된 문훈숙 단장은 2000년 콜 독일 총리, 빌 클린턴 대통령, 벨기에 대통령에 이어 네 번째로 모스크바 민족회의 명예 친선대사로 임명되었다. 또 마야 플리세츠카야 국제 무용 콩코르, 헬싱키 발레 콩쿠르, 이탈리아 로마 발레 콩쿠르, 미국 잭슨 국제 발레 콩쿠르 등 세계 유수의 콩쿠르 심사위원으로 위촉 받았다. 2010년에는 문화체육관광부가 수여하는 화관문화훈장, 2011년에 경암교육문화재단에서 수여하는 경암학술상, 2012년에는 국제공연예술협회ISPA 서울총회에서 수여하는 예술경영인상을 수상했다.

한편 문선명 한학자 총재는 인도주의적 구호활동도 활발히 진행하고 있다. 1979년 국제구호친선재단IRFF을 설립해 주로 아프리카 등 제3세계 국가들에 생선분말 농축식품을 개발, 보급해 기아와 영양실조를 상당부분 해결하며 높은 평가를 받기도 했고, 의약품 · 의류 등 구호물자를 원조했다. 현지에서 보육원을 운영하고 의료봉사, 수자원 개발, 농업기술교육, 문맹퇴치 등에 참여하고 있고 자이레, 잠비아, 세네갈, 아이보리코스트, 라이베리아, 중앙아프리카공화국 등 아프리카에서도 오지로 꼽히는 곳에 농장 개척과 선교, 학교 운영을 동시다발적으로 추진해 왔다. 특히 IRFF는 유네세프, 유네스코, 국제적십자, UN 난민기구와 같이 활동하고 있다.

또한 세계종교 청년봉사단RYS은 1985년 제1회 세계종교의회에서 문선명 목사가 "종교는 사회윤리와 사회정책을 초월하지만 사회에서의 기능을 무시해서는 안 된다. 종교인은 실제적인 문제에 관심을 가져야 하고, 하나님의 뜻을 실제적인 해결책에 적용시켜야 한다. 하나님과 인간의 화합은 마음속에 있는 믿음이나 교리의 문제가 아니라 다른 사람에게 사랑과 봉사의 행동으로 표현되어야 한다. 이것은 모든 종교의 기본적인 원리임으로 우리에게 다른 사람에 대한 봉사의 정신을 가르쳐 주고 있다"라고 강조하며 조직된 기구이다.

이 봉사단은 인도주의적인 사업으로서 종교적이고 문화적인 상호작용이 결합되었다. 그 목적은 도움을 필요로 한 사람에게 봉사함으로써 하나님의 사랑을 실천하는 것이고, 다른 하나는 전 인류에게 봉사하고 종교 상호 간의 사랑과 협동을 보임으로써 세계 평화에 기여하는 것이다. 이 봉사단은 보다 나은 세계를 위해 기꺼이 헌신하며 실천 신앙의 정열을 쏟고자 하는 각 종단의 청년들 100여 명이 한곳에 모여 1~7주간 종교사원복구, 학교건물짓기, 청소 등의 봉사활동을 전개한다. 믿는 자 상호 간에는 종교 연합과 화합운동이 되는 것이고, 서상에 대해서는 참된 사랑을 증거하는 것이며, 또 종교청년봉사단원들 자신에게는 희생과 봉사를 통한 신앙 인격을 함양하고 삶의 보람을 갖는 기회가 된다. 1986년 필리핀에서 첫 봉사활동을 시작한 이래 포르투갈, 이태리, 프랑스, 폴란드 등 매년 장소를 바꾸며 51개국 151개의 봉사프로젝트를 통해 많은 사람들에게 희망을 주었다.《종교연합 운동사》, 이재석 저, 595쪽 참조)

새 천년이 시작되면서 문선명 목사는 전 세계 지도자들에게 사람과 국가 사이를 가로막는 모든 장벽과 국경철폐를 촉구하는 것을 멈추지 않았다. 그는 영적 사회적 소외에 대한 해법에만 관심을 두었던 것이 아니라 실질적인 장벽과 국경을 철폐할 묘안을 제안했다.

"세계 지도자 여러분, 본인은 오늘 더 귀한 하나님의 섭리역사적 완성의 자리를 빌려 다시 한 번 하나님과 인류의 섭리적 최후의 목적인 평화천국 창건을 위해, 그리고 하나님의 조국과 본향의 창설을 위해 실로 섭리적이고도 혁명적인 프로젝트를 선포하고자 합니다.

역사적으로 사탄에 의해 동과 서를, 남과 북을 갈라놓았고, 지리적으로는 북미 대륙과 러시아 대륙을 갈라놓은 베링해협에 교량을 건설하거나 해저터널을 뚫자는 것입니다. 그리하여 아프리카의 희망봉으로부터 칠레의 산티아고까지, 영국의 런던에서 미국의 뉴욕까지, 자동차로 전 세계를 순회 질주할 수 있게 될 '세계초고속도로'를 연결해줄 'WORLD PEACE KING BRIDGE and TUNNEL'을 완성하고, 세계를 일일생활권으로 만들자는 것입니다.

더 이상 분단과 분열은 용납될 수 없다는 것이 하늘의 경고입니다. 전 세계를 하루의 생활권으로 묶어 사탄이 만들어 놓은 인종·문화·종교·국가의 벽을 헐어내고, 하나님이 그렇게도 소원해 오신 평화이상세계왕국을 이 지구성에 창건하자는 것입니다.

미국과 러시아가 하나되고, 유럽 대륙, 중국, 인도, 일본, 브라질 등 세계의 모든 국가들이, 그리고 모든 종교들이 하나가 되어 함께 힘을 모아 이 역사적인 프로젝트를 성공시켜야 할 것입니다. 이 사업의 성공이야말로 인류에게 더 이상 전쟁과 분단이 필요 없는 평화이상세계왕국을 창건하는데 결정적 역할을 하게 될 것입니다.

이렇게 엄청난 프로젝트를 어떻게 완성할 수 있느냐고 의구심을 갖는 자도 있을 것입니다. 그러나 하나님의 뜻이 있는 곳에는 반드시 길이 있습니다. 21세기의 현대과학기술은 이제 베링해협에 터널을 뚫는 것 정도는 문제도 안 될 수준까지 발전했습니다. 공사비용도 문제가 되지 않습니다. 세계가 전쟁이라는 이름으로 탕진하고 있는 돈이 얼마입니까? 인류는 지금 역사와 후대 앞에 실로 가공할 만한 죄를 짓고 있다는 것을 자각해야 할 때입니다.

한 예를 들어 봅시다. 미국이 지난 4년여 동안 이라크 전쟁에 쏟아부은 전비가 얼마나 되는지 아십니까? 400조 원(400 Billion Dollars)에 육박하고 있습니다. 그 정도의 예산이면 베링해협 프로젝트는 완성하고도 남을 돈입니다. 우리가 왜 서로 죽고 죽이는 전쟁에 이처럼 엄청난 돈을 퍼붓는 어리석은 만행을 계속해야만 하는 것입니까? 성경 이사야서 2장 4절의 가르침처럼 이제는 총칼을 녹여 쟁기와 보습을 만들 때입니다.

더 이상 인류는 이제 전쟁을 위한 전쟁에 자식들의 생명을 희생시키고 천문학적인 돈을 탕진하는 패악을 거듭해서는 아니 되겠습니다. 세계 모든 국가들의 역량을 총동원하여 대우주의 주인 되신 하나님이 원하시는 평화 이상세계왕국 창건에 총 매진해야 할 때가 왔습니다."

이 모든 통일교회의 기반과 단체들은 세계평화 수립을 위해 즉, 종교적으로 말하면 지상천국을 건설하기 위해 준비된 것이다. 이상 세계에 대해 언급하면 많은 사람들이 터무니 없는 소리라고 반박한다. 경륜과 경험이 풍부하고 현실적인 지혜를 소유하고 있는 문선명 목사는 이 세상을 하루아침에 이상향으로 바꿀 수 없다는 것은 알고 있지만, 모든 인류를 위한 행복과 자유가 넘치는 세상을 건설하는데 필요한 단계가 있다는 것을 알고 있다. 모든 축복받은 부부들이 그 종족의 메시아가 되어서 그들의 종족과 그 지역사회의 구세주가 되어야 한다고 보는 것이 통일교회의 시각이다. 이상 세계건설의 전초기지로 이상국가 건설은 필수사항이기에 그것을 위해 문선명 목사는 천일국天一國 창건을 선도하며, 천일국의 천天은 이二와 인人이 합쳐진 글자로 두 사람, 즉 너와 내가 하나 되는 나라라고 설명한다. 다시 말해 천일국은 평화와 화합의 나라로 다른 나라들을 영원한 행복과 번영으로 이끌 나라인 것이다. 이를 위해 국가적 차원의 프로젝트가 네팔, 이스라엘, 남북한에서 진행되고 있다. 그리고 필리핀, 타이완, 브라질도 이를 위해 통일교회가 역점적으로 활동하고 있는 곳이다.

{ 문선명 목사가 꿈꾸며 길구어 간 천일국 }

"역사상 많은 독재자가 있었고. 많은 정치인들은 자신의 지위를 이용하여 그 자신들과 가족들의 배를 불렸고, 자신이 나라에 만족하지 못한 몇몇 사람들은 심지어 세계를 손아귀에 넣으려고 시도 하며 약자를 정복해서 그들의 영토에 복속시켰다. 한편 역사를 통해 종교의 핵심가르침은 박애주의였다. 대체적으로 종교는 하나님의 편에 서 있다. 따라서 종교는 사랑, 자비, 공의, 선과 같은 덕목을 가르쳤다. 종교의 목적은 자신의 세력확장에 있지 않고, 자신의 모든 것을 바쳐서 다른 사람을 이롭게 하고 세계의 번영을 추구하는데 있고, 이 세상 속에 화합의 정신을 확산해서 이 악한 세상을 천국으로 변화시키는 데 있다.

현재 우리가 처한 위기의 뿌리는 바로 하나님에 대한 무지와 하나님에 대한 부정에서 오는 것임을 알아야만 한다. 공산주의가 몰락한 이유는 바로 하나님의 존재를 부정했기 때문이다. 마찬가지로 미국도 건국의 아버지들인 청교도들이 남긴 영적 유산을 회복하지 않으면 역시 몰락의 길로 가는 것은 자명한 이치이다. 심지어 기독교도 하나님의 입장을 잃어버리면 세상의 타락을 막을 힘을 잃게 된다. 철학, 경제, 정치, 예술 등의 다양한 분야가 하나님 안에서 그 존재목적을 깨달을 때 인류공영을 위한 그들의 참된 잠재력을 발휘할 수 있다. 따라서 우리 인류의 문제를 해결할 열쇠는 하나님을 찾는 것에 있다. 하나님의 뜻과 섭리에 대한 깊은 이해를 통해서만이 오늘날 인류가 직면한 위기에 서광이 비칠 수 있다.

소수가 시스템으로부터 다수와 동일한 혜택을 받을 수 있을 때, 선진국이 선진국이 아닌 나라의 자원을 착취하는 대신 그들이 경제적으로 자립하기를 바라는 마음으로 기술을 전수해 줄 때, 인류는 전쟁과 기아의 참상을 종식시킬 수 있다. 그렇게 하나님의 사랑을 꽃피워 모든 인류의 마음을 열게 해서 세계평화를 구현할 수 있게 되는 것이다.

우리는 인종차별주의를 넘어 미래에는 오색인종이 하나가 되어야만 한다. 왜냐하면 하나님의 사랑이 하나이고, 하나님은 하나됨 안에서의 아름다움을 보시기 때문이다. 또한 하나님의 관심과 사랑 안에는 차별이 없기 때문이다. 인종 간 교차결혼은 하나님 사랑의 상징이다. 심지어 세상에서도 사랑은 국경을 초월한다는 것을 알고 있다. 하나님의 사랑은 권력과 권위에 의해 점령당한 비극적 사랑의 역사와는 근본적으로 다르다. 하나님의 사랑은 단지 개인의 안녕이나 사리사욕을 추구하는 것이 아니다. 그것은 바로 하나님과 전 세계 인류의 안녕을 위해 존재하는 것이다.

지상천국의 서막을 알리는 천일국의 새 시대가 개문되었다. 하늘나라의 영인이든 이 지상의 인간이든, 좌익이든 우익이든, 이슬람교인이든 기독교인이든, 누구를 막론하고 한 가족으로 함께 살게 될 것이다. 이런 세상이 바로 천일국인 것이다. 세계평화는 종교 간 담이 사라질 때야만이 이루어질 수 있다. 우리 자손들은 종교와 국가를 뛰어넘는 교차결혼을 통해 세계평화를 이룰 수 있다. 반드시 하나님 아래 지구성 한가족의 이상을 실현시키는 가장 간단한 방법은 바로 유대인과 이슬람교인이, 공산주의자와 민주주의자가 서로 문화적 사상적 장벽을 뛰어넘어 결혼하는 것이다.

예를 들어, 북한의 김정일 위원장의 자녀와 노무현 대통령의 자녀가 결혼한다면 남북한의 원한은 일소될 것이고, 그것을 기점으로 한반도로부터 세계평화가 전 세계로 뻗어나갈 것이라고 본다. 나는 종교, 인종, 국가를 초월하여 전 세계의 선남선녀를 합동 축복결혼시킨 세계 챔피언이다. 만약에 UN의 초청 하에 내가 모든 인류에게 이 성스러운 결혼식을 거행하도록 주선해 준다면 세계평화는 하루아침에 이루어질 수 있다. 세계 문제의 해법은 바로 이것인 것이다." _문선명

이상세계나 천국은 많은 사람들이 생각하는 것처럼 그렇게 먼 곳에 있지 않다. 말콤 글래드웰의 베스트셀러인《티핑포인트》에서 다시 강조한 것처럼 엄청난 변화도 작은 일들에서 시작될 수 있고, 대단히 급속하게 발생할 수 있는 것이다. 마찬가지로 하나님을 중심한 부부가 새로운 유행의 선도자로 사회에 자리잡게 될 때, 통일교회에서 주관하는 축복결혼식을 하는 것이 똑똑한 사람이 받는 것으로 인식될 때가 바로 그때라는 것이다. 통일교회에서 축복결혼식을 통해 살아가는 가정들의 사랑과 삶이 기존 결혼식의 한계를 뛰어넘고, 그 자녀들이 다른 사람들보다 비범한 능력을 소유했을 때, 사람들은 통일교회의 축복결혼식에 고개를 돌리게 될 것이고, 점점 엄청나게 많은 사람들이 축복결혼식에 동참하여 문화와 인종을 뛰어넘는 결혼을 원하게 될 것이다.

열정적인 사랑을 나누는 모든 화목한 부부에게는 시간과 공간의 제약이 없다. 진실된 사랑의 관계를 맺고 있는 모든 부부는 그들의 사랑이 심오하고 모든 것을 아우를 수 있다는 것을 느끼는데 이것은 자연스러운 감정이다. 우리 모두는 우리가 영원하고 무한한 사랑을 경험하길 원한다.

하지만 그런 사랑을 경험하지 못한 채로 무덤덤하게 살아가거나 심지어 가슴아픈 이혼으로 끝나고 마는 우리 자신을 발견하게 된다. 그러나 하나님

이 결혼생활에 함께 하신다면 모든 것은 달라지고 우리의 간절한 소망이 성취될 수 있다.

부처님은 '천상천하 유아독존天上天下 唯我獨尊'이란 유명한 말씀을 남기셨다. 이 말씀의 주인공이 될 사람은 바로 영원불변한 사랑을 약속한 부부라고 믿는다. 그런 부부야말로 가정의 기쁨과 희망의 중심이 되고, 지역사회 화합의 중심이 되고, 궁극적으로 나라와 세계에 영원한 평화를 안겨다주는 중심축이 된다. 참사랑이 가져다주는 행복보다 전염성이 강한 것은 없다.

통일교를 선택한 사람들

©마틴 메이어, 2015

초판 1쇄 발행 2015년 12월 7일

지은이 마틴 메이어
옮긴이 문인성
펴낸이 이경희

발행 글로세움
출판등록 제318-2003-00064호(2003.7.2)

주소 서울시 구로구 경인로 445 (고척동)
전화 02-323-3694
팩스 070-8620-0740
메일 editor@gloseum.com
홈페이지 www.gloseum.com

ISBN 979-11-86578-25-4 03230